哲学教育丛书

道德与美好生活

刘时工◎著

华东师范大学出版社
·上海·

图书在版编目(CIP)数据

道德与美好生活/刘时工著.—上海:华东师范大学出版社,2022
(哲学教育丛书)
ISBN 978-7-5760-2842-3

Ⅰ.①道… Ⅱ.①刘… Ⅲ.①道德-关系-幸福-研究 Ⅳ.①B82

中国版本图书馆 CIP 数据核字(2022)第 169049 号

华东师范大学教材出版基金资助出版
道德与美好生活

著　者	刘时工
责任编辑	朱华华
特约审读	富俊玲
责任校对	刘玉晶　时东明
装帧设计	卢晓红

出版发行	华东师范大学出版社
社　址	上海市中山北路 3663 号　邮编 200062
网　址	www.ecnupress.com.cn
电　话	021-60821666　行政传真 021-62572105
客服电话	021-62865537　门市(邮购)电话 021-62869887
地　址	上海市中山北路 3663 号华东师范大学校内先锋路口
网　店	http://hdsdcbs.tmall.com

印 刷 者	上海昌鑫龙印务有限公司
开　本	787 毫米×1092 毫米　1/16
印　张	17.75
字　数	258 千字
版　次	2022 年 10 月第 1 版
印　次	2022 年 10 月第 1 次
书　号	ISBN 978-7-5760-2842-3
定　价	58.00 元

出 版 人　王　焰

(如发现本版图书有印订质量问题,请寄回本社客服中心调换或电话 021-62865537 联系)

美好的人生是为爱所唤起,并为知识所引导的。

——罗素

丛书序

这是一个英雄的时代,一个过渡的时代,一个需要哲学也必定会产生哲学的时代,一个召唤哲学教育应运而起的时代。哲学者何?爱智慧是也。过渡者何?转识成智,从"知识就是力量"的现代转向"智慧才有力量"的当代是也。英雄者何?怀抱人类最高的希望,直面人类最根本的困境和有限性,在虚无和不确定中投身生生不息的大化洪流是也。

自有哲学以来,它便与教育有着不解之缘。哲学史上的大哲学家往往也是大教育家,如孔子、苏格拉底,如王阳明,如雅斯贝尔斯,如杜威。我们身处一个前所未有的新时代。在这样一个时代,哲学教育的重要性亦是前所未有。在这个时代,科学技术迅猛发展,既带给我们无穷的想象空间,又让我们真切感受到大地与天空的承载包容极限,感受到人与自然的相处之道亟待改善。在这个时代,世界文明新旧交替,它既是波谲云诡的,又是波澜壮阔的,人与人、群与群、国与国的相处之道亟待改善。一言以蔽之,社会生活的彻底变革逼迫我们做出哲学的追问:我们关于人与世界的基本观念和理想需要进行哪些调整?易言之,我们需要在基本观念和理想层面反思现代性,开创出与新的时代相匹配的当代哲学。然而,基本观念和理想的"调整"显然不能局限于理论层面,它必然要求从理论走向实践:通过教育调整人们的基本观念和理想,进而通过人的改变实现社会的改变。在这里,哲学、教育和社会改造携手并进。此套"哲学教育"丛书,其立意正在于此。

华东师范大学以教育为本,自立校以来便追求"智慧的创获,品性的陶熔,民族与社会的发展"。华东师范大学以哲学强校,其哲学系自创立以来便追寻智慧。哲学学科奠基人冯契先生早年从智慧问题开始哲学探索,晚年复以"智慧"名其说,作《认识世界和认识自己》等三篇,以"理论"为体,以"方法""德性"为翼,一体两翼,化理论为方法,化理论为德性,最终关切如何通过转识成智的飞跃获得关于性与天道的认识以养成自由人格。理想人格或自由人格如何培养,既是一个哲学理论问题,也是一个哲学教育实践问题。在几代人探索育人的过程中,"化理论为方法,化理论为德性"逐渐成为华东师范大学哲学学人自觉的教育原则:在师生共同探究哲学理论的过程中,学习像哲学家那样思想(化理论为方法),涵养平民化的自由人格(化理论为德性)。我们深信,贯彻这样的哲学教育原则,有助于智慧的创获、理想人格的培养,以及中国和世界文明的发展。

是为序。

华东师范大学哲学系

2021年,岁在辛丑

目录

导　言　　1

第1单元　　认识道德　　11

1　道德是什么　　12
2　"道德"的词源意义　　15
3　"道德"的现代意义　　17
4　伦理学是什么　　23
5　为什么需要道德　　24
6　伦理起源的传统解释　　31
7　伦理起源的现代解释　　36
8　道德意识的起源　　38
9　道德观念的生成和传播　　43
10　道德心理的发展阶段　　57
11　我们真的有道德能力吗——自由意志与道德责任　　65
12　存在普遍的道德规则吗　　78
13　如何进行道德评价　　92

第2单元　道德理论和道德要求　107

1　自然道德和道德理论　111
2　"依照自然而生活"——自然法理论　114
3　"拔一毛而利天下,不为也"——伦理利己主义理论　122
4　"最大多数人的最大幸福"——功利主义理论　128
5　"人是目的,而不仅仅是手段"——康德的伦理学　142
6　要义务论,还是要后果论　154
7　只归纳,不统一——尝试一种反理论的伦理学　159

第3单元　"认识你自己"　165

1　美好生活是什么　166
2　真有美好生活这回事吗　168
3　谁的美好生活　169
4　"人算什么,你竟认识他"——神学视角下的人性观　171
5　个人与社会之间——一种社会学的视角　178
6　人,是其所不是又不是其所是——存在主义视角下的人　184
7　你的需求是什么,你就是什么——人本主义心理学视角下的人　195

第4单元		追寻幸福	207
	1	幸福在哪里	208
	2	价值类型与生活的意义	223
	3	值得过的生活	230
	4	幸福生活是可能的吗	233
	5	生活的意义体系	235
	6	月亮和六便士——超越美好生活的追求	242
	7	美好生活诸要素	245

结　语		道德与美好生活之间	253
	1	统一于何处——道德与美好生活的对话	254
	2	两种命令的持续对话	262
	3	回到社会，回到现实	266

后　记			271

导　言

自我意识的觉醒,像曙光降临,照亮了S的全部生活。

S是个普通人。所谓普通是指,人所具有的,不论是激荡在胸中的崇高的情感,还是潜藏在心底的琐屑的期望,他都具有,正如每一个人那样。

在此之前,S当然也有思考,有追求,有快乐,有忧虑,有对自己生活和前途的规划。生活中的一切似乎都按部就班,井然有序。但是突然,随着青春的脚步,随着16岁的到来,自我意识的觉醒像是一道闪电击中了他。生活看起来还是过去生活的延续,但生活着的这个人,却不再是以前那一个了。他有一种整个世界重新置于他眼前的强烈感觉:我发现了一个全新的世界,这必定是别人未曾见识过的世界,是只属于我一个人的世界,一个春风骀荡、阳光明媚的世界!他心胸中欣喜充满,充溢到迫切地想和人分享——"那幸福的闪电告诉我的,我将告诉每一个人",不分享似乎有损于这种幸福,而分享使它更真切,更美妙,甚至分享本身,都是一种创造。

他发现自己如此富有,他有美好的人生、灿烂的前程,以及大把大把的日子。手握重金的投资家,或许就是这样的感觉。千金散尽,可以复来,然而生命属于我们只有一次。他知道这一点,并因此生出一些焦虑,时隐时现,挥之不去:我该如何度过这美好的一生?

他的这一追问,使他和2400多年前一个叫苏格拉底的雅典人成了同道——他们寻求的原来是同一问题的答案。这样一来,他和苏格拉底所领衔的伟大传统之间,就有了一种紧密的关联,我们甚至可以说,他就进入苏格拉底所开创的传统,成为这个伟大而悠久的传统的一个继承者。于是在他和这一传统之间,就有了一场将持续很久的对话。

"道德与美好生活"是对生活的思考,更确切地说,是以道德与美好生活为中心,对生活展开的思考。这种思考是哲学思考,是"未经思考的人生是不值得过的(The unexamined life is not worth living for a human being)"意义上的思考,关涉到对生命意义的理解和对生活的规划。这是把人生视为一个整体而进行的思考。视为整体,意思是一个人在思维中把自己置于生活以外,让自己的生活或生命成为思考的对象,以这样的立场和状态,思考生命或生活的意义,继而选择如何安排自己的一生。这样的思考不同于身处生活之流,对生活的细节或生命的片段的思考,比如当我思考下一步如何谋生、假期如何消遣、职场如何应对,这时就是具体的思考,是对如何实现生活中某一具体目标的思考。这种思考每天都在发生,只要我们还在生活。可以说,我们正是通过这种思考而生活。通过思维把握生活,在思维中再现、拆解、重构、预见生活,根据主观需要选取思维所呈现的通向理想生活的行动步骤,是人之异于禽兽最根本的一点。苏格拉底要求的,不是这种思考,否则,他的要求没有什么新意,也不构成一个哲学命题,更不会在哲学史以及人类精神史上产生深远影响。因为日常生活中的思考,是凡有理性能力的人都在做和不得不做的,否则将无以为生。人群中,长者、智者们的确会不断劝导年轻人要慎思明辨、三思而行,色诺芬笔下以长者和智者形象示人的苏格拉底,也会这么教导青年①。但是哲学家苏格拉底,在说出"未经思考的人生是不值得过的"时,并非在劝导青年去培养明智的德性,也不是要求他们养成好学的习惯——两者都与思考相关,而是要求一种哲学活动,一种以日常生活为对象的思考。

"道德与美好生活"正是这种性质的思考。如果它不关涉生活中的具体问题,既不改善我们的处境,又不增加我们的收获,其价值何在呢?我们为什么一定要相信苏格拉底的这一断言,尽管他毫无疑问是诚实的,但是诚实和正确是两回事。毕竟,我们知道历史上和现实中都有数之不尽的未经思考的人生,但是我们真的能否认他们生活的价值?否认他们在自己的生命中获得的快乐以及其他有价值的东西?"不管我活着,还是我死去,我都是一只牛虻,快乐地飞来飞去。"②快乐是实实在在的心理事实,作为感觉,或情绪,它是明确的,快乐就是快乐,不是痛苦。生活的价值、从生活中体验到的快乐,这些都是无可否认的,不仅仅是出于对他人生命的尊重,而是出于对事实的尊重:事实上这些人的生活就是值得过的,除非我们采取一种偏执的另类价值标准。

和我们一样,罗伯特·诺齐克(Robert Nozick)认为,苏格拉底这话过于苛刻了,他同时也强调,虽然不能认为未经思考的人生就不值得过,但是"当我们用经过自己深思熟虑的想法来指导生活时,我们所过的就会是我们自己的生活,而不是他人的生活。就此而言,没有经过省察的人生并不是以如此充实的方式度过的",而"经过省察的人生利用人能够运用的一切,对人进行彻底的塑造"③。

这里诺齐克的意思是,思考人生使人生发生了根本改变,实现了从自发到自觉、从自在到自为的飞跃。我们本是自然-社会中的一物,接受自然-社会的指令并依这些指令行动,就像电脑的运行模式一样。在这个意义上,我们并不

---

① [古希腊]色诺芬:《回忆苏格拉底》,吴永泉译,北京:商务印书馆,1984年。
② [爱尔兰]伏尼契:《牛虻》第3部,"尾声",李俍民译,北京:中国青年出版社,1953年。
③ [美]诺齐克:《经过省察的人生:哲学沉思录》,严忠志等译.北京:商务印书馆,2007年,第5页。

真正属于我们自己,因为此时并没有真正的我们自己,独立的自我尚未出现,我们只是自然-社会的延伸,是它们的派出机构。只有当我们将自然-社会对象化,站在它们以外,审视和考察它们加诸我们的种种观念,尤其是与生活有关的那些观念,这时才诞生出真正意义上的独立的自我[①],这样才有我们自己的生活,"而不是他人的生活"。

按照诺齐克的说法,真正的自我是在反思中生成的。那么,反思者是谁,被反思的又是谁?诺齐克大概也只能说,这是"纯粹自我"对"经验自我"的反思。前者类似于笛卡尔-康德哲学中的"我思",是未被经验和社会观念所"污染"的思维主体;而后者是指构成自我的诸多观念,是现实中的那个"自我"。问题在于,笛卡尔-康德意义上的那个纯粹的自我,是没有任何个性特征的抽象、普遍的"我思",即便它能提供一个能动的"自我"——这其实十分可疑,这个抽象的普遍的自我如何区别于他人?这样如何保证"我们所过的就会是我们自己的生活,而不是他人的生活"?如果这个"我思"只是一个纯粹的形式或思维能力,并不提供思维的内容,它能做的,也就只限于审察"我"既有的观念,为其排序,看它们是否自洽,等等。经过如此一番考察、整理的自我,很难说与之前的自我有什么根本的不同——与之前相比,这一个自我更自洽、更明确了,但也仅此而已。要使新的自我真正不同于原来的自我,必须在自我持有的观念上有所变革,以新的观念更新原来的观念,但是用以替换旧有观念的新观念,依然来自社会或他人,有谁真的能超越社会和时代?诺齐克所说的那个真正的自我在哪里呢?思考人生的并不少见,思考之后,大部分人还不是依然故我?如果如诺齐克所说,思考人生能更新自我,而自我更新之后,其行为表现应该有所不同才对。这表明自我更新之说,很可能是站不住脚的。

然而不可否认,思考的确会带来改变。自我观念的彻底更新很少是在一代人身上完成的,更不可能是在某一个人身上完成[②]。但是在一代人和一个人身

---

① 犹太-基督教的《圣经·创世记》用亚当夏娃吃了智慧之树的果实之后的自我审视,来描述人与环境的分离和自我意识的觉醒。
② 参见陈嘉映:"谈谈自我",http://www.360doc.com/content/20/0106/21/7442640_884584822.shtml。

上,自我观念可以有所更新;而更新,在人类,主要是通过思考完成的①。虽然没有理由认为思考的和未经思考的生活之间的差别,是"我们自己的生活"和"他人的生活"的差别②,但是不能不承认,就内在的精神生活而言,思考和未经思考之间,隔着万水千山。一眼看去,思考与未经思考的不同在于,前者使我们有选择与当下不同的人生的可能,无疑,这增加了我们作为"我"的自主性,拉开了"我"与环境的距离③。这不是完全的自觉、自主,但是既然不存在完全的自觉、自主,相对的自觉、自主就变得十分重要。正是这种过另外一种生活的能力,造就了社会和生活的多样性,拓展了我们的视野,丰富了我们的精神世界。

思考的另一种意义,很早就为希腊人所看重。希腊人崇尚思考本身的价值,认为沉思的生活是神一样的生活——沉思的生活是幸福圆满的生活,只有神才有能力、有条件过上这样的生活④。人受制于自身的有限性,当然无法过上神的生活,但是当人沉思时,他最大限度地接近于神的生活。这里的沉思指的是哲学性的思考,是对生活和世界的系统性、根本性的思考。这里希腊人关注的是思考活动本身,而不是思考带给人们的结果。

---

① 阿伦特还认为,思考是抗拒"平庸之恶"的方法。思考抗拒平庸之恶的有效性可以继续讨论,但是只有通过思考,我们才能审视环境和自我,从而发现它们的平庸和恶之所在,这是无疑的。
② 如果"经过思考"和"未经思考"之间,不是"我们自己的生活"和"他人的生活"之间的差别,即"经过思考"并没有使生活成为"我们自己的生活",那么,"我们自己的生活"的决定因素是什么?什么样的生活是我们自己的生活,或者什么使得生活成为我们自己的生活?也就是说,我们是在什么意义上使用"我们自己的生活"这一短语?在日常语言中,如果我们按照自己的意愿生活而不因此受到惩罚,那么就可以说,我们是在过"我们自己的生活";或者在更深层的意义上,如果我们按照自己对美好生活("善好生活")的理解,不为别人的观念所左右地生活,这样所过的就是"我们自己的生活"。按照这一定义,思考与否,与过的是不是自己的生活无关。
③ "自我相对于其目的的优先性意味着,我不仅仅是经验所抛出的一连串目标、属性和追求的一个被动容器,并不简单地是环境之怪异的产物,而总是一个不可还原的、积极的、有意志的行为者,能从我的环境中分别出来,且具有选择能力。把任何品质认同为我的目标、志向、欲望等,总是暗着一个站立于其后的主体的'我',而且这个'我'的形象必须优先于我所具有的任何目的与属性。正如罗尔斯所说,'甚至一种支配性目的也是自我在大量的可能性中选择的'。在某一目的被选择之前,必然有一个具备选择能力的自我。"([美]桑德尔:《自由主义与正义的局限》,万俊人等译,南京:译林出版社,2001年,第25页。)
④ 亚里士多德归纳出沉思的生活是最完善的生活的6个理由,参见[古希腊]亚里士多德:《尼各马可伦理学》,廖申白译注,北京:商务印书馆,2003年,第307页。

结果当然是重要的,希腊人也并没有不食烟火到自外于结果的考虑,但思考活动本身具有价值,即所谓内在价值,这应该是希腊人独有的领悟。思考,作为生命活动的一种,为我们提供了特别的精神体验。这是想象力的舞蹈,是思维的操练,是思想的历险。通过这样的思考,我们与"高尚心灵和思想英雄"①过招、较量,从而把我们自己也提升到高尚心灵和思想英雄的精神高度。唯有这类哲学性的思考②,使我们暂时摆脱生活之流中的种种琐碎,把整个人生或世界当作一个对象,在思维中实现对世界和人生的把握。这份精神体验,是生命中闪亮的部分,是"生命是值得过的"原因之一。那些体验过这种思考的人会告诉我们,这种思考本身就是酬劳,如诗中所说:

多好的酬劳啊
经过了一番深思
终得以放眼远眺神明的宁静③

然而沉思之于人生的意义,并不只限于精神的历险。如果沉思不过是偶一为之之事,或许的确是如此,但是如果沉思是贯穿整个人生的行为,则沉思已然赋予沉思者完全不同的生活。我们知道,直接呈现给意识并为我们所把握的,是我们的内在的精神世界。外在世界的变化,只有进入意识中,成为我们内在的精神世界的一部分,才能被我们感知、把握和理解,才对我们有意义。正如笛卡尔说:"比起我的身体,我更了解我的灵魂。""对别人,我仅仅能了解其身体,因为我无法接近那人的意识。"④在这个意义上,"每一个人都活在自己的精神

---

① 赵敦华:《西方哲学简史》,前言,北京:北京大学出版社,2001年,第3页。
② 这里不断出现的"哲学性的思考",不同于哲学思考,哲学思考是思考哲学问题,而哲学性的思考,顾名思义,是具备哲学性质的思考,它可以是对哲学问题的思考,也可以是对非哲学问题的哲学式的思考。确切来说,哲学性的思考,就是没纳入具有连续性的哲学传统中的那种哲学思考。
③ [法]瓦雷里:《海滨墓园》,参见卞之琳:《卞之琳译文集·中》,江弱水整理,合肥:安徽教育出版社,2000年,第228页。
④ [法]笛卡尔:《第一哲学沉思录》,庞景仁译,北京:商务印书馆,1986年,第86页。

世界里"这一说法是正确的。而精神世界的一个特征就是,我们构建了自己的精神世界①。弱一些的表述是:我们参与构建了自己的精神世界。这里"我们"、"构建"、"自己"都是在日常语言的意义上使用的。而即便在形而上学的决定论语境中,我们也不能不承认,沉思或思考之有无,精神世界会大不一样。也就是说,在一定意义上,思考确实"造就"了精神世界。同一剧情,在不同人心里掀起不同的波澜;同一风景,带给人们的却是不同的审美体验。看戏、观景如是,看生活、看世界又何尝不是如此?"经过省察的人生利用人能够运用的一切,对人进行彻底的塑造。"②通过思考,我们邀请苏格拉底以及他身后的哲学家、耶稣率领门徒及门徒的门徒、孔子和他门下的弟子、释迦牟尼的僧侣团队等各派人物,来与我们对谈,如切如磋,如琢如磨。这样造就的心灵是丰富的心灵,栖止于这样的精神世界,其生命的厚度和生活的品质,自然不是那种未经思考的人生所可比拟的③。

"未经思考的人生"这一短语,其汉语表达有些含混,既可以理解为"一生中没有经历过思考",也可以理解为"没有思考人生"。苏格拉底说的是后者(the unexamined life),所以他要的思考(或省察),特指对人生的思考。他思考人生的什么呢?他在思考"人应该如何生活"(how should one live)。而道德与美好生活,就是对这一苏格拉底之问的回应:过有道德的生活,过好的生活。道德是命令,我们不能不讲道德;美好生活是召唤,我们无法遏制对美好生活的渴求。但是问题在于,两者往往不可兼得,我们无法通过过有道德的生活而过上美好生活,或者,我们无法在过上美好生活的同时又不失道德。这种一仆二主的尴尬处境,在伦理学里被称为"德福问题"。不夸张地说,这是一个贯穿整个

---

① "精神修炼……是关于智能或者想象或者意愿的行动,其特征就是它们的目的性:正是依靠这些目的性,个体才得以努力改变自己看待世界的方式,从而改变自身。修炼并非是获得信息,而是自我养成。"([法]阿多:《别忘记生活》,孙圣英译,上海:华东师范大学出版社,2015年,第2页。)
② [美]诺齐克:《经过省察的人生:哲学沉思录》,严忠志等译,北京:商务印书馆,2007年,第5页。
③ 参看[法]阿多:《作为生活方式的哲学》,姜丹丹译,上海:上海译文出版社,2014年。

伦理学史的问题,挑战着一代又一代哲学家的想象力和思辨能力①。

哲学中大部分问题,都是哲学家的问题,这些问题或如哲学家所言,标志着文明的高度和人类思辨技术达到的精巧程度,但是这些问题并非生活所必需,甚至并非文明所必需,否则无以解释在人类成千上百种文明中,为什么只有为数不多的几种文明才出现哲学或哲学思维——如果哲学是必需,它必定早已出现在每一种文明中,就像巫术或宗教出现于每一种文明中那样。哲学就像运动场上的撑杆跳②。离开运动场,撑杆跳并没有什么实用价值,但是撑杆跳显示着人类对自己身体的控制,和对地心引力的突破,带给我们一种惊异和审美体验。哲学当然不是只有审美价值,但是哲学的实用价值确实不那么明显。多数时候,哲学的价值需要从它在人类知识整体中的作用来体现,这就是说,它不直接生产实用性的知识,不是人用以"认识自然、改造自然"的工具,而是对这种工具的考察和再认识。但作为哲学分支的伦理学显然是一个例外,伦理学所与周旋的道德观念直接影响着我们对生活的理解,伦理学的工作因而也直接影响着我们的生活。就德福关系来说,对道德与美好生活的理解远不只是哲学家的职业关切,而首先是每一个人的人生理解和生活选择,是哲学内外每个人无可回避的命运的叩问。而既然"愿意的人,命运领着走,不愿意的人,命运拖着走"③,那么我们不如振奋起精神,鼓舞起斗志,直面这不可回避的命运。人之为人,注定了我们只能走出一条路,但在每一步落下之前,我们似乎又可以有另外的选择。对那些运气所垂青的年轻人,就更是如此。踏上一条路,就意味着放弃另一条路,因此在踏出之前,我们需要在思维里审察、比较每一选择、每一

---

① 贯穿伦理学史的,当然不会只有这一个问题。实际上,伦理学中所谓经典问题,都是贯穿伦理学史的问题。人们常常说,哲学问题没有终极答案,都是常讲常新的,现在的问题只是过去问题换一个面目重新出现云云。这样的说法不全面、不准确,但确有一定道理。德福问题就是这样,在苏格拉底-柏拉图那里,德福问题以"人为什么要做正义的事"开始出现,亚里士多德、斯多亚学派等古典哲学家都为此提供了自己的解决方案。到了近代,比如在康德那里,这个问题以更明确的形式出现,这就是康德伦理学中讨论的道德和幸福问题。而当代伦理学中讨论的"人为什么要有道德"(why be moral),可以看作道德与幸福问题的现代翻版。
② 这一说法及比喻均来自陈嘉映先生。
③ 语出罗马时期斯多亚哲学家塞内卡(《书信》107.11)。

条可能的生活之路。这是我们对自己的责任。

  黄色的树林里分出两条路
  可惜我不能同时去涉足
  我在那路口久久伫立
  我向着一条路极目望去
  直到它消失在丛林深处
  但我却选择了另外一条路
  ……
  ……
  也许多少年后在某个地方
  我将轻声叹息将往事回顾：
  一片树林里分出两条路——
  而我选择了人迹更少的一条
  从此决定了我一生的道路①

---

① ［美］罗伯特·弗罗斯特："未选择的路"，参见顾子欣编译《英诗三百首》，北京：线装书局，2015年，第597页。

第 1 单元
认识道德

1 道德是什么

"道德"和"美好生活"两个词经常出现在日常语言中,为我们所熟悉。这两个词首先是日常语言,在哲学中的意义与日常用法中的意义相去不远。所以,当我们谈到道德、美好生活以及道德与美好生活,不需借助哲学的定义,就可以有直观的认识。这种直观的认识,因为是从语词的意义而来,所以原则上是准确的[①]。我们就从这里出发,来看看"道德与美好生活"为什么是一个问题。

道德,按照一般的理解,首先是社会所规定的行为规范,是社会要你如何行事:什么事必须做,什么事一定不能做,什么事可以不做但是做了更好,什么事可以做但是最好不要去做,等等[②]。社会的要求可以被我们主动接受,逐渐成为自觉的要求,这样在没被社会这么要求的时候,我们也会这么自觉要求自己。但是道德首先是外在的、社会性的,不论从其发生的次序、存在的必要性,还是

---

① 从语词的意义而来,即是对语词作语义分析,关涉的只是语词的定义,与对世界的经验无关。因此其正确或错误不必诉诸外部经验,而只需诉诸对语词的意义的理解和使用,而这是每个正常使用包含这一语词的语言的人,都具备的能力,即便有时理解或使用有误,一经指出,也能很快学会,否则不能认为你懂得这种语言。总之,说某人掌握或讲述某种语言,就是在说,他可以恰当运用这种语言中的基本语词,而道德、美好生活正是这样的基本语词。
② 伦理学里把必须做和可以不做但是做了更好这两类,分别称为完全义务和不完全义务,比如诚实和捐助。与此对应,我们可以把一定不能做和可以做但是最好不要做这两类,称为完全禁令和不完全禁令,比如说谎和吝啬。

起作用的主要方式来说,都是如此。就此而论,道德要求,是社会对我们的要求,是外在的,是一种命令,而所谓命令,就意味着有抵抗①,而抵抗,则来自自我,来自我们的内在要求。

美好生活,是内在的要求。对美好生活的理解,有明显的个体差异,有时甚至夸张到"此之佳肴,彼之毒药"的程度②。尽管如此,有一点是确定无疑的:每个人都期盼过上自己理解中的美好生活,而那些有行动力的,更会起而去追求自己理解中的美好生活。对美好生活的向往和追求出于自己的愿望,是每个人内在的要求。我们小的时候,认不清自己的美好生活之所在,明智的父母以及负责任的师长,会督促我们努力,以使美好生活成真③。那么美好生活在这里岂不是成了外在要求?未成年人对美好生活的抗拒,准确说,其实只是未成年人对他们长辈所理解的美好生活的抗拒,而用来抗拒的,恰恰是他们自己对美好生活的理解。因此说到底,他们同样也是在听从心中的美好生活的召唤。在这一点上没有例外,除非不幸失去理性能力的人。

当然,我们也知道,有那种所谓行动力差的人,对美好生活有自己明确的理解或朦胧的认识,却不曾付诸努力,以实现美好生活。对于这些人,美好生活还

---

① [德]康德:《实践理性批判》,韩水法译,北京:商务印书馆,1999年,第33页。
② 如此,则谈论美好生活是否还有意义,甚至美好生活本身是否有确定的意义,后面的章节将做出分析。
③ 父母或许没有权利与义务为子女选定某种好生活,但是父母显然有权利也有义务,提升子女的能力,以帮助他们实现他们(指子女)理解中的美好生活。

只是内在的要求,是尚未化作动力的愿望。这其中的原因可以深入分析,有一点是明确的:即便对美好生活的理解没有生成实现美好生活的动力,我们内心里依然期望美好生活成真,而且可以说,这种希望极其真诚。正是在这一点上,美好生活截然区别于道德。如果实现美好生活不需要付出那么多艰辛,如果不服从道德不需要付出什么代价,那么恐怕多数人会选择前者而舍弃后者。也就是说,不考虑后果和代价,仅就其自身而言,美好生活,是我所欲;而道德,是我所不欲。问题在于,美好生活和道德发出的,往往是不同的指令,而执行指令的,却是同一个主体。换一种表述,可以更清晰地显现出我们面对的困境:在同一个时间面对同一事件,美好生活要求我们选 A,而道德要我们选 -A,但是按照非矛盾律,A 和 -A 不能同真,即我们不能同时满足道德与美好生活的要求,这样我们就面临一个非此即彼的困境。

解决困境的一个"方法",是否认它是一个困境。对有些人来说,这是首先想到的思路,对这些人中的一些人来说更是唯一的思路。否认的方式,就是坚称二者是统一或一致的,它们之间不存在冲突。把道德与美好生活统一起来当然是可以的,但是必须用一个更高的概念来统一它们,而且所谓统一,正是以承认二者的差异或对立为前提的。而宣称二者是一致的关系,在经验中也并不全错——实际上,许多时候是对的;但同样无法否认的是,二者不一致的时候也很多。这种不一致的情况可以通过调整它们之间的关系、改变外在条件而减少,但无法完全消除。道理很简单,道德和美好生活是分别独立的两种视角、两种原则,是二元而非一元。而任何可以称为二元的,在逻辑上就不可能同一,否则就不成其为二元。而逻辑上不同一的,必然存在冲突的可能。我们要首先确定这是一个问题,才能继续谈论如何解决这一问题。

道德与美好生活,如前所说,是经常出现于日常语言中的两个词,唯其经常,唯其在日常语言中,足以表明它们是与生活息息相关的事。厘清道德与美好生活的问题,需要知道什么是道德,什么是美好生活,以及道德与美好生活是何种关系,或可以构建为何种关系。为此,我们需要首先从道德谈起,了解道德对我们提出了何种要求。因为道德是规则,是命令,是社会和他人据以判断我们的品行的标准,是我们绕不开的"路障"或"路标"。面对道德,美好生活只能或服从,或妥协,或抗拒,或被更高的理念统一在一起,而不可能无视道德存在这一基本事实。

2 "道德"的词源意义

常用的语词往往多义①,因此使用时需要首先确定我们是在何种意义上使用它。"道德"就是这样。而因为道德出现于各种语境,既是理论词汇,又是日常语言,面目多变,身份复杂,就更需要仔细辨别,多角度考察。

首先是词源上的考察。词源的考察是起源和流变的考察。一个词当下的意义,很少会是它在起源时的意义,有时候两处意义甚至相反。但认识词源对准确理解一个理论词仍然是必要的。这是因为,首先,作为理论词,它会出现在各历史时段的文本中,当然就需要按该词在不同时期的意义去理解它在相应文本中的意义。其次,一个词在历史中的演变,构成这个词的身世,丰富了其意义,更提供了不同生活视角下对这个词及其所指示的对象的理解方式。最后,也是最直接的原因在于,一个词的当下的意义,当然是基于它之前的意义。它当下的意义,是其起源处意义连续变化的结果,因此与其词源意义有关联。

"道德"与"伦理"语义相近,甚至可替换使用。因此考察道德和考察伦理可以同时进行。在《中国伦理史大纲》中,张岱年先生对人伦、道德、伦理等伦理学基本概念的词源,做过清晰梳理:

中国古无哲学之称。在先秦时代,一切思想学术统称为"学"。到宋代,有

---

① 这其中的道理很简单。常用的语词,频繁出现于各种句子、各种语境,其意义会随语境和使用者不同而有变化,时间长了,传播久了,某种偏离原义的意义被积累、固定下来,就成了该语词的新的意义和用法。

"义理之学"的名称。义理之学包括关于"道体"("天道")、"人道"(人伦道德)以及"为学之方"(治学方法)的学说。其中关于人道的学说可专称为伦理学。伦理学即研究"人伦"之理的学问,亦即研究人与人的关系的学说。"人伦"一词,见于《孟子》。孟子叙述帝舜的事迹说:"使契为司徒,教以人伦;父子有亲,君臣有义,夫妇有别,长幼有序,朋友有信。"

"伦理"一词,见于《礼记·乐记》。《乐记》云:"乐者通伦理者也。"郑玄注:"伦,类也。理,分也。"

孔子说:"志于道,据于德,依于仁,游于艺。"道是行为应当遵循的原则,德是实行原则而有所得。[1]

现代汉语中的"道德"和"伦理",基本沿袭了它们的词源意义,主要用来指社会所规定的行为准则。但由于古今语境不同,词义还是发生了一些不易觉察的变化,比如"道德"之"道",在古人的理解中,是天道,是世界运行的法则。这样,在古典时代,道德是外在于人类社会的客观的规则,自带神圣的光环,当然也就是正确的。而在现代社会,道德在一般用法中,并没有这一设定,我们会认为道德是社会的规定,是人们之间的契约,或生物演化的结果。

此外,在现代汉语中,"伦理"和"道德"多数情况下可以互换使用,但两个词之间依然存在一些意义和使用上的差异。相比于道德,伦理更突出行为规范的外在性、社会性;相比于伦理,道德更突出行为规范的内在性、个人性,强调规范在个体身上的作用和表现。从道德心理、道德教育、道德品质、道德情操、道德状况、道德表现、道德鉴定等与道德搭配的一系列词组,可以明显看出这个差异。

道德和伦理在使用中还有一个不易被觉察的差异。伦理一般指向现实中存在的规范、原则,但现实中存在的规范和原则同样需要被评判,而评判它们的这个更高的原则、观念,一般被说成是某种道德观念。比如传统社会中的某项

---

[1] 张岱年:《中国伦理思想研究》,上海:上海人民出版社,1989年,第1—2页。

伦理规范,在社会转型中,人们会说它是不道德的。这样的表述在伦理学里或许是错的,但在语言使用上没有问题。例如,在传统社会,有捍卫和强化男尊女卑的种种伦理规范和法律条文,当其时也,如果某位道德"先知"奋起抗议这些歧视性、压迫性的规定,除诉诸事实以外①,他/她还可以通过揭示这些规定不合更高的道德价值,来论证它们不合理。可以明显看出,道德的这种抽象性、超越性、绝对性的色彩,与"道"的意义有直接关联。在这一点上,"道德"保留了它的词源意义。而伦理一词,在其词源中就没有这种意义。

3 "道德"的现代意义

前面从词源上考察了道德一词的意义,道德除了是汉语中原有的一个词之外,它还是英语 morality 的汉语对译,而"汉语中原有的词,用它来翻译某个外文词后,我们逐渐不再在它们原有的意义上使用它们,而主要在它们用来对译的外文词的意义上使用它们,这些词原有的意义反而被掩盖了(它的主要语义逐渐等同于或近似于它用来翻译的那个外文词的意义)"②。比如电,在汉语中,我们用"电"来指 electricity。但是汉语中的电本来是指闪电,"谓之雷光也"③,当"电"成为英语 electricity 的对译,其原有的意义就退居次要的位置,甚至基本丧失。"电"的意义,以及我们对"电"的理解,差不多完全要参照 electricity 而获得,而不是参照《五经通义》而获得。电如此,研究电的物理学也是如此。物理学中"物理"一词,本也是古代汉语中已有的词汇,但自从翻译家

---

① 比如在早期的女性解放著作《论女性的屈从地位》中,作者主要通过诉诸两性在实际能力上是一样的这一事实,来表达自己对性别不平等的抗议。
② 陈嘉映:"从移植词看当代中国哲学",《同济大学学报(社会科学版)》第 16 卷第 4 期,2005 年 8 月,第 60—65 页。
③ 刘向:《五经通义》。

用它来翻译作为自然科学的典范的物理学并被人们接受为习惯译法之后①,其意义也就只能从现代物理学这一角度来理解。

这样的例子比比皆是。语词意义的改变,与社会结构、社会生活以及我们的认知方式的改变有关,而这种改变,也构成我们谈论道德与美好生活的背景,需要特别注意。

我们用伦理和道德对译 ethics 和 morality。ethics 源于希腊语 *ethos*,本义为习俗、风尚、习惯、品格、气质,等等。morality 源于拉丁文 *moralis*,后者是罗马人翻译亚里士多德著作时创造出来的一个词,意义与 *ethos* 同。在英文中,ethics 和 morality 在用法上也有一些差别,一般后者强调既定的道德规则、道德状况,而前者强调对这些原则的理性的思考。这和它们的中文对译词之间的区别正好相反②。

道德(morality)因其常用,而成为一个让哲学家们莫衷一是、难以定义的词③。这里我们不介入他们的争论,而是通过做减法的方式,描述出道德的基本意义和范围,这是这一语词最基本、最核心的意义,以此为基础,就可以去理解它的延伸的、扩展的意义。在《伦理学》中,弗兰克纳(William Frankena)运用的正是这种方法。他首先确定道德所属的大的范围——行为规范,但因为行为规范中除了道德还有其他,所以当我们通过道德与其他行为规范的区别——比起直接定义道德,识别这些区别是容易做到的事——而将非道德性的规范逐一减去之后,那么剩下的,自然就是道德这一行为规范了。

弗兰克纳首先来确定道德的所属及基本性质。道德是一种社会中的行为规范或行动指令,它的起源、制约力和功能都是社会性的。它不是或至少不完全是某个人的发现或发明,它先于每一个体,但又可以内在于某一个体,成为个

---

① 王冰:"我们早期物理学名词的翻译及演变",《自然科学史研究》,1995,14(3):215—226。
② 英文中 ethics 和 morality(以及 moral),也都是常用词,在意义和用法上有多重差异,有些差异是汉语对译词之间也具有的,比如 ethics 用于某一领域的规范,而 moral 用于个人的品德,有些差异则是汉语对译词所没有的。
③ 参见斯坦福哲学百科(Stanford Encyclopedia of Philosophy) morality 词条,https://plato.stanford.edu/entries/morality-definition/。

人生活的指导①。对人类中的绝大多数个体而言，在他出生以前，他将生活于其中的社会即有一整套行为规范，否则这个社会就不构成为社会，而只是一群人的聚集②。这样，他生于社会之中，也可以说，他生于一整套社会性的行为规范之中。这些规范外在于他，构成他生活中的客观现实，在长大的过程中，他被教育和要求去遵守这些规范。随着成长，道德规范从借助奖励和惩罚来约束他，逐渐转化为通过自觉即内在的约束来指导他。

多数人对于道德规范只有两种选择：或服从，或违拗。人群中一些佼佼者则多出另外一种选择——正因为他们多出来这种选择，所以被识别为佼佼者——他们因势利导或逆流而上，通过自己的作为，或创造新的观念，改变社会结构，或改造观念形态，从而影响道德的走向。释迦牟尼、孔子、耶稣……就是其中最耀眼的那几个。他们当然不是创生了道德，但是道德在他们之前和之后，面貌的确有所改变，这不能不归功于他们的影响力，而且他们三人都是通过诉诸观念、诉诸说理或说教这种和平的方式，而对道德有所影响③。

属于行为规范的，不止道德。仅当从规范中去掉非道德的规范，剩下的才是道德。在社会性的行为规范中，道德区别于法律和习俗。道德和法律的不同，从起源和约束力上明确可见。道德是自然演变而来④，"不是由某种人为的立法、行政或司法行为所建立"⑤。道德的约束力也不来自警察、法庭、监狱等权力机构，而是来自社会舆论、他人的谴责或赞扬（他律）和良心自觉（自律）。在这两点上，法律和道德都正好相反。

道德（伦理）的词源中有"习俗、风尚"的意思，由此可以看出，道德与习俗曾

---

① ［美］弗兰克纳：《伦理学》，关键译，北京：三联书店，1987年，第11页。
② ［法］卢梭：《社会契约论》，何兆武译，北京：商务印书馆，2003年，第17页。
③ 承认少数人对某一传统内部的道德的巨大影响力，和孟子说的"使契为司徒，教以人伦"的观点并不一样。人伦如果指的是社会的行为规范，那么它从社会以来就有，不需圣贤去创立。圣贤能做的，只是增加、减少或纠正某些行为规范。
④ 因此可以从社会生物学、进化心理学的角度成功加以解释。有大量社会生物学著作从生物演化的角度解释人类道德的起源。
⑤ ［美］弗兰克纳：《伦理学》，第14页。

经同为一体,不可区分。但是在今天,道德和习俗已经分化为各不相同的两种规范。道德和习俗不同,主要在于社会重要性的区别。"习俗并不涉及那些与法律和道德有关的具有重大社会意义的问题,它似乎主要考虑现象、爱好和便利。"① 而道德和法律显然关涉具有社会重大意义的问题。弗兰克纳没有说明判别重大和非重大的标准是什么,一般而言,何为重大,何为非重大,在一个社会中存在共识性的认识。对某一规范,如果共识性的认识不够清晰,或如果一个社会利益分化、立场对立到难以达成基本共识,那么可以通过一个思想实验解决这一分歧:设想社会去掉或替换某一规范,将会出现什么后果。如果这一规范的变更并未引起社会的结构性的改变,人们的生活除了直接相关部分,其他部分都没有什么变化,那么可以说,这一规范属于习俗。如果相反,则属于道德。比如,用这一标准来判别婚礼流程(婚俗),或判别"不可说谎"这一要求,我们会发现,前一个是习俗,后一个是道德原则或道德规范。就此,可以总结说,道德是一种社会性的行为规范,由自然演变而来,具有社会重大意义,靠社会舆论和人们的自觉而行使。

  道德与法律、习俗,虽不是泾渭分明,但是从来源、约束力和功能这些外部因素上,基本可以区分清楚。但道德和审慎(prudence)重合度很高,单从外部因素很难分辨清楚,因为审慎会要求你服从道德,而道德在有些方面会接纳和肯定审慎的要求。道德和审慎的不同在于,前者是社会性的,而后者不是。审慎是"根据个人的愿望或利益来确定什么是正当的或有德性的"②,而道德则是从社会的角度做出决定,反映的是社会的要求,是对个人欲望和利益的制约,超乎个人利益。比如诚实守信,在大多数情况下,就是审慎和道德提出的同一种要求。诚实为道德要求,这自不待言。一般情况下,在熟人社会,诚实同时也是自我利益的要求,即审慎的要求。因为不诚实,久而久之,便不被人信任,从而损害自己的声誉和人际关系,使交往范围缩小,交际成本增加……最终损害到自己的利益。所以任何精致的利己主义者,都会小心翼翼地维护自己诚实的名

---

① [美]弗兰克纳:《伦理学》,第13页。
② 同上书,第13页。

声,除非万不得已,或除非在一次性的交往中,否则不会轻易冒险破坏自己的诚实之名①。

还有一类行为规范,既不涉及社会或他人的利益,也不与自我利益直接关联,而是指向教养、明礼、得体、优雅等具有审美色彩的行为表现,按休谟(David Hume)对品质的分类,属于本身令他人愉快的品质②。这类品质被称为礼貌或修养,它们所参照的规范被称为礼仪、礼节等等。礼仪类似于习俗,但习俗是社会性的,而它们则是个人性的,体现个人在社交中对自己态度的控制,和对行为分寸的把握。从字义上来说,礼貌一词,重心在貌,指的是合乎礼的貌,即合乎礼的规范的表情、举止。比如一个人在执行习俗时,其举止表现仍有得体、有礼和不得体、无礼的区别。礼貌是适当的行为,而道德是应该的行为,一般认为,礼貌并不关涉是非善恶,而更多是形式上的要求。但在人际交往中,礼貌依然十分重要,因为礼貌与权力关系、社会地位、平等、尊重等相关③。在现代社会,

---

① 好的制度设计,都尽量避免去考验人性,不把人预设为圣徒,而是预设人的行为多数时候都受自我利益的驱使。越是让道德要求和审慎要求重合,遵守道德规范便越有动力和保证。而如果让道德要求和审慎要求一直处在紧张关系中,让每个人的心灵中时时上演天人交战,这样的社会,必然无法长期维持良好的道德状况。"普遍的混乱必然要引起道德的败坏更甚于知识的衰退。绵延了许多世代的动荡不宁,尽管能够容许极少数的人有着极高度的圣洁,但它确乎是敌视体面的公民们的平凡的日常德行的。当你的一切储蓄明天就会一干二净的时候,勤勉就似乎是无用的了;当你对别人诚实而别人却必然要欺骗你的时候,诚实就似乎是无益的了;当没有一种原则是重要的或者能有稳固的胜利机会时,就不需要坚持一种原则了;当唯唯诺诺混日子才可以苟全性命与财产的时候,就没有要拥护真理的理由了。一个人的德行若是除了纯粹的现世计较而外便没有别的根源;那么如果他有勇气的话,他在这样一个世界就会变成一个冒险家,如果他没有勇气的话,他就会只求做一个默默无闻的怯懦的混世虫。"([英]罗素:《西方哲学史》,何兆武、李约瑟译,北京:商务印书馆,1963年,第290页。)从"子贡赎人"和"子路受牛"的故事看,应该说,中国古人很早就认识到了这一道理,参见许维遹:《吕氏春秋·察微篇》,北京:中华书局,2009年。
② [英]休谟:《道德原则研究》,曾晓平译,北京:商务印书馆,2001年,第114页。休谟对品质的这一分类有助于我们对礼貌的理解。礼貌、礼仪、优雅得体,与自己和他人的利益都不相关,因此不属于对人对己有用的品质(或规范),而属于本身令人愉快的品质(或规范)。
③ 礼貌、礼节常常是识别社会阶层的标志性符号,以法国贵族为例,他们一直十分"讲究礼节,即在一切场合下举止优雅,没有任何瑕疵。他们不仅表现除了保护某一道德、文化和社会秩序的决心,而且也显示出了他们强烈的精英归属感,以及他们想和其他社会阶层保持距离的明确愿望"。"人们把礼貌、谦恭的传统视为一种社会地位的表现,也就是说一种适用于保持和(转下页)

礼貌与否,可检验一个人是否具有共情能力,是否在意别人的感受,他人在他心中的分量,等等。因此,礼貌并不只反映一个人的文化修养,它含有道德因素——如何对待他人。在这个层面上,礼貌和道德的界线不是十分分明。这一层面的礼貌可以被称为"微道德",或人际微观领域的道德①。

  道德最基本的含义,至此已逐渐显现出来。给定某一规则或规范,通过将其与上述几种规范比对,可以很快确定其所属。而由道德的基本含义,可以进而知道内化的道德,即品德或德性是什么意思,超越的道德或元道德,即用以判断既定道德规则的原则或观念又是什么意思,等等。休谟最早发现,判断句中,道德判断都是用或都可以用"应该"表达,而其他判断都是用或都可以用"是"来表达。按照逻辑规则,结论必须蕴含在前提之中,因此,表达"应该"的判断不能从表达"是"的判断中得出,即不能从"是"推出"应该",这就是"是"与"应该"的区分②,也可称为事实判断和价值判断的区分:

(接上页)传承的象征身份的遗产。"因此,"举止仪态一直是最强大的社会标签"。([法]埃里克·芒雄-里高:《贵族:历史与传承》,彭禄娴译,北京:生活·读书·新知三联书店,2018年,第241、244、253页。)

① 在行为规范中区分道德、法律、习俗、礼貌等时,弗兰克纳没有说明这是针对现代西方社会而做出的。道德和法律等规范的这种区分,在前现代的非西方社会并不典型。比如孟德斯鸠在考察中国传统社会伦理结构时发现,道德、法律、习俗的区分不适用于中国社会:"中国的立法者把宗教、法律、风俗、礼仪都混在一起。所有这些东西都是道德。所有这些东西都是品德。这四者的箴规,就是所谓礼教……生活上的一切细微的行动都包罗在这些礼教之内。"孟德斯鸠分析了造成这种情况的原因:"中国的立法者们认为政府的主要目的是帝国的太平。在他们看来,服从是维持太平最适宜的方法。从这种思想出发,他们认为应该激励人们孝敬父母……尊敬父亲就必然尊敬一切可以视同父亲的人物……所有这些都构成了礼教,而礼教构成了国家的一般精神。这个帝国的构成,是以治家的思想为基础的。如果你削减亲权,甚至只是删除对亲权表示尊重的礼仪的话,那么就等于削减人们对于视同父母的官吏的尊敬了。"([法]孟德斯鸠:《论法的精神》,张雁深译,北京:商务印书馆,1963年,第19章第17、19节。)孟德斯鸠的后面一段话,对应的正是《论语·学而篇》中的一段:"其为人也孝悌,而好犯上者,鲜矣;不好犯上,而好作乱者,未之有也。君子务本,本立而道生。孝悌也者,其为仁之本与!"需要指出的是,弗兰克纳的区分虽然不适用于中国传统社会,但对于我们明了何为道德规范,以及道德与其他行为规范的区别,仍然是足够清晰的。

② 所有的道德判断都可以转换为用"应该(或不应该)"来表述的语句,但用"应该"表述的句子不全是道德判断,比如"明天应该会下雨","你应该早点休息",等等。

在我所遇到的每一个道德学体系中,我一向注意到,作者在一个时期中是照平常的推理方式进行的,确定了上帝的存在,或是对人事作了一番议论;可是突然之间,我却大吃一惊地发现,我所遇到的不再是命题中通常的"是"与"不是"等连系词,而是没有一个命题不是由一个"应该"或一个"不应该"联系起来的。这个变化虽是不知不觉的,却是有极其重大的关系的。因为这个应该或不应该既然表示一种新的关系或肯定,所以就必需加以论述和说明;同时对于这种似乎完全不可思议的事情,即这个新关系如何能由完全不同的另外一些关系推出来,也应当举出理由加以说明。①

这一区分对理解道德的性质意义深远。

4 伦理学是什么

知道了"道德",就可以进而了解什么是伦理学。一般而言,可如此来描述伦理学:"伦理学是哲学的一个分支",是关于道德的哲学思考。具体来说,就是"关于道德、道德问题和道德判断的哲学思考"②。这个说明十分简单,看起来几乎像是同语反复,但是确实提供了许多信息,明确了伦理学的研究对象和研究方式。伦理学是"哲学的分支"和"哲学的思考",因此在研究方式上必须呈现出哲学的特点,即必须以概念分析、逻辑推理等哲学的方式进行。哲学以外的其他学科,不论是自然科学还是社会科学,抑或人文学科,当然同样可以关注道德问题,但在方法上必然不同于哲学,因此不能称为伦理学。比如自然科学中的心理学、社会生物学,社会科学中的人类学、社会学、经济学,人文学科中的历史学,都会从自己学科的角度运用自己学科的方法研究道德,但它们的研究是

---

① [英]休谟:《人性论》,关文运译,北京:商务印书馆,1980年,第509—510页。
② [美]弗兰克纳:《伦理学》,第7页。

描述性或经验性的,而非哲学的思辨性的①。研究方法使伦理学与哲学以外其他学科区分开来,而在哲学以内,研究主题的不同则使伦理学和哲学的其他分支,比如认识论、美学等区分开来,这是通过"关于道德"这一界定而实现的。

弗兰克纳把伦理学具体解说为"关于道德、道德问题和道德判断的哲学思考",这三方面的工作,指向伦理学的三个领域,即规范伦理、应用伦理或实践伦理和元伦理。此外,伦理学和道德哲学两个概念,基本是通用的。

道德为不同学科所关注,各学科分别以自己的方式考察道德,呈现道德的不同方面。关于道德,我们了解的越多,理解的也就可以越深入。伦理学和这些学科的研究,显然是互为参照、互相启发的关系,而非谁指导谁,谁统领谁的关系。

5 为什么需要道德

道德,或伦理,始终与"群"相关。群,在人类是指社会,是群居一处共同生活的人们所构成的一个整体。要知道社会为什么需要道德,即道德之于社会的重要性,只需做如下思想实验:按"社会"的定义或我们对社会的领会,构想一个社会,然后设想抽掉其中的道德规范,看一看将会出现何种后果。社会不能没有行为规范,这一点十分明显。早在《理想国》中,柏拉图就已经论证,即便是盗匪的群体,也必须有群体所依从的规则,否则必定旋生旋灭,不能久存②。休

---

① morality 一词,即有描述性的道德和规范性的道德两种区分。
② [古希腊]柏拉图:《理想国》,郭斌和、张竹明译,北京:商务印书馆,1986 年,第 25 页。或参见[美]埃德加·博登海默:《法理学》,邓正来、姬敬武译,北京:华夏出版社,1987 年,第 212—213 页。"如同在自然界中一样,秩序在人类生活中起着重要作用……甚至在偶然凑成的人类聚集群体中,人们为使该群体免于溃散也强烈倾向于建立法律控制措施。例如,人们看到,战俘会很快确立某些行为规则,以调整他们在战俘营中的生活,这种情形有时是在战俘营管理机构未作任何倡议或没有介入之时发生的。遭遇海难并登上一个荒岛的人们,几乎也会(转下页)

谟在批评社会契约论中的自然状态说时,也提出过类似的说法①。不过在我看来,麦金太尔(Alasdair MacIntyre)的相关论证最为有力,而且言简意赅。麦金太尔认为,见之于所有人类文明的那些基本的行为规则,不仅具有经验上的真实性,更具有逻辑上的必然性:

> 我们不能想象有这样一个人类群体,在那里没有受规则支配的行为,并且,在那里支配着行为的规则不需要有说真话的准则,不需要有有关正义、所有权等准则,我们之所以不能这样想象,那是因为我们要正确地把它描述为一个人类群体,那就必须满足最低限度的概念条件……人类社会以语言为先决条件;而语言必须遵守规则,要遵守规则必须有说真话的准则。人们常指出,说话作为一种人类行为,在逻辑上是以说真话的准则为先决条件。
>
> 有一些规则,没有它们的话,人类生活根本就不会存在,还有另一些规则,没有它们的话,人类生活甚至不会以一种最低限度的文明方式继续下去。②

这一番道理,在现代生活中更容易获得我们的认同。任何一个怀疑者,只要走上马路,就会立刻放弃他的怀疑:因为如果没有交通规则——规则中的一种,那么甚至走路这么基本的事,都无法进行。

但道德只是行为规范中的一种,抽掉道德后社会还留有习俗和法律这两种规范指导人们的行为。弗兰克纳论证认为,抽掉道德的社会或是过于严厉——当它倚重法律的调节功能时,或是过于放任随意——当它倚重习俗的规范作用时③,这两种状态都不是我们所向往的,因此社会不可缺少道德的规范。

(接上页)很快就着手制定某种临时性的'法律'与'政府'制度。"(一般人的印象中,游民是最散漫、最无秩序的、最不讲规矩的,但是甚至游民构成的"江湖",也会迅速发展出各种规范)(参见连阔如(云游客):《江湖丛谈》,北京:中国曲艺出版社,1988年。)

① [英]休谟:《道德原则研究》,第125页。
② [英]麦金太尔:《伦理学简史》,北京:商务印书馆,1997年,第139、149页。
③ 弗兰克纳提到了用法律和习俗分别代替道德的两种方案,认为这两种做法都效果不佳,因此不可取。他没有提到用法律和习俗两种规范共同替代道德,这一方案似乎能够避免前(转下页)

弗兰克纳的反对理由是我们不会喜欢或容忍这样的社会,而另外一些哲学家告诉我们,抽走道德只留下法律的社会,即便人们愿意容忍甚至喜爱,也根本不可能存在①。这是因为抽走道德后余下的空间要由法律来填补,而法律需要有社会强制力量的支持,这凭空增加了社会的运行成本。不止如此,由于道德规范和相应的道德信念的缺失,作为社会监督者的执法者本身也需要监督,否则只要机会允许——风险足够小而回报足够大,必定会作奸犯科。足够小和足够大,以执法者的心理估值为衡量标准。出于同样的考虑,在执法者的监督者之上,还需要再设立监督者,如此构成一个监督者的无穷倒退,法律的运行成本将会高到社会无法担负的程度。相反,如果一个社会道德状况良好,人与人之间有基本信任,则社会运行成本大大降低,而人际交往效率大幅提升②。

当然,休谟的论证也不是没有问题,因为我们可以通过让全社会参与到对执法者的监督,而终止这种倒退,现代民主制度就是这样做的。不过不管休谟的论证是否成立,道德缺失会极大增加社会运行成本,降低运行效率,这是毫无疑问的③。一个过分依赖法律的社会,不仅运行成本高到社会无法承担,这个

(接上页)面两种方案的弊端,这样一来,弗兰克纳的论证似乎就失效了。但是当我们重新回到弗兰克纳对这3种规范的定义,并对他的论证作出部分修改,我们会发现,他的论证依然有效:抽掉道德后,在原属道德调节的行为领域,只能或是让法律或是让习俗或是由法律和习俗共同来规范调节,而这样一来,弗兰克纳所说的规范因此或是过于严厉或是过于随意的弊端就显现了出来,从而再次表明道德之不可或缺。(参见[美]弗兰克纳:《伦理学》,第13页。)

① [英]休谟:《道德原则研究》,第46页。
② "与人们几乎不相信他人会合作的情况相比,当人们相信他人会合作时,合作的概率会更高。依靠信任维系的合作可以看做与很多领域相关的一个互动的后果。例如,如果人们相信税收欺骗、腐败、福利政策的滥用是广泛存在的,那么他们自己则很可能骗税、行贿或者滥用福利政策制度。因为一旦人们开始相信其他大部分人从事违法行为,依靠信任来维系的个人行为就将使合法行为的重建变得相当艰难,所以公共政策在初始阶段就保证公民义务地执行是非常重要的。"([美]赫尔伯特·金蒂斯等主编,《道德情操与物质利益:经济生活中合作的基础》,李风华等译,北京:中国人民大学出版社,2015年,第163页。)
③ 在区分法律与道德时,通常我们说,法律的行使,靠的是强制和威吓。在区分道德与法律的意义上,这么说无疑是正确的。但在法律运行中,单只靠强制和威吓,这个社会必定是失败的,甚至是无法存续的。因为"法律必须被信仰,否则将形同虚设"(伯尔曼)。伯尔曼解释说,法律必须被信仰,是指人们相信法律,相信法律的效力,并且坚信法律具有一种神圣性。只(转下页)

社会中人与人之间的关系,也将日益显现为法律关系,而这样的关系是冰冷生硬的。有鉴于此,孔子才把"必也使无讼"①,作为理想社会的一个指标。

道德不仅使社会可能,还让社会向好。生存不易,人在自然中的处境甚至比动物更艰难,他必须依靠群-社会的力量,才能生存繁衍。在自然面前,群-社会而不是个人,才是一个独立的生存单位②。群的内部,群成员之间,需要维持一定的亲密关系,而不能以原子式的个人的形式存在,更不能陷入"每个人对每个人的战争"③。这就要求群成员在关注自我利益的同时,不忘促进他人的利益。亚里士多德认为,这种友爱的品质,使城邦和谐,使成员认同城邦。道德通过作用于人心,唤起和扩大我们的同情心,而实现这一功能④。道德促进人类的繁荣,保证我们依据互利合作的关系共同生活。

被冠以道德之名的规则、规范对社会生活如此重要,社会自然会尽其所能捍卫其尊严。比如,诚实本是道德要求,当涉及财产和交易时,因为兹事体大,不能完全托付给当事人的良知,因此将其上升为法律要求。而比如宽恕仁慈,是良好社会所必须,但既不能形诸道德,更不能上升为法律,于是神道设教,借用信仰的力量提升境界,强化道德要求。我们今天确定为道德义务的那些规范,在前现代社会中,与宗教义务的界线并不分明,"人们早已知道,直到社会发

(接上页)有如此,法律才会成为人们自觉遵守的诫命,人们也才会自觉捍卫法律的尊严。参见"伯尔曼法学思想座谈会记录",载于《清华法律》第11辑,清华大学出版社,2007年。

① 《论语·颜渊》。
② "人类社会的典型特征之一就是协作,这种协作并非是近亲之间的协作,不是出于互惠互利的目的,也并不是遵守某种道德规范的约束,而是出于'种群优胜劣汰的自然规则'——协作的团体能够兴旺发达,繁衍不息,自私自利的团体则走向衰亡。团结协作的社会以牺牲其他团体为代价得以生存下来。优胜劣汰的自然法则并不在单个个体之间发生作用,而往往针对整个群体或部落。"([美]麦特·里德雷:《美德的起源》,刘珩译,北京:中央编译出版社,2004年,第187页。)
③ [英]霍布斯:《利维坦》,黎思复、黎廷弼译,北京:商务印书馆,1985年,第94页。
④ "道德的目的是改善或不恶化人类逆境,其办法是补偿有限的同情心并抵消它们潜在的破坏性后果。道德的份内之事,在于扩大我们的同情心,进一步说是要严格限制人类自然气质中所固有的破坏性倾向。"([美]彼彻姆《哲学的伦理学》,雷克勤等译,北京:中国社会科学出版社,1990年,第40页。)

展较近的时期为止,道德与法律的规则与礼仪的规定都是无法区分的"①。正如宗教伦理学家古斯塔夫逊所说的,"离开伦理的宗教和离开宗教的伦理,同样是不可思议的"。概念清晰是对思维的要求,而社会只考虑经济、实用,不在意道德与宗教以及其他社会资源重叠混合,来共同维护社会的基本秩序。

个体认识并接受社会的道德规则,需要一个相对漫长的过程。自然演化已经赋予我们合群需求和利他冲动,但从一个只具有生物属性的自然人成长到社会人,依然要经历种种规训。道德教育的过程就是社会化的过程②,通过社会化,一个人长成为社会的一个成员,如此才能进入社会,完成社会的代际继替,维持社会的稳定规模③。

不接受、不执行道德规则的人,对社会始终是异数,是挑衅,甚至是威胁。社会会动员它所掌控的资源,向异己分子施压,使其改"邪"归正,回到社会所认定的主流、正统上来。与社会对抗,"异己分子"要承担巨大的心理压力,有时还伴随着经济损失、社会地位下滑,等等。个人意志和道德规则之间存在一种张力,只有那种不仅完全认同道德规则,而且修行不辍、勇猛精进的有德之人,才可能彻底消弭这种紧张,"从心所欲不逾矩"。而即便是孔子这样对礼-伦理完全认同、学而时习的人,也要到70岁才能达到这样的境界。那些并不完全认同道德规则,或虽认同但没有决心去行,或虽行但意志力不够的人,他们的意志和规则之间,无可避免地,会处在紧张关系之中。这几乎成为人的一种根本处境。

康德(Immanuel Kant)把这种根本处境描述为普遍理性和经验意志之间的冲突。通过这样的转换,个人意志和社会规则之间的冲突,就内化为个人的精神世界之内的意志和理性的冲突——不再是内外之争,而是主体内部两种原则、两种力量之争。这样的修改,去除了道德规则中偶然性的"杂质",即历史性、地方性的规则,使道德更加"纯粹",从而也使意志和道德规则的对比更判然分明。康德认为,每个人都无从逃避这种冲突。当冲突发生时,即当作为道德

---

① [法]涂尔干:《宗教生活的基本形式》,渠东、汲喆译,北京:商务印书馆,2011年。
② [法]涂尔干:《道德教育》,陈光金等译,上海:上海人民出版社,2001年,第122页。
③ 费孝通:《乡土中国·生育制度》,北京:北京大学出版社,1998年,第106页。

原则的理性受到个人的经验意志（欲望、冲动和爱好，等等）的抵抗时，理性就呈现为一种命令，而且是绝对命令，这样就不待我问，为什么要服从道德①？换言之，在康德这里，对个人来说，不存在"为什么我要有道德"这样的问题，这是理性的命令，是自我对自己的要求，正因为有这种要求，人才成其为人。

康德对"我为什么要有道德"的回答，避开了这个问题自带的一个逻辑陷阱。面对这个问题时，比如当教导儿童要遵守道德，我们常常诉诸道德以外的目标——别人的赞誉或谴责，社会的奖惩，命运的赏罚，诸如此类，但这样一来，就使服从道德成了获得或避免某种自然意义上的善恶（即好结果或坏结果）的手段，从而也就取消了道德的独立性、自足性，将道德替换为利益或自我利益。这就等于用利益或自我利益重新定义了道德。不可否认，人们服从道德，确实常常是出于自我利益的考虑，即前文中所说的出于审慎的考虑，但是正如康德所区分的，合乎道德和出乎道德，是两个不同的概念，合乎道德的行为不一定出乎道德②。出乎道德，意思是以道德本身为目的，这里道德不能替换为利益或自我利益，否则就不是出乎道德，而是出乎利益。在合乎道德的行为集合中，确乎有大量行为不是出乎道德，而是出于利益，或其他考虑，或根本就没什么考虑，同样无可否认的是，其中自然也有仅仅出乎道德的考虑的行为，而这一部分行为，没法用自我利益加以解释。换言之，无法通过追溯到自我利益这类目的，解释这些行为"为什么"。"为什么要有道德"之问，正是就这一部分行为提出的，因为只有这些行为，按前文已经明确了的"道德"的定义来说，才是真正意义上的道德的行为。

康德没有用自我利益、欲望、冲动、爱好等，来解释为什么要有道德，即道德的理由。康德自然明白，自我利益之类，只能解释合乎道德的行为。投身公益，一般认为是善事，但如果一个人是出于自我利益，比如塑造自己的公众形象以求长远的回报而投身公益，或虽然不是为了明确的个人利益，但也不是出于对他人的关怀，而是为消遣、为要观察或体验另一种生活方式等等目的而从事公

---

① ［德］康德：《实践理性批判》，第1卷第3章。
② 出乎道德的行为，如果是在康德，则必定合乎道德。但是在其他道德理论中却不尽然。

益,一旦我们了解到行为者希望通过行为实现的这些目的,我们就会重新看待这些行为:它们增进了受益人的福利,是为人所欢迎也为社会所赞许的行为,客观上有利于受益者,这一性质不会改变;但是我们不会因此认为行为者应该获得道德上的肯定或赞扬,即便我们恰巧是功利主义者,也不会这么认为。只有当行为者是出于对受益人的关怀①,或为回应某种道德要求,而这么做的时候,才能得到道德上的肯定。这表明,在生活中我们能直觉地区分合乎道德和出乎道德,康德的区分是对我们的这一道德直觉的表述。

既已确定什么性质的行为被认为是真正意义上的道德行为,接下来分别考察这些行为所要达到的目的,就可以回答"为什么要有道德"了。

根据上文,出于道德的行为,或是指出于对他人的关怀而采取的行为,或是指为履行道德义务而采取的行为。考察这两类行为,我们发现,它们只能以自身为目的,否则就不再是出于对他人的关怀或为履行道德义务而行动。而由于在其自身以外不能设定另外的目的,所以我们无法继续追问它们的理由,因为如前文所说,行为的理由,指的是行为要达到的目的。至此,可以知道,"为什么要有道德"其实是一个没有答案的问题。正如普理查德所说的:"对于某事是我的职责这一观点,我可以辩护说,它是我的利益所在或它将导致我的幸福。但假如这给我提供了一个理由,那我就根本没有把我所谓的职责看作是职责。我做它是出于利益的考虑,因而我就不是把它当作职责。"②

需要辨明的是,虽然不能为出于道德的行为寻找理由,但不影响探寻它们发生的原因,原因和理由是两个不同的概念,否则我们也将无以解释人们在道德上的差别:为什么有人有道德,有人没有道德。而正因为出于道德的行为是

---

① 出于对他人的关怀而非出于自我利益考虑的行为,也不都是出乎道德的行为。比如对子女的爱、对恋人的爱,一般被认为是一种自然情感,为此而采取的行动,则被认为是自然行为而非道德行为。但是亲子关系、恋人关系依然是道德规范(这里"规范"是动词)的关系:道德规定了亲子之间、恋人之间的权利义务,违反这些规定当然就是违反了道德,比如恋人之间互相平等、彼此诚实,就是这类道德要求。这种亲情或恋情,其热烈程度远远超过人与人的一般情感,因此也就难以并且无需用道德来规范。但是当热情下降,或情感不恰当释放,就下降到需要道德规则加以规范的范围之内了。
② [英]麦金太尔:《伦理学简史》,第329页。

有原因的,道德教育和道德责任才是可能的。

6 伦理起源的传统解释

知道伦理-道德是什么、为什么之后,人们自然会追问其来源——由近及远,是认识的基本顺序。当我们追问伦理-道德的来源时,我们关注的是:1. 伦理的起源,伦理何时以及如何发生;2. 伦理的权威性来自何方[①];以及 3. 个体道德意识如何萌生。

解释起源,就是解释某事物如何从无到有;追问起源,就预设该事物在某一时间点之前不存在。人类的各文化传统不约而同地皆以创世的神话回答前面两个问题,原因也很简单:人类文明诞生之初,凡解释不了的事,就诉诸超自然的力量,于是神话产生了。神话是知识体系。涂尔干(Émile Durkheim,又译作迪尔凯姆)认为:"人们用以描写世界和人本身的最初的表述都具有宗教的来源。每一种宗教都是一种宇宙论……思想的因而科学的基本范畴都来源于宗教。"[②]神话-宗教用以平息人类对世界的无限的好奇,这种好奇引导初民走向神话,后来又引导希腊人走向哲学[③]。这些神话描述世界的起源,人类生命的起源,也解释了伦理的起源,"而且还解答了生活何以如此艰难,如此坎坷"[④]。对伦理学来说,起源问题不仅满足人们的好奇,证明伦理规则的必要性,还可以

---

① Peter Singer, *A Companion to ethics*, Blackwell, 1991, p. 3.
② [法]涂尔干:《宗教生活的基本形式》,第 56 页。
③ "在对宇宙的最早的神话学解释中,我们总是可以发现一个原始的人类学与一个原始的宇宙学比肩而立:世界的起源问题与人的起源问题难分难解地交织在一起。宗教并没有消除这种最早的神话学解释,相反,它保存了神话学的宇宙学和人类学而给它们以新的形态和新的深度。从此以后,认识自我不再被看成为一种单纯的理论兴趣;它不仅仅是好奇心或思辨的问题了,而是被宣称为人的基本职责。"([德]卡西尔:《人论》,甘阳译,上海:上海译文出版社,1985 年,第 1 页。关于神话是一种知识系统,见第 7 章"神话与宗教"。)
④ Peter Singer, *A Companion to ethics*, Blackwell, 1991, p. 3.

帮助人们找到价值冲突的根源①。

用创世神话解释伦理及其权威性的起源,以犹太教-基督教最为著名,影响最为深远。《圣经·创世纪》中,上帝"照着自己的形象造人"之后,马上指示人类说:"要生养众多,遍满地面,治理这地;也要管理海里的鱼、空中的鸟,和地上各样行动的活物。"同时警告亚当夏娃,"分别善恶树上的果子,你不可吃,因为你吃的日子必定死"。上帝的这些指示中,有对人类的要求——要生养众多,有对人类的授权——要治理这地,也有给人类的禁令——分别善恶树上的果子,你不可吃。上帝的要求产生人类的义务,授权生成责任,禁令划定了行为的界线。这些义务、责任、禁令,因与神相连,而具有神圣性——这正是"神圣的"这个词的本义,而因为它们是神圣的,所以它们具备权威性②。这里上帝规定出人与神的关系、人与自然界的关系,等到摩西带领以色列人出埃及时,上帝假摩西之口,或者说摩西假上帝之名,罗列出包括道德义务、宗教义务、饮食禁忌等在内的613条律法,细致规范了公共生活和私人生活的方方面面,其来源和权威性,依然来自上帝。

用创世神话解释伦理的起源,其便利和效力显而易见。19世纪,当人们发现"上帝死了"时,陀思妥耶夫斯基曾经叹息,"既然没有永恒的上帝,就无所谓道德,也就根本不需要道德……一切都可以做",因为"没有灵魂不死,就没有道德"③。这些话不仅道出了时代的症候,也从反面说明了上帝信仰对于道德的重要作用:人们因信仰上帝,而相信上帝所创造的世界的秩序,而相信道德的

---

① 按照麦金太尔,来自不同传统的多元价值体系共存,是现代社会那些原则上无法解决的价值冲突的根源。([美]麦金太尔:《追寻美德:道理理论研究》,宋继杰译,南京:译林出版社,2011年,第7页。)马基雅维利最早意识到价值冲突原则上的不可调和性,认为一个人不可能既是一个好的罗马公民,又是一个基督徒,因为罗马公民和基督徒分别对应两种价值体系,比如前者崇尚骄傲,而后者崇尚谦卑,它们之间的冲突无法通过折中或上升到更高范畴获得解决。
② 旧约时代,人们已经开始质疑上帝的律令的权威性,《约伯记》讨论并试图回答这一质疑,指出上帝律令的权威性不是来自人们遵守或违背它们而得到的相应的奖励或惩罚,而是另有来源。从伦理学角度来看,《约伯记》的意义在于,它突出了道德律令的独立性,为道德善恶和福祸的不一致提供了一种宗教的解释。
③ [俄]陀思妥耶夫斯基:《卡拉马佐夫兄弟》,北京:人民文学出版社,1981年,第956、112页。

价值。如果上帝是不存在的,那么信仰所承诺的世界秩序和道德价值,也将丧失其既定的基础。换言之,在传统社会,对上帝的信仰是维系道德体系的重要手段。

跳出来挑战宗教和伦理联盟的,是哲学思辨。在《游叙弗伦》篇中,化身为苏格拉底的哲学思辨,用怀疑和追问的武器,向宗教和伦理联盟发起进攻。苏格拉底的问题很简单:神和善谁有优先性(priority)?某一行为,是因为神命令了它才善?还是因为它是善的,神才命令它?前一种情况,神具有优先性,后一种情况,善具有优先性。这是发生在宗教哲学领域的二桃杀三士:对孰先孰后的追问,瓦解了宗教和伦理联盟,因为这一问题不论哪种回答,都无法让人满意。如果选择第一种答案,即因为神的命令,行为才善,则原则上神可以命令一切①,但是显然不是所有出自神的命令的行为都是善的。以犹太教-基督教为例,神行过许多残暴的事,比如对埃及人;也曾下达过可怕的命令,比如令亚伯拉罕杀死自己的独子。这些行为就其自身而言,都不能说它们是善的。即便按照神正论的解释②,说它们是上帝创世计划的一部分,是上帝以恶的手段达成善的目的,我们还是不能不承认,就其本身而言,它们是恶的。所以,因为上帝的命令,所以是善的,这一说法不能成立。

再看另一种选择:某一行为因为是善的,所以神才命令它。这一回答等于承认,有独立于神以外的善恶标准,是神也不得不服从的。这样一来,善优先于神,而以创世(神的作为)来解释善(伦理-道德)的起源和权威性,就行不通了。

苏格拉底的质疑,只是从逻辑上瓦解了宗教和伦理的联盟,不表示它们彻底失联,因为二者在逻辑之外还可以有其他维度的关联,比如人类学的关联。

---

① 神在原则上必须能够命令一切,否则神就是受到了限制,就有所不能,就不是神。而限制他的,因为高于他而获得了神的地位。
② 神学和哲学中的神正论试图解决的,就是这一问题:至善全能的神,为何容许恶的存在和发生。从奥古斯丁到莱布尼茨到当代的普兰汀格,在神学和哲学中为此发展出许多有趣的解释。在信仰群体内部,这些解释可以平息怀疑,完善信仰体系;在信仰群体之外,它们还提升了人类的思维能力,增进了我们对世界的理解,是富有启发的思考。

但是用创世神话解释伦理起源,在哲学上已被宣告失败①。

沿着苏格拉底的哲学之路继续往前走的柏拉图,在述及伦理起源时,自然不会重拾神创说,而是另辟蹊径,坚持以人性的需要来解释道德的起源,从而发展出最早的社会契约理论。在《理想国》中,柏拉图指使自己的兄长格劳孔和阿德曼托斯,描述了只知追求、扩展自我利益的个体,如何在利己冲动的驱使下,达成"停战",相约遵守共同制订的规则,并推举一个权威监督执行,惩罚那些干犯规则、自行其是的人。这些规则,就是行为规范,是法律和伦理。② 柏拉图的论证思路,在近代为社会契约论者所继承,其中荦荦大者如霍布斯(Thomas Hobbes),不仅接受了论证的思路,更是直接接受了《理想国》中的人性论设定,用以论证伦理、法律、政府的起源和合法性。

柏拉图-霍布斯一系哲学家在道德起源上的社会契约假说,优势在于能够自洽,既不需要诉诸超自然的因素,也不需要借助历史中的偶然事件,而是"坚持用自然解释自然",从人的本性中引出道德的需求,进而发展出伦理规则。但是,任何理论,仅仅自洽还不够,还必须不违反人类经验,而柏拉图-霍布斯假说的最大问题,就在这里:首先,它与历史史实不符,我们找遍人类的历史,也找不到支持假说所设定的"自然状态"的依据;其次,假说所设定的人性,经过了高度简单化处理,而与真实的人性相去甚远。有充分的证据表明,人既不像柏拉图、霍布斯他们所设想的那样完全理性、精于算计,也不像他们设想的那样自私冷漠、唯我独尊。人,按其本性,就是合群的社会性的动物,利己的冲动固然强大而顽固,但却远非他的全部。简言之,柏拉图、霍布斯选了一个错误的人性观,勾画了一副错误的社会图景③。

中国古代哲学解释道德起源时,既不藉创世神话,也不诉诸哲学思辨,而是追溯到一次历史事件。在《孟子·滕文公上》中,孟子如此解说圣贤设立教化的

---

① 这一过程中,苏格拉底甚至都没有讨论创世神话的真假,而是将其悬置起来,仅用逻辑分析的手法,已经充分否决了前述观点。
② [古希腊]柏拉图:《理想国》,第2卷。
③ Peter Singer, *A Companion to ethics*, Blackwell, 1991, p. 4.

初衷和过程：

> 人之有道也：饱食暖衣，逸居而无教，则近于禽兽。圣人有忧之，使契为司徒，教以人伦——父子有亲，君臣有义，夫妇有别，长幼有序，朋友有信。①

按孟子的说法，伦理教化诞生之前，华夏先民的生活状态十分接近于野生动物的生存状态，但是性善论者孟子所理解的"自然状态"，不会是霍布斯笔下那种"一切人对一切人的战争"，而应该类似于洛克(John Locke)或卢梭(Jean-Jacques Rousseau)描述的那种和平和谐的状态。驱动霍布斯放弃自然状态进入社会的，是对互害的恐惧，和对安全的渴望；而驱动孟子的，则是骄傲，生而为人的骄傲，或曰身份感，曰自我认同。从孔子开始，儒家学者就把"有别乎犬马"②，"异于禽兽"③，视为一种自明的道德命令或精神需求。对儒家来说，道德的意义，就在于使人成其为人。道德是人的规定性，这是儒家传统对个体"为什么要有道德"的回答。这种自我确认、自我提升的精神要求，使人群中的先知先觉者——早一步领悟到人的规定性的那些人，无法忍受或不忍目睹他们的人类同伴依然停留在禽兽状态，因此启动政治力量，动用政治手段，指派契这个人总领教化之职，自上而下，把人伦之礼灌输给蒙昧中的百姓。儒家所推崇的社会伦理秩序——父子有亲，君臣有义，夫妇有别，长幼有序，朋友有信，由此诞生。

把伦理的起源追溯至一次历史事件，历史事件具有偶然性，而伦理在拥护者看来必然具备普遍性。儒家学说的诠释者认为，伦理虽然开始于圣贤的教化，但是其权威性不是来自圣贤，而是来自其普遍性，而它们之所以具有普遍性，是因为它们符合天道，一种超越于人世的客观的世界法则。

孟子的圣贤立教说，或许可以解释伦理中的某一种比如儒家伦理的起

---

① 《孟子·滕文公上》。
② 《论语·为政》第二。
③ 《孟子·离娄上》。

源①,却不能解释伦理的起源。圣贤立教说面对的质疑,和自然状态说是一样的:首先,这一假说找不到历史证据;其次,我们很难想象历史中某一时间点以前,人与人之间没有可供遵守的行为规则。正如休谟所说,这样的状态,实在是连状态都称不上,状态也者,总要以稳定的形态存在一段时间,而如果没有共同遵守的行为规则,社会是不可能存在的。用卢梭的说法,那不过是人的(短暂的)聚集而已。

7　伦理起源的现代解释

由上可知,对伦理起源的任何解释,都难以说明伦理诞生之前,人类社会的存在状态。一个更合理的思路是,就人类社会而言,不存在伦理从无到有这回事,规则-伦理与群-社会相始终,有群即有规则,有社会即有伦理。因此,伦理起源问题,是一个问错了的问题。某种特殊的伦理从无到有,在历史中增减生灭,但在它出现之前,必然已有以后将被它所取代的伦理;而在它退出之后,也必然有取代它的另一套伦理。这之间不存在伦理的空白期。

上世纪60年代以来,基于达尔文进化论的社会生物学的兴起,为理解社会性动物的社会结构、行为规则,提供了全新的视角和一整套理论,并迅速成为解释动物行为的权威理论②。社会生物学告诉我们,生物演化的基本单位既不是个体,也不是种群,而是基因。基因的流传和复制是演化的唯一动力,也是理解动物行为的密钥。动物的一切行为,都围绕基因复制而展开,是基因为复制自身而"选择"的策略。在社会生物学视角下,我们发现,社会性动物,从蚂蚁、蜜

---

① 因为某一家某一派的伦理传统,的确源自某些个人的努力,由他们塑造完成。比如儒家伦理,来自周公-孔子对周人伦理生活的反思和整理;基督教伦理,来自耶稣和使徒们的创新和阐释。
② 参看[美]威尔逊:《社会生物学:新的综合》,毛盛贤等译,北京:北京理工大学出版社,2008年。

蜂到大猩猩、黑猩猩，群体内部都有一套"约定俗成"的行为规则，用以规范群成员的行为，维系种群的紧密团结，调节成员之间的关系，使基因复制得以完成。生育策略这一关键词，让我们透过现象直抵本质，领悟到看似纷繁杂乱的动物行为，其实具有高度的目的性——基因复制，和合理性——利益博弈达到的均衡。如果"伦理"指的就是社会行为规则的话，那么不能不说，动物种群同样也有伦理，正如人类社会同样需要规则。区别只在于，在动物种群，我们称之为规则，而在人类，则称之为伦理。如今我们知道，从低等动物到高等动物到人类，在智力、情感、社会结构诸方面，是一个连续递进的过程，相邻的两个物种之间，不存在或只有很小的根本性差异。比如我们已经知道，在进化序列中和人类最接近的黑猩猩，像人类一样，也具备发达的智力、微妙的情感；猩群结构，猩际关系，同样十分复杂[1]。经济学、实验心理学的研究，也进一步证实了人类行为和动物行为的这种连续性[2]。

如果我们承认从动物到人是一个连续的过程，在过程中找不到一个明显的分界点将动物和人截然分开，那么动物的行为规则和人类社会的伦理之间也是这样一种关系。从定义出发，我们当然可以选择人类的某一特征，将其确立为人类的"本质特征"，以此区分人与动物。这样随着这一特征的出现，动物就跃升为人，而随着人的出现，群的规则就跃升为社会伦理。从这一角度当然也可以说，伦理有其起点，但是这一起点是定义意义上的起点，在这一起点之前、之后的行为规则，在其内容上，并无明显不同。

如此理解下的伦理，其权威性何在呢？如果伦理的权威性是指人们对伦理规则的尊崇畏惧，那么伦理将失去其传统的权威性；如果是指对伦理的认同，那么现代伦理的权威性基于其合理性，可以通过经验和理性说明自己。现代人服从伦理规范，不再是因为畏惧上帝的惩罚和期待上帝的奖赏，或出于对业报的

---

[1] 参看[美]弗朗斯·德瓦尔：《猿形毕露：从猩猩看人类的权力、暴力、爱与性》，陈信宏译，北京：生活·读书·新知三联书店，2015年。

[2] 参看[美]赫尔伯特·金蒂斯等主编：《道德情操与物质利益：经济生活中合作的基础》，李风华、彭正德、孙毅译，北京：中国人民大学出版社，2015年。

畏惧和对涅槃的向往。"上帝死了",人们选择遵守伦理规则,更多的人是出于审慎,或出于自我要求——如彼得·辛格所说,通过做什么事而表明自己是什么人①。

8　道德意识的起源

社会生物学中经常用互惠利他、社会控制来解释道德的起源②,严格来说,它们只是解释了早期人类社会中的社会行为规范的起源,而不是道德规则和道德意识的起源。道德意识指的是对伦理规则的自觉服从,而对伦理规则的这种服从往往通过克己而实现。克己即克制自己的"私欲",所谓私欲,就是那些与伦理规则不相一致的欲望。人对欲望的克制,可以出于许多考虑,比如为长远利益而克制当下的欲望,但是这不算是克制私欲,而只是实现私欲的另一种方式。因为所谓道德,必须有与之相应的或在先的道德情感。从概念的逻辑关系上来说,应该是先有道德情感,然后才有道德规则,或者说,正是道德情感使行为规范跃升为道德规则,否则它们就只能还是行为规则,不管是强互惠的,还是弱互惠的③。道德情感,一般被总结为同情和利他,而同情和利他往往是通过放弃自己的利益、克制私欲实现的。克制私欲是一种自我牺牲行为,所牺牲的,小到个人利益,大到自己的生命。这种牺牲乍看起来殊不可解,既然自然进化赋予基因的"使命"是复制自身,不求回报的牺牲,所为何来? 尤其牺牲自己生

---

① [澳]彼得·辛格:《生命,如何作答:利己年代的伦理》,周家麒译,北京:北京大学出版社,2012年。
② 参看[美]博姆:《道德的起源:美德、利他、羞耻的演化》,贾拥民、博瑞蓉译,杭州:浙江大学出版社,2015年。
③ 赵敦华:"谈谈道德起源问题",《云南大学学报》第5卷第3期。

命的行为,已经完全失去收获回报的可能,不是十分违反基因"自私"的本性吗①?

休谟从人性的基本结构解说道德意识的生成。他认为,他人的痛苦和快乐,不只与他人本人相关,也与并无利益关联的我们相关。因为我们和他人具有相似的结构,造成他人痛苦与快乐的原因,作用于我们,会产生同样的痛苦与快乐,"自然在一切人之间保持了一种很大的类似关系……在心灵的结构方面是这种情况……这种类似关系,对于我们体会别人的情绪而欣然立即加以接受,一定大有帮助"②,此其一。其二,他人的痛苦与快乐,一旦进入我们的意识,通过观念的联想,以及观念与印象之间的转换,会带给我们同样的痛苦与快乐,使我们产生消除他人痛苦和增进他们的快乐的冲动,这就是同情:

当任何感情借着同情注入心中时,那种感情最初只是借其结果,并借脸色和谈话中传来的这个感情观念的那些外在标志,而被人认知的。这个观念立刻转变为一个印象……这种变化总是由于某种观念和反省而发生的③。

同情是道德的基础,"广泛的同情是我们的道德感所依靠的根据"④,同情的情感虽然微弱,但由于是基于人性的结构,所以人人具备,不可消除。通过教化和制度,可以扩展同情,使其发扬光大。

19世纪的社会学家斯宾塞(Herbert Spencer),侧重从社会而非个体的角度,解说道德意识的生成。斯宾塞认为,道德意识的特征是某些感觉和情感控制另一些感觉和情感,从而做出有利于他人的行为。道德意识的产生,需要一

---

① 参见[英]道金斯:《自私的基因》,卢允中等译,长春:吉林人民出版社,1998年。陈嘉映,"人是自私的吗",载于《价值的理由》,北京:中信出版社,2012年。
② [英]休谟:《人性论》,第354页。
③ 同上书,第353页。"人性中任何性质在它的本身和它的结果两方面都最为引人注目的,就是我们所有的同情别人的那种倾向,这种倾向使我们经过传达而接受他们的心理倾向和情绪,不论这些心理倾向和情绪同我们的是怎样不同,或者甚至相反。"(同上书,第352页。)
④ 同上书,第628页。

种稳定的社会状态;而稳定的社会状态,需要社会成员抑制自己破坏性的冲动才能实现。斯宾塞列举出原始时代抑制初民利己冲动的四种畏惧。首先是同伴之间的相互畏惧,即对他人报复的忌惮。其次是对部落首领的畏惧。后者比前者更强、更持久,因为首领不仅能力出众,而且具备组织力量,与首领对抗,就是与整个部落对抗。因此对首领的畏惧,不是对个人的畏惧,是政治抑制[①]。除了地上的畏惧以外,还有对天上的神祇和地下的鬼怪的畏惧,这是宗教抑制。最后,社会发展到一定阶段出现法律。法律对人的控制,称为社会抑制。畏惧和抑制,都是以自我为中心,围绕自我利益而展开,其着眼点是自保。道德的本质是对他人的关怀,是以他人为中心,因此畏惧和抑制还不是道德意识。斯宾塞认为,只有在几种抑制基础上形成一个稳定的社会以后,通过经验的联想产生同情心,才出现道德意识。

道德意识由同情而来,这是休谟以降英国经验主义哲学的经典论述。斯宾塞汲取这一观点的同时,强调社会在个体道德意识形成中的重要作用。这是一个社会学家的视角,同时也可以看作斯宾塞对他之前英国哲学在这一问题上的论述的综合,因为霍布斯就是从畏惧和抑制的角度,论述社会形成和道德产生。与霍布斯一样,在描述初民时,斯宾塞过分强调了人性中自利的一面,而忽略了即便不是更为重要至少也是同等重要的互惠,但是互惠显然比自利离道德意识更近,而且社会本身也是因互惠的需要而产生的。否则,如果仅仅为了自保,那么远离人群就可以实现。

休谟用哲学思辨的方式,从共时性的角度,诠释道德意识的产生,斯宾塞增加了社会的维度,在达尔文(Charles Robert Darwin)那里,则通过经验观察,从历史性的角度,说明这一问题。达尔文的解说更具实证性,并因此启发了后来社会生物学-进化心理学的解释。

达尔文从动物行为中观察到,社会性的动物具有利己和利他两种冲动,利

[①] 早于斯宾塞,孔子也注意到"畏"与德性的关系,提出"君子有三畏,畏天命,畏大人,畏圣人之言"(《论语·季氏》)。孔子的畏大人,就是斯宾塞的政治畏惧;而畏天命,类似于斯宾塞的对鬼神的畏惧。孔子认为,缺乏对三者的畏惧,是小人为小人的原因或特征。

己冲动主要是进食欲望和繁殖欲望,前者为保存自身,后者为延续后代。进食欲望和繁殖冲动强烈,但是不持久,一旦满足就会马上消退。这很容易理解,比如,如果进食的欲望不够强烈,动物就不会尽心竭力、不畏艰险、百折不回地去觅食,而如果不全力以赴去觅食,就很难获得食物。食肉动物尤其如此,毕竟它们的口中食,就是其他动物的命。为了活命,被瞄准作食物的那些动物不会不拼命。动物如此,人也如此,鲁迅说过,"我总觉得人类的议论是不但昨天和今天,即使饭前和饭后,也往往有些差别"[1],这个观察十分准确,足以说明进食的欲望对我们的影响。但是另一方面,进食欲望满足,饥饿感消除,包括人在内的所有动物,对食物兴趣顿失,对进食甚至产生厌恶情绪。这种情绪反应很有必要,因为如果在吃饱之后食欲依然旺盛如初,结果无疑将是灾难性的[2]。

  与利己冲动形成对照,利他冲动微弱,但持久。达尔文的观察,与休谟的人只有微弱的同情心的论述是一致的。应该说,这也是每个人的生活经验,不需特别的洞察力即可发现的人性事实。这是自然演化的结果,是自私的基因的博弈达到的均衡[3]。达尔文解释说,一个人,身兼这两种性质的冲动,面临利己利他的抉择时,因为利己冲动强烈,而利他冲动微弱,前者必然胜过后者,从而促使这人做出利己选择,但利己冲动满足以后便迅速消退,而利他冲动受挫,使他心生愧疚,并在记忆中留下淡淡的痕迹。当下一次重新面临两难选择,不出意料,他仍会服从利己冲动,并在记忆中继续留下愧疚……愧疚在记忆中如此积

---

[1] 鲁迅:"娜拉走后怎样",载于《鲁迅全集·坟》第1卷,北京:人民文学出版社,1981年,第161页。

[2] 《古今笑史·嗜痂部第九》中有一则"措大言志","东坡云:有二措大(穷酸)相与言志。一曰:'我平生不足,唯饭与睡耳。当饱吃饭了便睡,睡了又吃饭。'一云:'若我,吃了又吃,何暇复睡?'"吃了复吃,这并不表示吃是一种持久的冲动,而为表明食欲在饥饿时有压倒性的力量,因为这里的措大,是未获温饱的人。((明)冯梦龙:《古今笑史》,石家庄:花山文艺出版社,1985年,第228页。)

[3] 自私的基因的说法,来自道金斯《自私的基因》一书。基因没有意识,无所谓自私无私,因此自私的基因只是文学式的说法,用以强调基因唯一的"使命"就是复制自身。基因"自私",并不意味着个体只能选取自私的行为才符合基因最大限度复制自身的目的,相反,有时候个体的利他、无私,才最符合这一目的。简言之,基因层面的自私,不能等同于个体层面的自私。

累,终于达到一个临界值,使得对愧疚的记忆和利他冲动所造成的情感的力量,超过利己冲动,行为者因此放弃利己,而转向利他。从这一刻起,道德意识产生了①。

在达尔文的解释中,利他的倾向虽然生来就有,但是个体的道德意识却是后天逐渐生成的。对达尔文来说,道德意识并不简单的就是利他冲动,而是直接引发道德行为的意识。两者的区别在于,利他冲动并不一定产生利他行为,但是道德意识可以。道德意识显然不是先天的冲动,而是比先天冲动的构成复杂得多的意识。达尔文的这一界定,与我们对"道德"的理解是一致的,道德的行为不能是本能的行为,而是有意识、有选择的行为,否则道德意识和道德行为也就无所谓生成。

达尔文认为,在道德意识的生成过程中,"对赞美的热爱和对荣誉的强烈情感,以及对轻蔑和恶名更强烈的恐惧一起构成了促进社会美德发展的强大动力"。达尔文"把声望引入我们的理解,我们就远离了标准的互惠交换,而逐渐趋近于'间接互惠'"②。直接互惠是一个个体帮助另一个体,并从帮助对象那里获利。间接互惠是指一个个体帮助另一个体,并从其他个体那里获利。间接互惠的社会像银行,因帮助其他个体而获得的美誉,就成了存储在社会银行中的本金,帮助者不必一定从帮助对象那里获利,但可以从社会中其他成员那里领取存款和利息。荣誉和恶名都来自社会评价,里面包含着对行为正当的诉求。在行为者方面,热爱荣誉、恐惧恶名,是一种精神性的需求,超越了直接利益的考虑。社会组织和其成员意识发展到这一步,道德意识就成功稳定下来,构成每一即将加入该社会的成员的先天的环境。而对个体来说,"跟群体的大多数人保持一致行为的倾向,有利于适应多变的环境,因为这种倾向可以让人可靠而高效地接触到那些更容易在周围环境中取得成功的行为……可以使得

---

① 这一段的内容来自蒂洛对达尔文这一学说的总结。([美]雅克·蒂洛:《伦理学:理论与实践》,孟庆时等译,北京:北京大学出版社,1985 年。)
② [新西兰]理查德·乔伊斯:《道德的演化》,刘鹏博、黄素珍译,南京:译林出版社,2017 年,第 43 页。

个体'省掉独自学习和试验的代价,直接迅速掌握适应性行为'"①。这种从众倾向,使道德意识固定为一种文化要求。而一旦进入文化中,作为观念而存在的道德意识、道德要求,呈现出更强的独立性、多样性和复杂性。

9 道德观念的生成和传播

社会在变化,或快或慢。道德观念也是,有时先于、有时迟于社会的变革。罗素(Bertrand Russell)曾经调侃,"牧师作为道德教师,几乎必有两方面的失误。他们一方面谴责无害的行为,一方面又宽恕极有害的行为"②。牧师的进退失据,原因就在所持的道德观念与时代的脱节。道德观念迟于社会变革,是说社会结构的变革在前,社会结构的变革带来人与人之间社会地位和权力关系的改变,与之相应的伦理观念随后生成。不仅社会结构可以召唤道德观念,道德观念也可以推动社会的变化,作用机制正如理论之于社会:

> 理论一经掌握群众,也会变成物质力量,理论只要说服人,就能掌握群众,而理论只要彻底,就能说服人,所谓彻底,就是抓住事物的根本。③

对于道德观念来说,何为抓住事物的根本呢?下面以平等为例,考察一个道德观念如何掌握群众进而变成物质力量。

平等如今是一个常见的概念,但却不是一个容易说得清的概念。何为平均

---

① [新西兰]理查德·乔伊斯:《道德的演化》,第58页。
② [英]罗素:《走向幸福》,王雨、陈基发编译,北京:中国社会科学出版社,1997年,第18页。
③ 马克思:"《黑格尔法哲学批判》导言",载于《马克思恩格斯选集》第1卷,北京:人民出版社,1995年,第9页。

一目了然,因为平均是量的关系,而平等显然不是量的关系。平等的反面是区别对待或被区别对待。区别对待不外或是偏袒,或是歧视,总之是没有按照被认为本来应该的那样对待。平等的理论不同,对平等的理解以及据此提出的平等标准也不同,但由边沁给出的平等的形式上的定义,"一个人等于一个人,既不多于一个,也不少于一个"却是大家共同认可的,是平等的语义,也是每种平等理论的共同起点——分歧在于如何理解和定义"人",因为人的概念随历史语境的不同而不同,比如亚里士多德就力证奴隶只是工具,而不是完整意义上的人①。现代社会,平等的观念如此深入人心,某一行为或制度一旦被判定为歧视,也就丧失了正当性,成为众矢之的。在语言使用中,人们甚至用"政治正确"将平等所涉及的领域专门标识出来,以突显平等的重要和敏感,比如性别平等、种族平等、宗教信仰平等,等等。平等的力量在不平等的社会中同样不减,因为即便是在存在严重不平等的社会,享受不平等之利的人们也总是试图借助平等的话语来为自己的特权辩护——不平等需冠以平等之名暗度陈仓,公开的不平等是对几乎所有人的冒犯,除非人们没有意识到这种不平等。

　　平等的观念不是从来就有的,但这个观念一经出现即被广泛接受,从而展现出惊人的力量。以男女平等的观念在中国的传播为例,传统中国社会中,男尊女卑被认为天经地义,甚至在法律中被固定下来。两性之间地位悬殊,极不平等,女性不仅没有任何政治权利——如不允许被科举取士,完全被禁锢在家庭之中,而且即便在家庭中,也处于屈从的地位②。19世纪五六十年代,西方男女平等观念开始传入中国。到20世纪二三十年代,短短几十年时间,这一观念

---

① "一个完整的家庭由奴隶和自由人组成,家庭中最首要和最基本的部分是主奴、夫妻和父子。在家庭的排列上,奴隶就是一种有生命的所有物,就是使用工具的工具。""那些较低贱的天生就是奴隶,作奴隶对于他们来说更好。使用奴隶与使用家畜的确没有什么很大的区别。因为两者都是用身体提供生活必需品。"([古希腊]亚里士多德:《政治学》,颜一、秦典华译,北京:中国人民大学出版社,2003年,第5、9页。)
② 根据瞿同祖的归纳,传统社会中男女之不平等,首先表现在"中国的家族是父系的",此即费孝通所谓的"单系偏重"。而在家庭之中,男女不平等突出表现在父权家长制上。在一家之内,"父祖是统治的首脑,一切权力都集中在他的手中"。(瞿同祖:《中国法律与中国社会》,北京:中华书局,2003年,第5页。)

已被市民阶层广泛接受,而且完成了向法律制度的革命性转变①。正如我们所知,这一阶段中国的经济结构和社会结构并未发生根本性的变化,所以平等观念的兴起不应主要归功于它们。那么,平等观念缘何具有如此强大的力量?平等的要求是从哪里生发出来的?它的基础是什么?换言之,当向别人要求平等时,我们的根据是什么?

我们经常根据契约或法律要求平等。但契约或法律基于订立契约或法律的人们的共识,是已有观念的体现。如果法律中有关于平等的规定,那么对平等的要求必定先于法律。它是法律中的平等的来源,也是评判法律中的平等的标准。我们依据法律争取和推进平等,因为这是明确承诺给我们的、最少争议的权利,但法律中的平等不是原生的,而是派生的。

观念史上,包括平等在内的权利最初都与自然法联在一起,由自然法为其提供合理性的基础。但自然法理论本身面临"自然"(nature)这一核心概念过于含混和从事实判断("我们的本性是什么")无法推出价值判断("我们应该如何")的危机而日渐衰微,其所提供的依据已经不足为凭。

霍布斯的论证很有代表性。他把平等建立于实际存在的均等状态之上,让作为道德要求的平等成为实际存在的均等的延续。霍布斯设定每个人都追求权力的扩张,而他们所能动用的力量又大致相当,这样从起点到结果人们就都处在平等(均等)之中,谁享有的利益都无法比别人多,但也不会比别人少。霍布斯把平等置于经验事实的基础上,即每个人能力相当,但既然这被认为是经验的事实,那么它就必须接受经验的检验。经验告诉我们,人的能力千差万别,相去甚远,不论是在自然界还是在社会中,都是如此。经验更告诉我们,不存在霍布斯设想中的每个人自成一体、各自独立的自然状态,人从来都是联合成社会,以群居的方式而生活的。

---

① 张志永:《婚姻制度从传统到现代的过渡》,北京:中国社科出版社,2006年,第34页。

霍布斯试图以自然状态中的起点的平等确保社会状态中的平等权利①,岂不知如果以起点为准,人与人之间恰恰不应平等。以实际的均等或相同来论证平等,或许是人们面对平等问题时的最直接反应。如果经验中的均等不足以证明平等,人们可以转而诉诸抽象的相等或相同,比如以人人皆有理性(这只是可以被纳入平等考虑的一项资格而不应是平等的基础)——斯多亚学派就是这么做的,或人所具有的其他共同特征(有时被表述为"类本质")为依据来论证平等。他们的思路是,如果人与人是同样的,那么就应该以同样的方式对待他们,否则就违背了"同等情况同等对待"的理性原则;按照理性原则,同等情况如果不同等对待,需要特别加以说明,这样一来,"论证的重担就交给了主张不平等的一方"②。所以,当遇到同等情况时,"同等对待"就成为首选,而即便最后没有同等对待,也是以承认同等对待为前提,否则就不需要论证为什么没有同等对待了,"论证的重担"也就无从谈起。

"同等情况同等对待",这是谁提出的要求?对谁的要求?什么性质的要求?这被认为是理性一致性原则的要求(基于这一原则的平等因此也就成为基于理性一致性原则的平等)。我们知道,思维和表述必须遵守一致性原则,违反这一原则将导致自相矛盾;不仅如此,行为同样也要符合一致性原则,因为若违反这一原则,同等情况不同等对待,那就等于说,举措 M 既适用于又不适用于对象 S。而如果我既主张用 M 对待 S,又主张不用 M 对待 S,或在某一时刻用 M 对待 S,而在另一时刻不用 M 对待 S,那只能表明我或是个头脑混乱、不可理喻的人,或是个出尔反尔、反复无常的人,总之是一个不具备理性能力或不愿遵守理性规则的人,而当我们讨论平等基于何种基础时,已经设定相关主体必须具备理性能力并且愿意以理性约束自己,否则讨论本身就会因失去指向性而没

---

① 在霍布斯这里,自然状态中的平等是事实上的平等,而进入社会以后人与人之间的平等却是权利上的平等,是通过订立契约而来的平等,即获得道德和法律保证的平等,所以从前者到后者有一种性质上的改变。即便如此,霍布斯所设定的自然状态中的事实上的平等依然是后者的基础和起点,因为正是由于实际上有这种平等,人们才会在订立契约时将其固定下来,作为进入社会的一项条件。

② *Stanford Encyclopedia of Philosophy*, equality, 2.4.

有意义。违反理性一致性真的这么严重吗？当然是真的①，但前提必须是不一致对待的确为同一种对象 S，而是否为同一种对象并不是自明的，是需要依据标准判定的，这样就转变为依据什么标准的问题。

"同等情况同等对待"，是何种标准下的同等情况呢？除了完全相同即同一的个体——这时也就不存在平等的问题，任何两个个体都可以在某种标准下相同，而在另一标准下不同，应该根据什么标准来判断相同还是不同呢？在某些语境中，选择什么标准看起来似乎简单明确，不容混淆。比如当谈论劳动用工时，既然雇佣劳动者的目的是完成某项工作，关注点自然就是劳动者所提供的劳动，而诸如劳动者的性别、种族、信仰、性取向等因素因与劳动本身没有直接关系而不应计入考虑。如此则劳动者付出的劳动和取得的业绩就顺理成章成为核定其报酬的标准，劳动者也因此而被认为获得了平等对待，也就是说，他们每一个人既不多于也不少于一个，他们同等于提供劳动的个体这一身份，他们的差别只在于提供的劳动量的多少，除此之外的差别在此语境中没有意义②，这就是劳动用工中的同工同酬原则。但它真的只依据理性一致性的要求，并未诉诸其他原则或前提吗？看来似乎是这样的。那么，如果不如此，可以认为用工者（雇主）违反了一致性原则吗？他需要为此而提供理由吗？现实中，一个承认也愿意自觉遵守平等原则的人未必一定选择同工同酬，他可以选择其他的分配方式，比如按人头分配，按努力分配，因为这些都被认为是抽象的平等观念的具体体现，但不管选择哪种方式，一旦选定或事先约定，只要他和他的雇佣者是有理性的人，他就应该遵守这规则，并需要对例外情况做出解释。我们的确可

---

① 肯定理性在道德判断中的重要性和认为理性在道德判断中具有至上性是两回事，前者不过是强调道德判断中保持一致性的必要性，它并不告诉我应该作何判断，只是告诉我如果条件相同，则判断也要相同；而后者就不仅肯定了理性的必要性，而且还认为理性是唯一重要或最重要的，是道德指令的来源。前者是所有伦理理论都必须承认，所有伦理判断都必须遵守的，而后者则指向某些特殊的伦理理论，比如康德的伦理学就认为理性是唯一重要的。
② 而且恰巧也是一个"理性的"雇主所不关心的，因此推行起来阻力不大。所谓理性的雇主，是理想化情景中的雇主，他只关注业绩而不关注与业绩无关的因素。在市场经济中，同工同酬也可以看做等价交换原则的体现：劳动者按劳取酬，雇主按劳付酬；劳动之外的因素，概莫相关。

以设想用工者随自己的想法而不是依照平等原则付酬给劳动者的情形,而且是在用工者和劳动者双方理性健全、信息也公开的情况下这么做,用工者甚至可以不用对此做出任何解释,这种离奇的事只有当劳动者没有独立人格、从属于用工者的时候才会发生,换言之,仅当劳动者和用工者地位严重不平等时,比如在奴隶主和奴隶之间才会发生[1]。由此可见,同工同酬或其他分配原则都以人人平等为前提,它们只是情境中派生的而非原生的规则。这样我们就又回到了起点,人人平等的观念从何而来?

"同等情况同等对待"的原则最先由亚里士多德表述出来,实际上,这一原则也恰恰就是康德第一立法原理所要求的:任何行为准则能否成为道德法则,就看它是否能够被普遍化。我们知道,康德伦理的致命缺陷就在于它是必要的,但并不充分,因为有些基本的伦理要求比如仁爱,就不能从中推出[2]。这里我们再一次看到,人人平等的观念就无法从第一立法原理获得。我们转向第二立法原理"人是目的"会怎样呢?"人是目的"把人的尊严置于最重要的地位,要求我们尊重每一个人的价值。许多人认为,尊重每一个人的价值,就是把每个人的价值放在同等重要的位置(一个人的价值既不多于也不少于一个人),这其中就蕴含了平等对待每一个人。果真如此吗?康德"人是目的"的原意是反对把人仅仅当作手段,只要关注到了人本身的目的性就满足了康德的这一要求。与只把部分人当人相比,把每一个人都当人看待,这当然提升了这些人的地位,使他们的尊严和福利获得关注,因此促进了平等的实现,但从中并不能得出平等对待每一个人的结论,甚至也不能得出每一个人在价值上都是同等的。生活中的经验可以使我们清楚看到这一点:比如一个多子女的母亲爱她每一个孩子,但这一点也不意味着她一定要平等地对待其子女,平等地分配她的情感、精力和财富等资源。中国哲学中的例子也可以帮助说明这一区别。张载"民胞物与"思想认为天人合一,万物一体,倡导对每一个体的仁爱,但依然坚持人分等级,而非人人平等。

---

[1] 亲密关系下也会如此,但这时双方不构成雇佣和被雇佣的劳动关系。
[2] [美]弗兰克纳:《伦理学》,第67页。

回到人人皆有理性或类本质的说法。毋庸置疑，每个心智正常的人，都不会否认其他人和他一样具备理性能力，和他一样也是人，有人所必备的一切要素，这是生活的基本信念，是人人皆有的必要的形而上学假设。但是意识到我们同属于人，并不意味着我要同等对待他们，不意味着要以对待我自己的方式对待他人，也不意味着要以对待我亲友的方式对待陌生人。人皆有理性或类本质的说法太笼统，得不出不同等对待他们就违反了一致性的说法。

平等是一项道德要求。道德要求不会无视经验，也不会违反理性，但仅凭经验和理性得不出道德要求①，从休谟之后，这一点已经十分明确②。或许正是有鉴于此，许多伦理学家放弃从现实的共同性引申出平等权利的做法，而选择以道德说明道德，即以某种更基础的道德原则来说明平等的要求为什么是一项权利。

法学家艾伦·德肖维茨（Alan M. Dershowitz）认为，我们之所以把某项要求确定为一种权利，既不是因为自然法，也不是因为逻辑，而是因为如果不这么作将会有灾难性的后果③。就平等而论，历史上因不平等引发重重灾难，经验使人们认识到，只有以道德和法律的方式，把平等确定为权利，才能免除这些灾难。德肖维茨对自己的提法很自信，认为他的理论为所有权利重新找到了基础，解除了自然法理论破产以来权利的尴尬处境。但他这种诉诸后果的做法，其实就是变相的功利主义，而功利主义的一个重要缺陷，恰恰在于不能为权利

---

① 所以康德的伦理学被普遍认为是一种掺进了经验成分的混合理论，而非康德自己所标榜的纯理性纯形式的伦理学。
② 休谟区分了"是"与"应该"两种判断，指出从"是"推不出"应该"，并认为"应该"判断的前提来自我们的某部分情感。进化心理学告诉我们，情感是由进化所产生和固定下来的，是可以用"是"加以表述的事实，从这个角度来看，"应该"不是与"是"无关的独立体系，而恰恰基于"是"，即基于那些被认为与道德有关的人类情感。我们的情感是什么样的，这些基本事实决定了我们的道德是什么样的。即使构造出一套伦理理论，比如功利主义或康德伦理，至多也只是重述而非取代我们既有的道德信念，因为当这些理论构造完成以后，判断它们是否正确、是否合用的终极依据，依然是这些道德信念，即基本道德情感。这不是否定而是补充休谟的区分：所谓从"是"推不出"应该"，这个"是"指的只是基本道德情感以外的那些"是"。
③ [美]艾伦·德肖维茨：《你的权利从哪里来？》，黄煜文译，北京：北京大学出版社，2014年，第69页。

提供合理的论证和真正有力的支持①。不管是以灾难还是以福利作标准,都难得出平等与它们之间存在必然关联。而且,如以灾难或福利为标准,平等将不得不经常让位于其他考虑,难以获得作为基本权利的稳固地位。

以道德原则来解释平等权利,胜过以自然(或共同特征)来解释,原因正如德肖维茨所示,"权利并非来自自然,因为自然是价值中立的"②。但选择功利主义或类似的伦理理论却不够明智,因为这些理论本身就充满了争议——这些理论不过是对人们已有的道德共识的系统表述的尝试,它们反过来还要接受道德共识的检验,以验证其必要性和充分性,因此,既有的道德共识是全部伦理思考的基础和终极的标准,以更基础、更简明、更少争议的道德信念或道德共识来解释平等,这才是解释的应有思路。如此看来,从个人的自愿(autonomy of the individual)或意志的自由(而非自由意志)出发解释平等权利,成功的可能性要大得多,因为"自愿"(或意志的自由)被普遍认可为道德的基本要素:一般而言,非自愿的原则或计划,不论其效果有多好,在道德上很难立足;而出于自愿的,即便效果不佳,在道德上往往也可以自辩。事实上,现代政治哲学中,从霍布斯到洛克到卢梭,这些现代政治制度的奠基人正是把每个成员的自愿视作政权合法性的唯一来源。任何权力,不论大小,也不论其组织形式,只要/只有获得成员的首肯,就/才是具备合法性的权力。由此可以见得"自愿"在哲学史上和伦理学中的重要地位。由自愿而平等的论证思路是这样的:"只有那些所有相关方基于普遍的、广泛适用的、共有的理由而自由地一致认可的规则,才可被看作合法的规则,而任何不平等的分配意味着某些人所得会少一些,另一些人则会多一些"③,这样的分配方式因此不可能得到处于分配劣势的人们的同意,而不能获得所有人认可(因为不是出于自愿)就没有资格成为道德规则。由此可以推知,只有平等的分配,才可能被所有人接受。但是自愿的道德效力又从何而来呢?应该说,霍布斯他们并不十分关心自愿的道德效力,他们只关心

---

① [美]罗尔斯:《正义论》,第 26 页。
② [美]艾伦·德肖维茨:《你的权利从哪里来?》,第 7 页。
③ *Stanford Encyclopedia of Philosophy*, equality, 2.4.

自愿的心理效力和实际效力,因为他们意在建立一个被其成员所认可的稳定的政府,出于自愿而加入已经满足了这一要求,所以他们很少再去追究自愿本身的道德属性。霍布斯只是说,对于一个理性的人,出于自愿的选择或承诺对他构成一种约束,因为否则他就前后不一,违反了理性一致性的要求。可见在霍布斯这里,自愿的道德效力还是基于理性,但如前所述,仅从理性是无法推出平等的,所以在平等的由来上其他社会契约论者也都默认了霍布斯的处理手法,即首先设定自然状态中的每个人具有平等的能力和地位,以绕开平等的基础问题。在平等的动力和约束力上,霍布斯同样也没有寄希望于理性,而是仰赖于实实在在的利益得失。

霍布斯们未想到或想到而未阐释的,我们可以试着帮他们补足。在道德上,自愿之所以重要,原因之一在于对他人意愿的尊重,而对他人意愿的尊重与"人是目的"的伦理原则是完全一致的,此其一。其二,从亚里士多德开始,伦理学所确立的一个基本原则是,当且仅当行为出于意愿,行为具有道德的性质。如果人们自愿选择了平等,那么平等就因此具备了道德属性,就成为一种道德要求(同理,如果人们自愿选择了不平等,那么不平等也会因此成为一种道德要求)。但是平等又是谁的自愿选择呢?是每个社会成员的自愿选择(因而其实是一种社会契约),还是作为一个整体的社会的选择呢(这样加入这个社会就等于接受了平等)?

卢梭的政治哲学恰好可以看作从自愿引出平等的一次努力,而且在我看来是一次成功的努力。卢梭哲学的起点是自由,他没有预先设定平等,而是要从自由中引申出平等。卢梭认为,人性的最基本倾向是自爱[①],由自爱而来的是人的自由。这里所谓的自由就是自主、自愿,即不屈从于别人的意志,自我选择、自我决定,根据自己的意愿而行动。这种自由其实就是人为保存自己、关怀自己而自然产生的要求。由于自由来自人性,而人性生而具有、不假外求,因此也就可以说"人是生而自由的"。自由是人性的要求,但人性的要求在现实中却

---

① 参见[法]卢梭:《社会契约论》,何兆武译,北京:商务印书馆,2003年,第5页。

未必能够得到满足:人虽然生而自由,但实际处境却是"无往不在枷锁之中"①,不过尽管身负枷锁,人的自由的权利并未因此有丝毫改变,因为所有的强迫和奴役都违背人的本性,不可能获得被强迫者内心的认可。服从强力不是义务,义务是道德上的要求,因为只有出于自由、自愿选择的行为才谈得上义务,才有持久约束力。

每一个人出于自爱的基本倾向都致力于扩展自己的权力,而可利用的资源却有限,这样人与人便处在公开或隐蔽的竞争关系中,不同阵营之间固然如此(这时并无平等的问题),同一阵营内部也是一样:占有优势的要保住优势,处于劣势的要争得优势,没有人甘于在地位、分配等方面落后于人,人与人之间因此永远有一种紧张的关系,社会秩序也处在永久的变动和调整之中。在这种态势下,人与人之间的平等就成为权力之间的均衡状态,是共同体内部成员之间达成的休战②。这一观念一旦进入历史,就会被普遍接受:处劣势的人要通过它来争取权益,处优势的人也可以通过它来表达自己对前者的同情,那些拒不接受的人因此要和前面两类自愿接受者进行一场力量悬殊的角力,其结果就是平等成为社会的默契和规则。用卢梭的术语来表达,平等的胜出其实是人们意志的合力。到这时就可以说,是社会自愿接受了平等。社会不是个体,不存在统一的意志,这个拟人的说法的意思是,社会的主体部分接受了平等,即平等成为社会主流的观念。我们自然不能认为社会的每一成员都自愿接受了平等,实际上总是不断有人在挑战平等。对公开拒绝平等的人,平等并不构成道德义务,人们不能从道德的角度要求他遵守平等,但人们可以因此拒绝和他交往合作。比如,女性或其家庭拒绝和一个不赞同男女平等的家庭谈婚论嫁。这时候人们就不是用道德(言论褒贬)而是用实际行为这种自然力量对拒绝者施压。

---

① 参见[法]卢梭:《社会契约论》,第4页。
② 这是因为,对等反应是人的自然倾向,"你想别人怎样待你,你就要怎样待别人"与其说是伦理诫命,不如说是对交往经验的归纳总结。对等与"同种情况同等对待"不同,后者针对的是同一行为人,表达的是理性对行为主体的要求,而前者描述的是两个或多个行为人之间的自然反应。

至于那些未公开拒绝的,哪怕他并不自愿接受,也应该被视为默认了这一观念或原则;正如当平等未被社会所接受时,未公开承认平等的,哪怕他愿意接受,也被视为默认了不平等一样。

对平等的起源的这种解释,与来自进化心理学的观察是一致的。动物学家们发现,僧帽猴就有强烈的"不平等厌恶"现象,对自己遭受的不平等待遇会非常气愤。① 如此,则那些对别的僧帽猴做出不平等之事的猴子,就会引起其他个体的厌恶,而"动物有相当充分的理由避免引起别人的厌恶感受,不与别人分享的个体会被排除在食物分享链之外。在最糟糕的情况下,遭到嫉妒的对象可能会遭到一顿毒打。"动物学家认为,避免冲突很可能就是平等原则的源头,"这种微不足道的起源,后来却衍生成崇高的原则。一开始是因为自己得到的比较少而感到愤怒,接着是担心自己得到的比较多会引起别人的厌恶,最后则是一致反对不平等的现象"②。平等的观念也就从此诞生。

综上所述,平等是既定人性处境下人们倾向于达成的一种均衡。对某个人来说,当出于自愿时,平等就构成一种道德义务。平等的力量来自接受平等的人的努力,这种努力可诉诸道德手段,比如谴责、称赞,也可诉诸非道德的手段,比如暴力、不合作,平等的现实力量是这些手段的合力。由于平等基于自由,是具有自主能力的个体之间的协定,所以诸如一切生命都是平等的、动物享有和人相同的平等权利等说法不能成立:人们可以仁慈地对待动物,却不能平等地对待动物;仁慈可以是单方面的,而平等是对等的。

新观念在人群中的传播,其实也是在这一人群所享有的文化中的传播。既有的观念体系即我们的文化传统,是我们认识新观念的前见;新观念必须进入

---

① 人类也是如此,"至于人类……他们存在着一种特殊的'平等主义'偏好……如果我们仔细观察我所分析的那150个作为'晚更新世适应者'的狩猎-采集者群体(它们中的大多数都非常接近于史前人类社会的群体),那么,我们就会发现,它们全都极力主张人人平等。最低限度上,这意味着所有'现役的'猎人(一般为成年男性)都坚持要求被平等地对待,他们中的任何一个人都无法忍受被别人统治或支配"。([美]克里斯托弗·博姆:《道德的起源:美德、利他、羞耻的演化》,第125页。)

② [美]弗朗斯·德瓦尔:《猿形毕露:从猩猩看人类的权力、暴力、爱与性》,陈信宏译,北京:生活·读书·新知三联书店,2015年,第217页。

我们的文化并通过我们的文化，才可能为我们所了解和接受。换言之，我们是带着自己的文化观念去接触新观念的，新观念必须被理解才能被接受，而理解又是通过我们自身的文化和新观念的融合才实现的。在这一意义上，我们自身的文化传统是我们认识新观念的中介，我们自身的文化可以施加各种作用于外来观念，可以强化、弱化，也可以改造、歪曲，等等。近代以来，平等观念迅速被中国接受，并成为推动社会变革的持久而强大的力量。中国的文化传统一直以来被认为是一种平等资源匮乏的传统。现代意义上的平等观念来自西方，其古代的先声也是西方文化传统中的斯多亚学派和基督教信仰，与中国的思想传统没有任何关联；中国文化传统的主体是儒家文化，而儒家文化正以肯定和倡导等级观念为基本特征，在其影响下，中国传统社会似乎也是一个特别注重等级秩序的社会。但这其实并不是中国传统的全部，否则也就很难解释前文中提到的平等观念传入中国时被迅速接受的历史史实。相比于平等，西方的其他一些现代观念就没有这种摧枯拉朽的横扫气势。分析其原因，除了需要考察平等本身具有的特点和其特别的号召力，同样也需要关注当时观念接受一方的社会结构、文化心理和价值储备。

平等的价值储备不外以观念和社会制度为载体。在观念层面，如许多人多次指出过的，道家的庄子和墨家的墨子其学说中蕴含为数不菲的平等思想。庄子的"齐物论"虽然意在阐明他的知识论和生命境界[①]，但其中以道看世界从而"齐万物"、"齐物我"的思想，暗示并鼓励人们超越现实中人我、物我的差异性[②]，从人人平等的角度看待、对待人。知识论和生命境界上的平等与作为伦理、政治权利的平等分属不同范畴，从前者并不能逻辑地推出后者，但两者也绝非孤立无关，因为从前者很容易联想到后者，而且，当现代平等观念传入中国社会时，自然也会得到深深认同庄子这一思想的人们的支持。

---

① 陈少明："自我、他人与世界：庄子《齐物论》主题的再解读"，《学术月刊》2002年第1期，第18—23页。
② 马作武："庄子平等、自由观发微"，《中山大学学报》2007年第47卷第1期，第40—45页。

道家历来被看作一种自然主义学说,自然主义因其对"文明社会"的种种,尤其是其中的等级秩序的排斥而与平等观念有先天的亲缘关系。传统文化中为现代平等观念提供支持的并不只限于道家学说,连一向被认为是等级制度维护者的儒家学说中,也有呼唤平等的声音。战国末年或秦汉之际的儒家经典《礼记·礼运》,如此来描绘其理想社会:每个人都与他人共同分有这个世界——"天下为公",享有均等的被"选贤与能"的机会,每个人都同等地获得关怀,同时每个人也都要同等地付出道德上和自然能力上的努力。《礼运》通篇,主体都是"人",这个"人"没有"君子"和"小人"之别,没有"人"和"民"之别,也就是说,这里的"人"没有身份地位之别,在机会、关怀、责任面前,每个人都是平等的。在两千多年前,这实在是一种伟大的理想和情怀。这种大同理想在先秦和汉代虽然没有成为儒家公认的理念,但见之于经且出自孔子之口这一地位,使之具有不可忽略的冲击力,对现实中的等级和不平等构成持久的批判,难怪致力于民主革命推翻帝制的孙中山要四处题写"天下为公",因为大同社会的理想和民主革命的精神的确是一致的。

制度是观念的具体化,是法律化的观念。观念一旦下降为制度,便具有了物质力量,因为制度的背后是政府权力。比起观念层面的平等,制度层面的平等对社会和人们意识的影响更强更深入。传统社会遵照儒家礼制精神对人区分出高低贵贱、远近亲疏,每个人都有自己固定的等级和身份,并依其等级、身份而领有权利、承担义务,不同等级、身份之间没有平等可言,甚至在法律面前也从来不人人平等。但就是这样一个身份明确等级森严的社会,却产生了一项行之有效意义深远的选贤任能制度——科举取士制度,它无视人的种种社会差异,把人从其社会关系中抽离出来,在一个特定的领域最先实现了人人平等,即机会均等。我们当然不能期待科举制能达到现代文官录用制度的平等程度,科举的目的在于选拔文官,因此报考时会在品德、出身等方面对当时认为不适合为官的人做出一定的限制,但科举自出现之日起,在其自身目的的推动下,基本能做到面向广大的阶层和人群,而在其所面向的阶层中,更是能够做到不论出身贵贱,一视同仁,"自宋代开始,科举考试允许读书人自由报考,既不需要达官贵人的推荐,也不需要考察读书人的出身贵贱"①,"科举取士几乎已无任何身份上的限制了"②,在制度上实现了战国以来墨、儒、法各家"尚贤"、"尊贤"的主张③,"为平民大量进入仕途提供了方便,同时也促进了社会结构的进一步变化,导致中古以来,士族垄断政坛的局面彻底改观。社会的流动性加大了,社会结构日趋分散化、平面化"④。这个体现机会均等的制度当然无力也无意消除传统社会的等级原则,但至少使人们有机会放弃一切等级,还原到独立的个人,借此经历和知晓了人与人原来可以是平等的。这大大拓展了人们的观念世界和想象空间,有助于更深入更广泛的平等观念和实践的展开。

分析传统文化中所蕴藏的现代价值,不是为证明这些现代观念我们"古已有之",今天我们已经不再需要以此来增强民族自信,或用托古改制的方式来说服固守传统冥顽不化者——如果传统中从不曾出现平等或众口一词反对平等,我们就要放弃追求平等吗?可能确有一些人持这样的观点,但他们很难为自己的观点提供充分的理由。时至今日,传统已经不再具备神圣性,你要固守传统就必须向反对方、怀疑方提供理由,但你的理由何在?你如何证明传统的优越性?你无法据于传统证明传统,因为这样除了展示传统可能具有的融贯性或丰富性你什么都没证明;你也不能据于现代观念证明传统,因为这样你等于承认了现代观念是判断是非的标准;你只能以我们共有的标准,比如共有的观念或共有的需要,通过论证传统更符合这些观念,或传统是满足这些需要的最佳方式证明传统的优越性,但我们共有的观念或需要中,很大一部分是现代社会所造就,或者说是随现代社会而生成的,它们与传统社会或是不相容或是不相关,而很少是相符相生的,难以用来论证传统社会的优越性。这其实就是说,当初选择从传统社会中走出来,就再也不可能回到传统社会中去了。当然这并不意味着传统社会中的某些观念或制度不可继承,而是说,我们不可能选择传统观

---

① 李兵:《千年科举》,长沙:岳麓书社,2010年,第39页。
② 陈秀宏:《唐宋科举制度研究》,北京:北京师范大学出版社,2012年,第168页。
③ 王凯旋:《中国科举制度史》,沈阳:万卷出版公司,2012年,第10页。
④ 陈秀宏:《唐宋科举制度研究》,北京:北京师范大学出版社,2012年,第168页。

念作为自己的立足点和标准。

分析传统文化中所蕴藏的现代价值,毋宁说只是为了呈现历史原样,梳理观念之间、观念与社会结构之间以及观念的历史与现实之间的复杂关系,了解观念的由来,厘清其发展脉络,丰富其细节,揭示观念从产生到传播到被社会普遍接受的机制。当我们有能力把握一个观念时,我们也就多了一份能力把握自己。

10 道德心理的发展阶段

道德意识的产生,标志着人类的精神跃升到了一个新的高度。但这并不意味着从此之后社会中每一个体生来即站在这一高度,而只是说,如果发展顺利,他最终能够达到这一高度。而在到达这一高度之前,按其心理的发展阶段来说,他似乎必须把人类从非道德到道德的发展历程重新经历一遍。每一个体的心理或多或少呈现出他人所不具备的特殊性,但就发展阶段和认知结构而论,其发生的时间点和表现出的特征,仍然有明显的相似性和共同性[1]。

上个世纪 30 年代,瑞士心理学家皮亚杰(Jean Piaget)在研究儿童认知能力发展时,关注到儿童道德心理发展与认知能力的发展具有同步性,而儿童认知能力发展呈现阶段性的特征[2]。认知能力发展的阶段性特征,是指:

---

[1] 简而言之,道德发展的"阶段假设……就是认为这些建构在性质上是独一无二的,且经过不变的序列或顺序"。([美]L. 科尔伯格:《道德发展心理学·导言》,郭本禹等译,上海:华东师范大学出版社,2004 年,第 2 页。)

[2] "认知发展理论……假定基本的心理结构是有机体和环境之间相互作用的产物,而不是有机体内某一先天模式或环境中各种事件模式(刺激偶联)的直接反映。""道德阶段不能用内化了的原则来界定,而要用自我与他人相互作用的结构来界定。"([美]L. 科尔伯格:《道德发展心理学:道德阶段的本质与确证》,郭本禹等译,上海:华东师范大学出版社,2004 年,第 20、187 页。)

1. 儿童在不同的阶段思考或解决同一问题的方式具有显著的或质的差异。

2. 这些不同的思维方式在个体发展中形成一个不变的序列、顺序或系列。虽然文化因素可能加速、减缓或中止个体的发展,但是它们不能改变个体的这一发展序列。

3. 在这些不同的、序列性的思维方式中,每一个都形成一个"结构的整体"。在某一特定阶段对某一任务的反应不只是表示一个由这一任务或类似任务的知识和熟悉性决定的具体反应,而代表着一个构成其基础的思维组织。

4. 认知阶段是一个具有层级结构的整合体。各个阶段为完成共同的机能而形成一个日益分化和整合的结构序列。①

皮亚杰把儿童认知能力的发展分成4个阶段:

1. 感知运算阶段,0—2岁。这一阶段,儿童通过感觉认知环境,通过动作对环境做出反应。

2. 前运算阶段,2—7岁。发展出符号表象能力,可运用符号思维。

3. 具体运算阶段,7—11岁。运算思维替代了表象思维,发展出逻辑能力和运用概念抽象思维的能力。

4. 形式运算阶段,11岁以后。能脱离具体内容,进行纯粹逻辑运算②。

皮亚杰把道德发展与认知能力——理性能力相关联,因为在他的理解中,道德能力就是对规则的理解和使用。与认知能力的发展阶段相对应,儿童道德心理的发展也分为4个阶段:

1. 前道德阶段,0—3岁。这一时期儿童完全以自我为中心,尚未产生规则意识,因为他们还不具备理解规则的能力,其行为因此还不具有道德属性,所以称之为前道德阶段。

---

① [美]L.科尔伯格:《道德发展心理学:道德阶段的本质与确证》,第23页。
② 参见[瑞士]皮亚杰:《发生认识论原理》,王宪钿等译,北京:商务印书馆,1981年。

2. 他律道德阶段,3—7岁。这一阶段,儿童服从于外在权威和规则,根据权威和规则判断是非。但是对人缺乏同情的理解,不能换位思考。

3. 自律道德阶段,7—12岁。这一阶段,儿童对人、对道德规则有了进一步的理解,领悟到道德不是强加于人的外在规则,而是人们出于合作需要而订下的约定。这一时期,儿童懂得从他人的角度看问题,能够根据具体的道德情境做出灵活判断。

4. 道德发展的公正阶段,12岁以后。这一阶段,儿童发展出同情和利他,不再仅仅满足于做出道德判断,而是真正站在对方立场看问题,从而完成从以规则为中心向以人为中心的转变①。

上世纪50年代,美国心理学家劳伦斯·科尔伯格(Lawrence Kohlberg)进一步扩展和深化了皮亚杰的研究,提出更系统、更完备的道德发展理论。科尔伯格的理论历经修改,到80年代,才最终完成。道德发展体现为道德判断能力,道德判断离不开道德推理。科尔伯格的理论即从道德推理入手,划分道德发展阶段②。他把道德发展分为3个层次,每一层次又可分为2个阶段。3个层次分别是前习俗(阶段1、2)、习俗(阶段3、4)和后习俗(阶段5、6)。这是根据个人与社会习俗之间的关系而划分的:

"习俗"一词是指遵守和坚持社会或权威的规则、习俗和期望……处在前习俗水平的个体还没有真正地理解和坚持习俗或社会的规则和期望。处在后习俗水平的个体理解并从根本上接受了社会的规则,但对社会规则的接受是以理解和接受确定这些规则的一般道德原则为基础的。在某些情况下,这些原则会与社会的规则相矛盾,此时,处于后习俗层次的个体便依据原则而非习俗来

---

① 参见[瑞士]皮亚杰:《儿童的道德判断》,傅统先、陆有铨译,济南:山东教育出版社,1984年。
② 科尔伯格考虑到了文化、环境和先天因素对发展阶段的影响:"文化因素和环境因素或先天潜能可以使一个或一群儿童比其他儿童更早达到某一特定的发展阶段。不过,所有儿童仍要经历同样的阶段顺序,不管环境教养如何或是否缺乏教养。"([美]L.科尔伯格:《道德发展心理学:道德阶段的本质与确证》,第29页。)

判断。①

4—9岁是前习俗期。这一时期儿童还不具备道德能力,行事只为满足自我利益。其中的第1阶段,服从规则的动力是避免惩罚,而到了第2阶段,服从规范更多是为获得奖励。9岁以下的儿童以外,部分青少年、大多数少年犯和成年罪犯也处于这一层次。

10—13岁是习俗期。这一时期儿童以外在的规则为指向,其中第3阶段(从第1层次第1阶段算起),服从规则的动力来自别人的认可和赞许,而到了第4阶段,则以服从法律的权威为导向。大多数青少年和成人都处在这一层次。

13岁以后是后习俗期,是儿童道德发展的最高水平。发展至此,儿童已成为少年,不再仅从既定的法律和习俗角度理解道德,而是进一步深入到道德的抽象原则层面。处在第5阶段的少年将法律理解为众人的约定,其目的是为大众的福利。而为实现这一目标,有时恰恰需要违反法律的规定。第6阶段是道德发展的成熟阶段,只有少数成人,而且只有在20岁之后,才能达到这一水平。到此阶段,行为者超越习俗之见,对道德观念有自己独立的见解,他们"会用所有道德个体公认合理的方式来重新界定社会义务"②。

不论是皮亚杰还是科尔伯格,都认为道德心理的发展是连续的过程,阶段之间并不存在断裂③。正常发展的个体,会逐次经历道德发展的每一阶段,但也有为数不少的人,出于环境和教育的原因,终其一生,也达不到道德发展的最

---

① [美]L.科尔伯格:《道德发展心理学:道德阶段的本质与确证》,第163页。"一种理解这三个水平的方法是把它们看成是自我与社会规则和期望之间的三种不同类型的关系。按照这一观点,水平Ⅰ是前习俗的个体,对他而言,规则和社会期望是自我之外的东西;水平Ⅱ是习俗的个体,自我已经认同或内化了规则及他人的期望,尤其是权威的期望;水平Ⅲ是后习俗的个体,他已将其自我从规则和别人的期望中分化出来,并根据自我选择的原则界定他对价值的看法。"(同上书,第164页。)
② 同上书,第169页。
③ 在其思想发展的后期,科尔伯格认识到道德发展阶段的提法有其不足之处,容易忽略阶段之间的连续性。

高阶段,而停滞于之前的某一阶段。在道德认知的发展与道德行为之间,道德认知的发展水平高于相应的道德行为的水平。

道德发展的过程,同时也是社会化的过程。在这一过程中,儿童从以自我为中心、以利益和后果为导向,渐渐成长为一个关注他人存在,知道他人是和自己一样有独立意志、内在精神世界和苦乐感受能力的个体,这是一个他不能无视的事实,他必须从此出发,去构建自己和世界、和他人的关系。在社会中和他人一起存在,这是一个生存论的事实。在正常的道德教育环境中,只要不是那种天生的"冷血精神病患者"①,他还将进一步学会在意别人的感受,尊重他人,知道他人的存在状态与自己相关,而他人对自己的反应和评价是他的自我认同的一个重要方面:

> 当群体把他们的社会价值观转变为行为准则的时候……个体就会依此来形塑自己的情感系统,在情感上与这些规则建立起稳固的联系,当他们遵守这些行为准则时,就会感到心情愉悦,相反,当他们违反了这些行为准则时,就会感到焦虑不安……我们自我认同的一个重要组成部分就是,我们在多大程度上按规则行事,我们的自尊就会因我们自己的行为而受到伤害(当我们认为自己违背了规则的时候),或得到强化(当我们认为自己遵循了规则的时候)。道德上正常的人……能够在社会生活中富有成效地内化特定的道德准则。②

按照这种理解,道德,从我们成长的某一阶段起,就不再是在我们之外、向

---

① 冷血精神病是一种遗传性的疾病,"这种遗传上的特性阻碍了他们在通常的道德情感的基础上形成正常人所具备的良心,其中当然包括,能够深刻地感知是非的'心灵'、同情他人的感情"。"典型的'冷血精神病患者'的前额叶皮层并没有受到任何创伤,因此,他们是天生不道德的人。"这些人在智力上并不存在任何问题,有些往往还智商很高,善于伪装,善于利用别人,钻社会规则的空子,他们没有羞耻感和悔恨感,相反,对自己的反社会行为还相当自豪。这类人在总人口中数量不菲,"几百个人中就有一个,甚至好几个"。对于这些不能成功发展起道德情感的人,外在的法律的威慑和社会监督,可能是唯一可供利用的手段了。([美]克里斯托弗·博姆:《道德的起源:美德、利他、羞耻的演化》,第29—32页。)
② 同上书,第32—33页。

我们发号施令并强迫我们服从的东西。道德是我们的自我的一部分,道德的要求,其实是自我的要求,甚至成为自我需要。生活中和历史上,那些被判定为失德乃至道德败坏的人,常常引发我们对道德的怀疑:在这些人身上,好像见不到道德的效力,道德似乎是失效的,道德规则内化、道德是自我需要的说法,真的可信吗?

  我们要说,我们所阅读到的对道德上的恶人们的描述,即便不是漫画式的处理,也很少会全景式地展现他们的生活和内在。当我们关注事件,不论是历史事件还是新闻事件,人就被压缩成事件中的一个角色、一个环节,我们只需要他呈现这一面从而使事件进行下去以到达那个预定的结果就够了。这些人被判定为恶人,其实只是在某事上违反了某项道德规则,而这件事正好是我们关注的全部。我们由他在这件事上的恶,断定他有恶劣的品质,因此是一个恶人。这一联想过程,自然流畅,但是严格说,他只是在这件事中起了一个坏的作用,并不能就此判定他就是一个恶人。叙事的目的性很强,我们的注意力也有限,以事件为中心的叙述,造成和强化了我们对"恶人"的刻板印象,而当我们转向以人为中心的叙事,就会发现,即便那些真正意义上的作恶的人[①],在他们已经确定逃脱了惩罚的时候,还是会寻找各种理由,千方百计为自己开脱,而绝不肯承认自己德行有亏,甚至品德败坏[②]。因为在道德上的自我评价、自我认可,对他们同样也是一个重要需求,而承认自己的罪恶,就是在道德上对自己的根本否定。这件事有多难以接受,就表明这件事对他们有多重要。人不肯坦然接受自己的罪,即便面对他们信仰的上帝时也是如此,虽然在他们的信仰中上帝洞

---

① 这里所谓的"真正意义",就是不受某一具体语境的影响,以词语或概念本身的意义为标准。这样意义上的"恶人",是指那些突破某一伦理底线的人,或品德恶劣的人。那些偶尔犯下一般性的道德错误的人,在我们的语言使用中,不会被称为"恶人"。

② 奥斯维辛集中营中的纳粹医生们,无论是那些已经确定罪责而无可逃脱的,还是那些已经完成服刑被释放的,或被宣布免予惩罚的,其共同的反应,都是尽力回避自己的罪恶,洗白自己,推卸责任,尽管这时他们的这些努力对他们的处境并无实际的影响。(参看[美]罗伯特·杰伊·利夫顿:《纳粹医生:医学屠杀与种族灭绝心理学》,王毅、刘伟译,南京:江苏凤凰文艺出版社,2016年。)

悉一切,既知道他们的所作所为,也了解他们的所思所想①。

　　说道德是一种自我需要,并不是抹杀道德要求与美好生活的要求以及与自我发展的要求之间的界限,道德要求和它们之间并不是这样简单的统一的关系。首先,道德是我们的自我要求、自我需要,但是道德本身就是一个复杂的体系,是各种观念和各种规范的集合,而且它们之间也并不总是一致的。道德中的有些观念,正是"我"出于对道德的理解所要否定和排斥的。其次,道德是我们的自我要求,这可以看作是对"为什么要有道德"的回应,道德转化为一种内在的要求,这只是把道德与美好生活的关系,转化为两种内在需要之间的关系,二者的不一致并没有因此消解,不一致发生时如何解决,也依然是一个问题。正因为道德是一种内在要求,道德与自我的其他要求之间的冲突,就更加无可回避,解决这种冲突,也变得更为急迫,因为这不仅是两种原则之间的冲突,同时还是自我的两个方面的冲突。

　　儿童心理学对道德发展阶段的研究,是晚近的事。他们以经验研究的方式得出结论,在儿童心理发展的一定阶段,道德成为一种内在要求。经验科学具有其无可比拟的优势,以经验科学的方式研究儿童的道德发展,带给我们系统、精确的知识,并且这些知识是开放的,也就是说,它们会接受以经验研究的方式获得的知识的验证,被证实或证伪,从而成为认识进一步发展的基础。皮亚杰、科尔伯格所发现和肯定的,是一直存在的事实,它们之前已经为人类中那些敏感的心灵所知,并以文学、玄学等方式表达出来,也就不奇怪了。17 世纪英国玄学派诗人约翰·邓恩(John Donne)曾有一篇著名的布道词:

---

① "詹姆士.Q.威尔逊(James Q. Wilson)……从犯罪学的角度……指责哲学家们长期以来并没有重视道德的本质是一整套为某种目的服务的人类本能这一观念,大部分哲学家都将道德仅仅视为社会强加于个体头上的一套实用的、武断的原则与传统。威尔逊认为,道德同性欲与贪婪一样,并不属于社会传统的范畴。当某人受到不公正或严酷的待遇时,他心中涌动的是一种本能,而不是从实用主义角度对情感的理性思考,当然更不是某种时髦的社会传统。"([美]麦特·里德雷:《美德的起源:人类本能与协作的进化》,刘珩译,北京:中央编译出版社,2003年,第 149 页。)

没有人是自成一体、与世隔绝的孤岛，

每一个人都是广袤大陆的一部分。

如果海浪冲掉了一块岩石，

欧洲就减少。

如同一个海岬失掉一角，

如同你的朋友或者你自己的领地失掉一块。

每个人的死亡都是我的哀伤，

因为我是人类的一员。

所以，不要问丧钟为谁而鸣，

它就为你而鸣！

    这篇布道词道出了我们每个人不得不与他人生死相依、休戚与共的处境，它不是最早表达这一意识的文字，但差不多是最著名的。而其广为人所知的主要原因，来自 20 世纪 20 年代艾略特（Thomas Stearns Eliot）对约翰·邓恩的重新发现，和随后 40 年代海明威（Ernest Miller Hemingway）在《丧钟为谁而鸣》中对这篇布道词的引用。与邓恩同时代而稍后，霍布斯率先把人设定为脱离群体而独立自存的原子式的个人，而海峡另一边的笛卡尔则把一个抽象的自我——"我思"，置于世界之外，从"我思"得出世界和他人的存在。这些汹涌的现代思潮，淹没了邓恩们的识见，影响了时代中的人们对自我以及自我与他人关系的理解①，而对这一倾向的反思和矫正，是 20 世纪存在主义兴起后的事。

---

① "笛卡尔试图阐明我们的经验可以被设想为甚至当它们所把握的世界已经不存在的情况下仍然存在的东西。但是在这一设想中令人担心的也许不是这个世界可能不存在，而是在此种意义上自我成为一个自身封闭的领域，从世界中被'切割'和孤立。假如我可以在事物和他人缺位的条件下存在，那么对我的存在而言，我有一个身体和我在他们之中就不是本质性的东西了。笛卡尔随后通过一位不会欺骗我们的上帝，重新将物质世界引入他的思想体系，但是这对于恢复笛卡尔先前拒绝的我自身与我的身体、我自身与世界之间的密切联系毫无帮助。"（[英]大卫·E. 科珀：《存在主义》，孙小玲、郑剑文译，上海：复旦大学出版社，2012 年，第 30 页。）科珀认为，"哲学的某种永恒的关怀一直与将人从世界当中异化出去的倾向相冲突"，而霍布斯和笛卡尔的哲学的起点，正是一个从世界当中异化出去的个人。

11　我们真的有道德能力吗

——自由意志与道德责任

　　道德与美好生活是人自己的事——道德是人的道德，美好生活也是人的美好生活。对人的理解，决定了我们对道德与美好生活的理解。面对道德要求，人们首先会问，我们有没有能力行道德的事？如果有，这个能力是多大？而如果没有，那所有的道德要求，就是一句空话，道德本身就是一种幻象。在面对幸福问题时，我们也会有同样的追问。

　　自由意志问题就关涉到我们对自己的理解：我是自由的吗？在何种意义上是？有哪些自由？那些我做出的事与"我"有多大关系？我应该为它们负责吗？我对自己的道德要求，以及别人对我的道德期望，其实现与否，真的取决于我自己吗？这个"我"本身，是不是也是一种错觉，其实不过是"一束知觉之流"？

　　自由意志问题[①]最先因与对行为的评价相关而被人们所关注，这时候对自由意志的讨论是伦理学和法学意义上的讨论，目的在于确定道德褒贬和法律奖惩的必要条件。基督教神学的介入使这一问题开始超出实践层面，具有了形而上学的意味。对于基督教神学，罪的来源与上帝的至善全能之间的关系是必须回答的问题[②]，为此，神学家们设定了人的自由意志的存在以求解决这一矛盾。神学以外，对自由意志的关注主要出自一种理智的兴趣，它关系到我们对自身和对整个世界的理解，是最令人迷惑同时也最令人着迷的形而上学问题之一。此外，这一问题的进展与我们对道德责任的理解也有关联，虽然它们之间的关

[①] 伦理学中最先出现的对自由、意志（决定或选择的功能）与责任之间关系的讨论，比如表现在亚里士多德那里的论述，与后来围绕自由意志的讨论所关注的重点有所不同，但因为二者之间的紧密关系，所以并不影响将它们同样纳入自由意志问题这一领域。

[②] 即神正论问题。

联没有人们通常所设想的那么紧密。

责任是伦理学和法学等实践性学科的核心概念。通过责任，我们把行为的结果、行为和行为者联结起来，以此实现对行为的社会控制。我们常说某人应为某事负责，这句话含有多重含义。首先，这个人必须与这件事的发生有关：他或者直接导致了这件事的发生，或参与导致这件事的发生，或在某些情况下未能阻止这件事的发生，比如法律上称之为"不作为"的行为。前一种情况可以"A 谋杀了 B"为例，这里 A 是 B 的死亡这一事件的直接原因。第二种情况可以"A 协助 C 谋杀了 B"为例，比如 A 为 C 提供了凶器，或 A 教唆 C 谋杀了 B。最后一种情况可以"医生 A 未能及时救治病人 B 从而导致 B 死亡"为例，这里 B 死亡的直接原因是疾病，A 的失误在于未能消除疾病或中断疾病与死亡之间的因果联系。从这三种情况可知，A 对 B 之死负有责任的条件之一是 A 的行为（或不作为）构成导致 B 的死亡的诸多原因中的一个，如果没有 A 的作为（在第三种情况下则是如果有他的作为）则 B 的死亡这一事件就不会发生。但到此为止我们还只能说 A 是 B 的死亡的原因或原因之一，A 为 B 之死负责的另一条件是 A 本可有另外的选择，并且具有依他的选择行事的能力，如此则不会导致或可避免 B 的死亡。如果除了致 B 于死地以外 A 别无选择的可能，比如 A 因被卡车撞倒而压死了 B，那么我们不会要求 A 对 B 之死负有责任。换言之，要求某人（A）为某事（B 之死）负责，仅当某事在某人的控制能力之内。同样的结果（A 致 B 死），我们为什么要去区分何种情况下别无选择，何种情况下有另外的选择呢？这是因为在我们的理解中，对行为的评价与行为者的意愿是分不开的。正是对行为者意愿的关注，促使我们面对同样的结果，依然要继续追问行为者当时是否另有选择。

我们在两种意义上使用意愿这一概念。首先，意愿某一件事、某一东西或某一活动可以是直接性的、原发性的，比如可以说"我意愿一朵鲜花"，即我想拥有一朵鲜花。但想拥有一朵鲜花和想着手去获得一朵鲜花是不同的。除此之外，意愿某一件事或某一行为也可以是综合性的、后发性的，与道德责任相关的是这一种意义上的意愿，它是行为者对即将发动的行为的主观取向，是关于做还是不做的最终决定。在这种意义上,我意愿某一行为意味着在综合考虑了各种因素之后,我的心智"同意"实施这一行为,即行为和期望具有一致性。第一种意义上的意愿是引发做与不做的考虑的原因,是一切行为的动机。在决定行为的过程中,两种意愿的功能如下:在某一种处境之下,我意愿某事(I will sth),比如拥有一朵鲜花,但因为我不只有此意愿,我同时还有其他种种意愿,所以在其他意愿与拥有鲜花的意愿之间,我需要斟酌考虑,决定取舍。在权衡各种因素,其中包括与拥有鲜花的意愿相关的其他各种意愿、实现拥有鲜花的意愿的可能性以及为此付出的成本等之后,我决定开始行动以获得鲜花,亦即我意愿了去获得鲜花这一行为。自由意志中的意志也就是这种意义上的意愿。道德哲学同样关注第一种意义上的意愿,但不是把它与道德责任相联,而是与行为者的心理动机相联①。一般认为,这种意愿也是事物的自然价值的来源。

最早注意到行为与意愿关系的是亚里士多德。在《尼各马可伦理学》第3卷前5章,亚里士多德细致讨论了德性与意愿的关系。他认为只有出于意愿(voluntary,或自愿)的行为才能获得称赞或谴责,才具有道德的性质,而违反意愿(involuntary,或不自愿)的行为则不具有道德属性,它们只能获得谅解和怜悯。这一观点可称作道德哲学中的亚里士多德原则。那么什么是出于意愿的行为呢?亚里士多德认为,出于意愿的行为"发动他的肢体去行动的那个始因是在他自身之中的,而其初因在人自身中的行为,做与不做就在于人自己"②。被飓风裹挟而行的人不能说行走是出于他的意愿,因为行走的"始因是外在的,行为者……对这初因完全无助"③。但仅仅是始因在自身之中的行为还不能称作自愿的行为,自愿还必须包含有对行为所达到的目的的愿望,因为

---

① 中世纪哲学家对此做过充分研究,比如阿伯拉尔把前一种意愿称为"意欲",把后一种称为"意图"。
② [古希腊]亚里士多德:《尼各马可伦理学》,第59页。
③ 同上书,第58页。廖申白此处译作"始因"或"初因"的,即亚里士多德在《形而上学·第五卷》中(中文本参照吴寿彭译本)所阐释的"原",在英语中对译为 arche,是"事物动变的缘由"。在罗斯的译本中,汉译本译为"无助"处皆为 the agent "contributes nothing",或 "nothing is contributed by the person"(1110b),故"无助"的意义是行为者对作用于他的外部动因未施加任何影响,而直接将其传递到因果之链的下一个环节的意思。

我们不把那些因动作的失误而造成的伤害称为出于意愿的行为,所以亚里士多德这里所谓"出于意愿"是从"动力因"和"目的因"两方面来规定的。任何一个行为,只有当动力因和目的因俱备于行为者的时候,才可称作出于行为者的意愿。亚里士多德强调,判断行为是否出于意愿"只能就做出行为的那个时刻而言"①,航海家的愿望当然是船货平安,但船只遭遇风暴的时候,他宁愿舍弃货物保证船只的安全。单就结果而论,没人愿意损失货物,但船货不能两全的时候,弃货保船就成为航海家的愿望,这一行为的动力因和目的因都在航海家自己,所以仍是出于意愿的行为,尽管有迫于形势的因素。另有一些行为,事后行为者会因行为的后果而为当初的选择追悔,但就这一行为而非该行为所引起的系列后果而论,当他选择时,该行为是自愿的。与对出于意愿的界定相对应,违反意愿的行为有两种,一种是"初因在外部事物上且被强迫者对此全然无助"②,另一种是对行为选择将导致何种结果的无知。但对目的的错误选择不在此列,因为目的"选择上的无知所造成的并不是违反意愿(而是恶)"③,行为者本人应对此负责,因为这来自行为者自愿的选择,尽管这种选择会损害行为者自身的利益。显然,对目的的错误选择即本文所区分的第一种意义上的意愿的错误选择,也就是价值立场上的错误选择。亚里士多德将自己确定的原则用于生活中的一些模糊事件,比如醉酒的人和对法律无知的人应不应该为自己的行为负责,亚氏的回答是应该负责,因为醉酒和无知的原因在其自身,"他本可以不喝醉","他本不应当无知"④,换言之,他本来可以有另外的选择,是他自己造成了自己的酒醉或无知。

在解释何为被迫的行为时,亚里士多德有一个附加的说明,为我们区分自愿和不自愿的行为提供了另外一个标准。亚里士多德认为所谓被迫是指"初因

---

① [古希腊]亚里士多德:《尼各马可伦理学》,第59页。
② 同上书,第61页。
③ 同上书,第62页。
④ 同上书,第73页。

在当事者自身之外且他对之完全无助"①,这句话的意思是,在事件进行的因果之链上,行为者只充当了一个中间环节,他自己的意愿未参与或未影响这一因果之链的发展,他的意愿没有成为他之后事件发展的原因中的一个组成因素,不仅如此,当他开始这一行为时,他的意愿与他所预计的行为的结果也是背道而驰的,也就是说,他不愿意见到这件事的发生。反之,如果行为的初因在外,行为者自己的意愿(不管意愿自身来自何方)参与到因果之链,成为其中的一个组成部分,这一行为则可称为自愿的行为,或者说,他意愿了这件事的发生。亚里士多德把这一说明看作对前一界定的补充,但其实两者的意义大相径庭。前者认为行为者自己可成为因果之链的始点,而根据这一附加说明,则不需要设定行为者是始因,却可以同样用于区分自愿和不自愿的行为。我们把前者称为亚里士多德原则的强标准,后者称为弱标准。

亚里士多德对自愿与不自愿的分别在当时的语境下似乎已经足够清晰,可以为道德褒贬和法律奖惩提供充分的参考。但细加分析就会发现,他的界定存在许多问题。首先来看亚里士多德原则的强标准。在这里,亚里士多德区分自愿和非自愿的一个决定性标准是动因(或初因)是在行为者自身之内,还是自身

---

① [古希腊]亚里士多德:《尼各马可伦理学》,第60页。在行为和意愿之间,亚里士多德列举出了三种情况,即出于意愿(voluntary)、违反意愿(involuntary)和无意愿(not voluntary)。按照亚氏的划分,违反意愿的行为是被迫的行为(始因在外,且对之无助)和出于无知且结果痛苦的行为;无意愿的行为是出于无知且结果不痛苦的行为。由此可见,亚里士多德对出于无知的行为的归类(归入无意愿或违背意愿)是根据行为的结果是否符合意愿做出的,这与划分出于意愿的行为和被迫的行为时的标准不同,因为这两者都是根据做出选择时行为者是否意愿了这一行为而做出的,与行为的主观目的有关,而与行为的客观后果无关。所以,按照"出于意愿"的界定,出于无知的行为应该属于出于意愿的行为,而非亚里士多德所说的"出于无知的行为在任何时候都不是出于意愿的行为"(第61页,并参见第62页的译者注)。但这里亚氏把出于无知的行为归入非意愿的行为,有可能是着眼于为这一类行为洗脱责任的考虑。看来,出于无知的行为可免除或减低责任,在这一点上亚氏与我们观点相同,但理由大不相同。根据亚氏,无知指的是对个别东西的无知,即对行为的环境和对象的无知,但出于无知的人不可能对这些东西全然不知。所以,真正与出于意愿的行为相反对的是被迫的行为,这样,通过确定被迫的行为就可以确定出于意愿的行为。根据亚氏对被迫行为的说明及德摩根定律 $-(a \wedge b)$ 等价于 $-a \vee -b$ 可以推论,自愿的行为或者可以定义为初因在内的行为(这与前文中出于意愿的行为定义相同,故不予讨论);或者可以定义为初因在外,但意愿参与其中的行为,本文把这一定义看作说明出于意愿的行为的另一标准。

之外。但这又是什么意思呢？"动因在行为者自身之内"，似乎行为者的意愿可以是由事件组成的因果之链的始点，而行为者可以充当"不动的推动者"，但这是可能的吗？按照我们通常的理解，包括意愿在内的人的心智不过是一套信息处理系统，它从外界接受信息，运用固定的程序（心智的固定结构＋先前的观念＋意愿的目标）对这些信息加以处理，然后向身体下达指令。与机械运动所不同的是，心智的运动更复杂更微妙，而且其信息的处理系统是开放的。开放的意思是指它所接受的信息将成为它的整个系统的一部分而对未来的信息处理发挥影响。在这样一幅行为者的图景中，我们看到，"动因在行为者自身之内"这一说法十分可疑，行为者生活于一个由因果事件所组成的复杂的网络之中，他的每一行为都是一条因果之链当中的一个环节，而他自己也是被他之外的原因所造就的。以弃货保船的事件为例，亚里士多德认为这是一件自愿的行为，因为弃货来自航海家自己的决定，也就是说，当危险发生时，航海家意愿了弃货这件事的发生。就这一事件来说，放弃货物这件事的发生来自航海家自己的决定，这样，弃货的动因似乎确在行为者自身之内。但这还不是事情的全部，当我们追问弃船的决定为什么发生和怎样发生时，我们发现，航海家的决定并非始因。在他的决定之前，已经有一系列因素决定了他在遇到这样的情况时将如此决定，比如他不愿冒险的性格，可任意处置货物而不被追究的权力等，这些因素连同船只遇险的处境一起构成了他弃货保船这一决定的前件。从这一点而论，自愿的行为如弃货保船和不自愿的行为如被飓风裹挟而行之间没有根本的不同。

  上面的质疑来自决定论，古典时期的德谟克利特和斯多亚学派都持决定论的观点，而霍布斯、斯宾诺莎和休谟则是它在现代哲学中的代表。在决定论者看来，在时间中根本就不存在所谓始因或初因，不存在没有前件的事件。整个世界，事无巨细，都是被在先的事件所决定了的，在先的事件又是被更在先的事件所决定了的，如此递推，现在的世界以及世界的结局在时间开始的时候已经被决定了。这样看来，行为的始因在行为者之内的说法是没有依据的。

在否认自由意志的决定论者和支持自由意志的非决定论者之争中[①],有这样几个概念是联系在一起的。首先是因果、必然、决定和可预测性。决定指的是被在先的事件(原因)所决定,是原因和结果的关系,原因的存在已经决定了结果必然如此。这样,在决定论的体系中,知道原因,则原则上就能预测结果,于是决定论和非决定论之争可从形而上学领域转移至认识论领域,通过确定是否具有可预测性来确定决定论是否成立。自由、随机或偶然以及不可预测性是意义相反的另一组概念。自由即不被决定(自由意志即不被在先的事件所决定的意志),这样与决定相关的一组概念都是与自由相冲突的概念,所以如果要保留自由的概念,则必须设定随机、偶然,以及不可预测性的存在。但就自由意志而论,情况要更复杂一些,如果不存在随机、偶然、不可预测的情况,肯定不存在自由意志,但即使存在上述条件,也未必一定有自由意志的存在,因为只有当我们确定这些条件不仅发生于自然界,而且也发生于意志过程中,才能有此推断。

受牛顿经典力学所提供的认识论模式的影响,决定论在现代哲学中支持者甚众。但决定论似乎面临一个难题:如果所有的事都是被决定了的,那么我们为什么要为我们能力之外的原因负责呢?难道不是应该由这个世界的创造者或最初的原因来为世界上所发生的事负责吗?但这样岂不是取消了我们每个人的道德责任?且不说神学上的困难,仅仅出于道德上的考虑,人们似乎也很有理由不接受决定论。

这是决定论者面临的一个挑战,许多人认为这已足以彻底驳倒决定论,但他们把决定论者想得太简单了,像斯宾诺莎和休谟这样的哲学家具有当时最杰出的头脑,而且也都非常关注道德,对这一问题,他们分别给出了自己的答案。斯宾诺莎是一个严格的决定论者,他认为"自然中没有任何偶然的东西(contingens),一切东西都受必然性的决定","意志不能说是自由因,只能说是必然的",而"其所以说一件东西是偶然的,实在没有别的原因,只不过是由于我

[①] 决定论者之中,也有认为决定论和自由意志不相矛盾的相容论者,不过他们所定义的自由意志与本文此处的讨论不同。参见 Free will, *Routledge Encyclopedia of Philosophy*, Routeledge, London, 2000。

们知识有缺陷"①。在决定论和道德责任的问题上,他认为,这两者并不冲突,道德责任不需要以设定自由意志为前提。以患狂犬病的狗为例,狗患病虽不是狗的错,但在这种情况下人们还是不得不杀死狂犬,以免它造成危害。人类的情况也如此,某人做了错事,最初的原因虽不在他,但我们还是不得不惩罚他,以维护社会秩序。在斯宾诺莎看来,奖励和惩罚是这个严格遵循因果必然性的世界中的必要因素,而且实施奖惩也和进行其他行为一样遵循世界的必然规则。这样,虽然排除了自由意志,但作为奖励和惩罚的理由的道德责任并不因此被取消。这里斯宾诺莎的成功之处是在坚持决定论立场的同时保留了道德责任,但他遇到的问题是,如此理解下的责任与伦理学和法学中所指的责任是否一致,只为效果(社会秩序)而保留的责任是否具有太多的随意性,另外,即使是决定论者也会认为,斯宾诺莎的哲学为行为者的意志(选择的能力)留下的空间实在太小了。

在强调决定论不与道德责任相冲突方面,休谟比斯宾诺莎走得更远,他甚至认为只有坚持决定论才能保留宗教和道德。休谟同样认为"外界物体的各种活动都是必然的"②,人类的活动也必定如此,否则,如果人类社会充满了随机和偶然,那么"人类就一刻也不能行动或生存"③。我们通常所谓随机或偶然"只是由于我们知识的缺陷而存在于判断中间,并不存在于事物自身,事物自身在任何情形下都是一律地必然的"④。从宗教和道德上来看,如果人类的行为没有因果必然联系,"那么不但所加的惩罚不可能合乎正义和道德上的公平,而且任何有理性的存在者也不可能会想到要加罚于人",因为如果"行为就其本性来说是短暂的、易逝的,如果这些行为不是发生于作出这些行为的人的性格和性情中的某种原因,就不能固定在他的身上",这样的话,"行为本身也许是可以

---

① [荷]斯宾诺莎:《伦理学》命题29、命题32、命题33,贺麟译,北京:商务印书馆,1983年,第29、31、32页。
② [英]休谟:《人性论》,第437页。
③ 同上书,第443页。
④ 同上书,第442页。

责备的,它可能是违反道德和宗教的一切的规则,不过那个人对它并不负责……因此,依照自由的假设来说,一个人在犯了极恶的罪行以后,就像他在刚出生时一样地纯洁无污,而且他的性格也和他的行为丝毫无关"①。休谟的说明揭示了希望保留道德责任的自由意志论者的一个根本窘境:即使设定非决定论是正确的,也丝毫看不出这如何有利于解释自由意志和道德责任:"假设并非所有事件都是被决定的,即有些事件随机或偶然发生。但我们自己、我们的行为以及道德责任在一定程度上成为随机的结果或偶然事件,这种假设又如何成为支持道德责任的理由呢?"②休谟不赞成从决定论和非决定论的角度解释道德意义上的自由,他认为道德意义上的自由不是指没有原因,而是指不受外力强制,即行动上的或外在的自由。这样的自由后来被弗兰克纳表述为"按照自己的选择去行动"③。

如果自然物体和人类的活动都遵循因果必然性,意志自由的观念由何而来呢?斯宾诺莎和休谟的回答是,它是人类基于自己内部经验而产生的普遍错觉。在内部经验中,不管是婴儿,还是醉汉,都相信自己的行为出自自己的自由选择,但一个对他们的个性充分了解的观察者却能对他们下一步的行为做出准确预测。对此,当事者可能会反驳说:但当时我的确可以选择另外的行为,而且下一次在相同的情况下我也真的如此选择了,这不是证明预测失效了吗?休谟解释说,这未能证明什么,你要证明你有自由,这时候"证明我们自由的欲望是我们行动的唯一动机,所以我们就永远不能摆脱必然的束缚"④。

现代物理学的发展似乎为非决定论带来了一线曙光。许多人认为,量子力学中的测不准原理、天体物理学中的黑洞理论⑤以及混沌理论等都证明了因果

---

① [英]休谟:《人性论》,第449页。
② 参见 Free will, *Routeledge Encyclopedia of Philosophy*。
③ [美]弗兰克纳:《伦理学》,第161页。
④ [英]休谟:《人性论》,第447页。
⑤ 测不准原理认为不可能同时预测一个电子的位置和动量,测量一个会使另一个测不准,物理学家只能以概率的方式而不是以因果关系的模式来预测电子的运动。黑洞理论与决定论相关之处在于,任何掉入黑洞的物体都将与它掉入之前的信息完全隔断,我们即使掌握它掉(转下页)

决定论解释模式的失效,牛顿以来为拉普拉斯和康德所强化的认识论中原因—结果思维模式日益显现出其解释的局限,现代物理学似乎更支持非决定论的解释模式。但是这里非决定论者的结论得出的太快了一点,他们引用的都是其哲学内涵最具争议的一些理论,他们对现代物理学的理解也不无争议①,而且,更为重要的是,即使他们对现代物理学本身及其哲学内涵的理解是正确的,他们也未能提供现代物理学中的非决定论如何支持了自由意志的说明。

决定论与非决定论、决定论与自由意志之争具有持久的理智魅力,它先是吸引了神学家,后来则吸引了哲学家和科学家,因为自由意志与决定论的问题"在早期来自圣经神学的预设与日常生活的预设之间的明显冲突",而在现代思想中则表现为"科学的预设与日常生活,尤其是伦理学和法律中实践思维的预设之间的明显冲突"②。如同哲学中的许多问题一样,这一争论也将随着科学的发展而不断变换其讨论的方式和语言。但自由意志的问题不应该是无解的,对思维和行为的更深入的研究终有一天将为我们解答这一问题,尽管这一天肯定十分遥远。就此而言,正如石里克所说,康德把自由意志的问题纳入超验的领域的确十分蹩脚③,因为这样就取消了解决的可能。

我们看到,自由意志问题的困难之处在于如何协调自然科学与实践科学这两种信念系统的关系,对我们来说,这两个系统同样有效,而且同样必不可少,因为它们都是我们生活的指导。对此,人们不禁要问,这样一个在形而上学和科学中悬而未决的问题又如何成为道德领域中的一个前提性观念而发挥作用呢?仔细甄别后发现,上述对自由意志的讨论遵循的都是亚里士多德原则的强

(接上页)入之前的全部信息,也不能预测它掉入之后的情况。这两种理论都认为科学预测具有原则上的不准确性和不可能性,在这一点上它们与混沌理论不同,在我看来,混沌理论未提供原则上不可预测的断言。
① 从量子力学寻找根据的非决定论者往往把量子力学看作一个非决定论的体系,但其实这正如把牛顿力学看作决定论体系一样,都出于对理论本身误解。实际上,量子力学完全可以看作一个决定论的体系。参见 Determinism and indeterminism, *Routeledge Encyclopedia of Philosophy*。
② [英]D. D. 拉斐尔:《道德哲学》,邱仁宗译,沈阳:辽宁教育出版社,1998年,第118页。
③ [德]石里克:《伦理学问题》,孙美堂译,北京:华夏出版社,2001年,第114页。

标准,其关注点在神学和形而上学,而不在道德实践。在实践哲学中,如此理解自由意志则是被形而上学误导了,实践哲学中对自由意志的运用遵循的并不是强标准的定义,而是弱标准定义,因为在道德实践中,当我们使用"自愿"或"出于意愿"的时候,我们并未考虑意愿是否是始因,它是否有原因,而只关注行为者是否"意愿"了他的行为。也就是说,在道德实践中,我们对行为的评判并没有也不需要设定存在无原因的意志,道德评价并不关注意志之所由来,而只关注行为之所由来,关注行为和意志之间的关系。道德哲学不设定意志没有原因(设定无原因的事件与日常思维相悖离,而道德责任的概念首先来自日常的生活实践),不仅如此,道德哲学和道德实践本身恰恰需要意志必须有原因,否则如果意志自由意味着"不管我受到什么力量作用,我任意地、偶然地造成一些可以造成也可以不造成的后果"①,那将会像休谟所担忧的那样,道德社会化的机制将被大大削弱,而道德进步也将变得十分可疑,因为如果意志自由意味着意志不受先前的事件所影响,那么在行为者所受的教育和行为者的行为之间将很难找到必要的联系。

  弱标准的自由观给我们的启发是,可以在放弃强标准意义上的自由意志的同时坚持自愿和不自愿的行为之间的区别。从因果关联的角度来看,人的意志虽是被决定的,但人的被决定不同于自然物体的被决定,人的被决定中有人自己的意愿和思考参与其中(可以把意愿和思考设想为安装在大脑中的程序,其来源仍然是外来的)。在一个行为选择的过程中,比如对偷盗的选择,我是否选择偷盗不仅取决于我已有的心理、性格(我们可以认为这些都来自我所接受的教育,以及我的被给定的头脑结构),而且取决于我对偷盗将带来的后果的考虑:得手之后的利益,以及被抓住之后的惩罚,对他人生活的影响,等等,诸如此类。如果没有这些规则,我可能倾向于偷盗,而因为有了这些规则并且我也确实考虑到了它们,所以我可能倾向于不偷盗。在行为发生前如果经过了这种考虑,我们就认为行为出于意愿,反之,在行为发生前如果没有经过这种考虑,

---

① 奥康:《自由论辩集》,转引自赵敦华:《西方哲学通史》,北京:北京大学出版社,1996 年,第 572 页。

我们就认为它不属于自愿的行为①。我们如此理解自愿和不自愿的行为,与亚里士多德用"考虑"和"选择"来说明德性,用知与不知来区别是否违反意愿是一致的②。不同的讯息条件下人们的行为的选择不同,但这并不意味着人有"随意"选择的能力。最后我是否选择偷盗决定于所有这些在先的社会规则、我的心理和性格。这一过程并不需要设定任意选择的能力。因此,建立"道德"规则,即某类行为对应于某类奖罚的社会规则就变得非常重要。不同的社会规则(对行为者来说即为考虑行动时的不同讯息处境)之下行为者的行为选择不同的例子可加强这一论点。

但是显然在道德实践中我们并不要求行为者为所有经过思考的行为负责,承担道德责任的行为只是经过思考的行为中的一部分。同为经过思考而做出的行为,在某些情况下,我们要求行为者负责,比如行为者为贪图享受而私取公帑;但在另外一些情况下,我们则不作此要求,比如行为者在劫匪的枪口下打开银行的保险柜。我们不要求行为者为此负责不是因为这一行为发生之时未经行为者的思考,尽管如果没有劫匪的威逼行为者肯定不会打开保险柜,但就像亚里士多德所说的,当行为者作为决定的那一时刻,行为者意愿了这一行为的发生。在此情况下,他的行为是自愿的,因为他本可以不这样做,本可以选择与劫匪搏斗。尽管如此,多数社会还是认可他放弃搏斗,因为搏斗有可能丧失生命,而生命在价值序列中一般被置于首位。但是也完全可能有某个社会把其他价值,比如公共财产的安全置于首位,而把生命的价值置于不太重要的地位,在这种情况下行为者若放弃搏斗,社会将追究其道德责任。可见,在不同的价值

---

① 在我们的语言用法中,行为本身就含有意识的成分,但在本文中把行为用法中的意识的成分排除在外,这样行为与习惯用法中的"动作"一词意义比较接近。很显然,不是所有的行为都是经过思考之后做出的,在未经思考的行为中,我们会想到习惯性的行为和机械性的行为,但实际上,大量习惯性的行为是在长时间重复经过思考的行为而形成的,所以它们属于经过思考而做出的行为。上文中提到的被车撞倒而压死人的行为即属于机械性的行为。
② "违反意愿的行为……产生于对个别东西,即对行为的环境和对象的无知……一个人的无知,在于对自己是什么人,在做什么,在对什么人或什么事物做什么的无知;有些时候,也包括对要用什么手段做,为什么目的而做,以及以什么方式去做等等的无知。"([古希腊]亚里士多德:《尼各马可伦理学》,第62、63页。)

体系,道德责任的认定也是不同的。在这一事例中,我们也会说行为者失去了自由,但他失去的不是意志的自由,而是一种类似于政治自由的外部自由。

但是我们为什么要求自由的行为者(意志自由和政治自由)为其行为负责,却不要求不自由的行为者同样为其行为负责呢?人们已经十分习惯于这一主张,因而很少会如此追问,但实际上这一问题恰恰是触及自由意志和道德责任的核心的问题。很容易发现,在其结果上,自由的行为和不自由的行为的差别在于,不自由的行为不会因奖惩规则的不同而改变,而自由的行为一般会随社会规则的不同而变化。比如在行为者被车撞倒而压死人的例子(例 A)中,不论奖惩规则如何变化,事件的结果都无可改变。但在偷盗的例子(例 B)中则不然,如果社会对偷盗不加惩罚或惩罚不力,那么行为者在考虑是否偷盗时很可能倾向于肯定的回答;而如果社会对偷盗者穷追猛打,那么行为者肯定更倾向于不偷盗。这样,我们看到,要求例 A 中的行为者为行为负责不会对类似情况下的类似行为产生任何影响,因而是毫无意义的;而要求例 B 中的行为者对此负责,行为的结果将发生普遍改变。根据这种思路,是否具有实践意义上的意志自由,可以按照这种标准加以判定:对某类行为普遍地施加奖励或惩罚后,如果在同种情况下该行为的发生率有实质性的变化,可认为该行为出于自由意志①。这样一个忽略意志决定过程的判定标准,可省去自由意志讨论中许多细微复杂、不易判明之处,却同样可以满足道德实践的需要②。

这一标准也可为一些传统的伦理讨论提供指导。在道德实践中,人们经常讨论精神病患者、药物依赖者和无知者的道德责任问题。精神疾患可分为认知能力障碍和意志能力障碍两类,认知能力障碍和无知者的处境相似,而意志能

---

① 对出于意愿的行为施加多大的奖励或惩罚显然属于另外的问题。这一判别方法面临的指责是,它有把道德责任和动物的条件反射等同起来之嫌,但它只是一个原则上的判别标准,可通过思想实验的方式完成,而且判别的对象也不是某一个体,而是某种处境下的人类行为。
② 对道德责任的这种理解,被称为后果论(the consequentialist view)。另有一种被称为价值论(the merit-based view)的理解,认为行为者是否承担道德责任,不取决于社会-道德秩序的"需要",而是看他是否"应该"(deserves)承担。参见 https://plato.stanford.edu/entries/moral-responsibility/。

力障碍和药物依赖者的处境相似。后一类人与正常人的不同在于，即使在不存在任何外部强制的情况下，他们似乎也不能够自由地行为，他们的意志受到了头脑中某种内部因素（强烈的愿望、对药物的压倒性的渴望等）的决定性影响，从而失去了正常人所具有的"自由地意愿自己的愿望"①的能力，即他们的意志（综合性的意愿）失去了对某一欲望（直接性的意愿）的调控能力。由于目前的精神病学和神经生理学尚不能完全辨明精神障碍的发病机理，不能明白区分精神障碍在何种程度上不同于身体的疾病，从心智内部确定他们是否需要为自己的行为负责将变得异常艰难，而采用忽略意志过程的方式判别则十分可行，对认知障碍和无知者的责任判定，也同样如此。

总之，我们看到，道德责任与现实中的个体如影随形。不难证明，不论我们采取哪一种"人论"，即对人的理论解释，即便不承认一个实体性的自我，如休谟那样，甚至即便否认行为主体具有自我同一性（self-identity），与这种理论相容的道德责任依然可以存在。我们会发现，对责任的理解，反过来会影响到对自我的理解，进而影响到对美好生活的理解。

12　存在普遍的道德规则吗

自由意志和道德责任问题回答了我们是否具备行善的能力。但一个行为之为善事，并不单纯因为它出于行为者的善的意愿。即便我们具备行善的意愿和行善的能力，也不能保证行为的善性——就行为而言，只有符合一定的道德规则，才被认为是善的行为。但是，一定的道德规则是什么规则？由谁确定？

根据对道德的描述，道德规则指的是社会认可的行为规则。但是社会有许多——每个国家都有每个国家的社会，而且社会本身也可以是多元的，对同一

---

① Peter Singer, *A Companion to ethics*, Blackwell, 1991, p. 439.

事,可能有多种规则。行为者甚至可以跳脱出当下社会,选择自己的道德立场。如此繁多的规则中,哪一个才是他真正应该遵守的?这一问题于今显得尤为急迫,因为现代化是席卷全球的一场运动,现代化使世界一体化,而世界的一体化使原来各自独立的社会趋同,这样,现代化的过程同时也是同质化的过程。现代化的历史洪流之下,那些原本相对独立的社会和其自成一体的传统,不得不面对异质文化及其价值体系的主动"侵蚀"。这样一来,如何理解价值体系之间的不同,如何回应现代化的挑战,是拒绝、接纳还是融入,对社会和个人,都是绕不开的问题。

从人类学的角度说,每一社会所奉行的伦理体系,都是这个社会为适应生存环境而演化出的内部行为规范,都有其存在的合理性,而就其能够帮助该社会在生存竞争中存续甚至壮大而言,它是完备的。因此,任何来自该社会之外的变革的努力,似乎都是多余的。

这是道德相对主义的观点。道德相对主义认为,道德观念、道德规范的适用性是相对的,而非普遍的。相对于接受它们的群体或个人,它们是有效的;而对于不接受它们的群体或个人,它们是无效的,"谁也不可以把道德判断合法地推广到其他人的观念之中——虽然我们总是认为自己的批判性评价对于其他人同样有效"[1]。

社会不同,道德观念也不尽相同,这是一个不难发现的人类学事实。实际上,找到伦理规范完全相同的两个共同体,倒是困难的事,除非在观念日益趋同的现代社会。而现代社会,如其概念本身所显示的,本来就可以视为一个大的社会。所以,对于一个敏于观察的古代人来说,只要走得够远,见得够多,很快就能发现这一事实。这也就无怪乎波斯王大流士成为史书记载的第一个发现者了,因为正是他,第一次建立了地跨欧亚非三洲的大帝国。

不同社会具有不同的道德规范,每一社会中的成员按自己社会所认可的规范行动和评判同一社会中的其他成员,道德的相对性的客观事实,并不会给他

---

[1] [美]彼彻姆:《哲学的伦理学:道德哲学引论》,雷克勒等译,北京:中国社会科学出版社,1990年,第61页。

们以及他们的社会造成多少困扰。但是如果两个社会融合,一个或一群人进入另一个社会,社会中某一个或某一群人在道德观念和伦理生活中"另立门户",总之,当分享共同社会生活的人不再认同共同的伦理规范时,道德相对主义问题出现了。

而问题一旦出现,就无法再回到问题出现之前的状态,换言之,道德相对主义的问题必须得到解决,因为道德相对主义的逻辑终点是取消道德,而其现实影响,是道德冲突。

道德相对主义认为,道德的有效性是相对于其接受者而言的,不论是个人还是社会①。但是现实中的个人或社会都处在时间的流变之中,其道德观念并非一成不变。一个人,或一个群体,完全可以在 T1 时段持有一种观念,从而对应一种行为选择,而到了 T2 时段,持有另一种观念,从而对应另一种行为选择。原则上,道德相对主义允许一个人或群体根据喜好或需要随时变换自己的道德立场②,那么,按照他或他们每个时期坚持的信仰所做的行为,永远是道德上正确的,而这样一来,我们就根本无从去评判他们的行为选择,道德判断于是彻底失效了③。

道德相对主义的麻烦还在于,对于持相对主义的群体来说,如果一个人同时属于某些群体,而每一群体的道德标准不尽相同,这时他应该如何选择呢?

如果社会封闭静止,没有人口迁徙流动,没有社会整合重组,也没有观念的群际传播,每个人都固守在自己的社群中,道德的相对性就不大可能成为一种现实困扰。满足这些条件的社会并不少,但如果这些条件没有齐备,道德的相

---

① 也有人认为相对于文化或传统或信仰,但是显然,文化或传统或信仰都有其承载者或信仰者,其行为表现,依然通过人来完成。
② 避免这种出现这种尴尬的良策,是规定个体或群体行为者在道德上一以贯之,也就是说,你可以和我不一样,但是你总应该和你自己保持一致。问题在于,相对主义者似乎找不出充分的理由去禁止他人在道德观念上的改变。
③ 引用彼彻姆举出的一个例子,"如果某群体或某个人坚定地相信,在二战开始以前他必须反对一切战争,而在二战爆发后又转变了信仰,愿意承担战争责任,那么,能够断言,一个道德观念在一种时候是正确的;而另一个道德观念在另一个时候也是正确的呢?"([美]彼彻姆:《哲学的伦理学:道德哲学引论》,第 61 页。)

对性就会呈现在人们面前。总之,别样的道德以及别样的生活方式的现实或想象,对人们既定的道德信念,势必构成一种挑战。道德相对主义是共同生活的对头,它破坏既有的共同生活,阻碍新的共同生活的形成。在需要共同生活的地方,道德相对主义就成了祸端①。

历史之中反复上演的族群兼并、帝国征服和宗教扩张,都同时伴随着道德体系的冲突,而其"解决"之道,并不是通过思辨、讨论、说服,而多是靠武力压服,靠一方强迫另一方接受自己的生活方式和价值观念。道德观念的传播和更替,依靠的却不是道德和观念的力量,这是人类的可悲之处。让我们略感欣慰并且怀有期待的是,人类的暴力和残忍不是增多,而是越来越少了。就人类整体而言,道德意识是在进步,而非相反②。人心不古,只是一个想象,或先验的设定,而非历史事实,因为那个古本身,实在并不美妙,不论是孔子的古,还是卢梭的古,都是如此。道德和文明一道在进化中,而非退化中。历史上的许多常态,在今天却是无论如何也不可能被接受的。比如,我们不能接受以强制的方式解决道德相对主义问题,而只能通过感召、示范、教化、说理等方式。总之,人们似乎越来越倾向于把道德相对性问题交给时间来解决,即通过共同生活中的当事者的自主选择来解决这一问题。

但是时间并不能解决一切问题,而且许多事也等不及时间来解决。哲学讨论仍是必要的,正如思考对于行动是必要的一样。相对主义之路不通,我们不得不转向普遍主义,但是普遍是什么意思,如何判定、如何选择,尚需做一番考察。

时下关于普遍的价值观念的讨论,其实特指关于道德观念、道德价值的讨论,与自然价值和审美价值问题无关。讨论围绕普遍的价值观念的涵义、是否存在普遍的价值观念、如果存在它们应该是什么等问题展开。如所有道德哲学

---

① 道德相对主义当然并非一无是处,它是社会和思维发展到一定阶段才会出现的观念。对于旧道德,它是危机,对于新道德,它是契机。它逼使人们反思自己的道德,重新确定道德基础和道德原则。比如,我们可以说,如果没有之前的礼崩乐坏,就不会有孔子对周礼的重述。
② 参见[美]斯蒂芬·平克:《人性中的善良天使》,安雯译,北京:中信出版社,2015年。

问题一样,这一问题自然也有其实践方面的意义,但并没有人们通常所期望的那么大,因为某一道德观念,即使被证明具有普遍价值,也可以因应用的条件不具备而被排斥在外;另一方面,某一道德观念,即使不具有普遍价值,却可能适合在我们的社会推行。因此,普遍的价值观念问题,首先和最主要的,是一个引发我们理论兴趣的元伦理的问题。

价值观念当然就是关于价值的观念,即关于有价值的是什么以及某对象是否有价值等问题的看法和取向;而在道德问题上的价值观念指的是关于具有道德价值的是什么以及某种道德观念、道德规范或道德行为是否有道德价值等问题的看法和取向。这里道德价值就是道德上的肯定性,有些观念比如男尊女卑虽属道德观念,但在今天不能获得道德上的肯定,因此并无道德价值。考察道德上的价值观念是否具有普遍性,其实就是在考察道德观念是否具有普遍性。任何一个道德观念都表达了一项道德要求,同时也都可外化为与之相应的道德规范,因此,道德观念、道德要求和道德规范在本文一些行文中可互换使用。

关于普遍的价值观念虽然讨论众多,所指向的问题也明确,却没有一个确定、统一的定义,分歧主要在于对"普遍"的理解。一种观点认为普遍的价值观念就是普遍认同、普遍认可或普遍存在的价值观念,但这样一来,由于是否普遍认可或普遍存在是可现实测量的状态,这一问题就变成了一个可实证的经验问题,而非哲学问题,是哲学应该从中退出而交由社会学或统计学来操作的有确定答案的问题。但普遍的价值观念在事实上是否存在显然不是人们在这里关注的要点,他们真正关注的其实是,是否"应该"有普遍的价值观念。

在"普遍"问题上的另一种观点认为,普遍指的不是普遍认可,而是普遍适用,肯定普遍的价值观念即在价值观念问题上持普遍主义,而"普遍主义是指这样一种立场:某种知识、世界观或价值观,普遍适用于全人类或大多数人类社会"①。这种观点把价值观念的普遍性解释为价值观念的普遍适用性,赋予"普遍"更明确的意义,同时也避免了以"普遍认同"解释普遍所带来的问题。但困

---

① 赵敦华:"为普遍主义辩护",载于《学术月刊》2007年第5期,第34—41页。

难在于,适用是什么意思?如何衡量是否适用?赵敦华教授对此解释说,"一种价值观或知识有没有普适性,与其说是一个理论问题,不如说是一个实践问题。所谓实践问题,是说普适性是在实践中实现了的事实……一种价值观或知识,如果能够改善任何相信它的人的生活和环境,并能够持续地适应被改变了的环境,那么这种价值观或知识就可以被看作是普适的"。而且,"重要的是要认识到,普遍主义并不是一种已经完成了的东西,而是需要我们去建构,去创造,去在历史中努力实现的东西"①。如果我没有理解错的话,赵敦华教授的意思是:是否存在普适的价值观(这里不讨论知识问题)要依据既定的事实来做判断;现在没有普适的价值观并不表示将来也不可能有,我们可以去建构、创造它们,等建构出来以后,我们就可以根据这既定的事实来判断;普遍适用的意思是每一个奉行这一观念的人都能从中获益。对普遍主义的这种解释有浓厚的实用主义色彩,但是,用效果("改善任何相信它的人的生活和环境")来检验知识犹可,价值观念如何检验呢?改善的标准是什么?我们知道,道德用来调节人际之间的关系,尤其是利益关系,使一方受益的道德观念上的变化往往会使另一方受损,如此,怎么可能有使每一个相信它的人都获益的道德观念呢?何况,我们之所以遵守道德观念,首先是因为它是道德观念,而不是因为它能使我们获益。此外,我们讨论普遍的价值观念,就是想要确定它们是否存在,它们是否应该存在,应该如何行动才能使它们存在。只有首先解决这些理论上的问题,才可能在实践中去建构、去创造它们,而不是先去建构和创造,然后根据建构和创造出的事实来判定普适的价值观是否存在。

确定价值观念的"普遍性"的涵义,方便的、行之有效的方法是首先找到一种一般认为具有普遍性的观念,然后通过参照、比照后者的普遍性的标准,把与普遍性不相关的因素或对普遍性的过度要求排除出去,使价值观的普遍性的涵义逐渐清晰起来。

在所有的观念中,数学和科学的观念系统被认为最具普遍性,数学和科学

---

① 赵敦华:"为普遍主义辩护",载于《学术月刊》2007年第5期,第34—41页。

理论不因人而异,它超越民族、国家、语言、文化等因素而呈现出一种绝对性。认识论上的相对主义和科学哲学中的范式理论以及后现代理论等都对科学理论的普遍性提出质疑,不过首先这些理论本身并不完全站得住脚,它们挑战科学的效力值得怀疑;其次,这些理论都免不了一种悖论处境,它们反对普遍的绝对的理论,但它们却只能把自身视为普遍的绝对的观点,否则便无法超出生成它们自身的概念图式(conceptual scheme)去评判其他理论。认识论上的极端的相对主义是自我否证(self-refutation)的,而温和的相对主义承认普遍性、客观性的原则或观念的存在①。而且,我们知道,虽然某些相对主义者否认科学理论的普遍性,但极少有人对逻辑和数学的普遍性有所怀疑。所以,可以肯定地说,的确存在具有普遍性的理论或观念。

那么,数学和科学理论的普遍性是什么呢?这种普遍性显然不是来自人们的普遍接受、普遍认可。一般而言,只有对某观念或某理论有一定的理解才谈得上是否接受它。现代数学和科学理论已经非常专业化,必须经过长期的专门训练才能理解,我们甚至可以说,多数的数学和科学理论存在于多数人的思想之外,尽管实际上每一个人都受到它们的影响。也就是说,数学和科学理论不是被所有的人或大多数人所接受,而只是被很少一部分人接受,尽管如此,我们并不因此认为数学和科学理论丧失了普遍性。这里或许有人会质疑接受以理解为前提的说法,认为可以存在不理解而接受的情况。"理解"和"接受"之间可以做一番细致的辨析,不过这里暂且承认这种质疑有道理,即便如此,数学和科学理论依然不是普遍被接受的,因为不论是在现代社会之中还是在现代社会以外,比如生活于亚马逊丛林或非洲荒原的部落,都有数量不菲的一批人不仅不理解,而且甚至根本就没有听闻过数学和科学理论,同时还有那些虽然听闻过但拒不接受它们的人。而且,即使有一天这些人全部消失,我们也可以合乎逻辑地设想,某一个具有强大号召力的人掀起一场声势浩大的反智运动,否认数学和科学理论的可接受性,一时之间应者云集,这样我们真的相信数学和科学

---

① 参见斯坦福哲学百科, Moral Relativism 词条, https://plato.standford.edu/entries/moral-relativis。

理论的普遍性因此而被颠覆了吗？到这里，坚持普遍性来自普遍接受的人会辩解说，不能把普遍接受理解为事实上的普遍接受，而应理解为"应该"普遍接受——所有那些理性的、充分了解的人都会普遍接受的理论就是具有普遍性的理论。这种说法与科学史的事实不符①，而且这种说法其实已经把目光从理论的外在接受者转向了理论本身的内在性质。

一切观念、思想、理论都是在历史中产生的，都经历过从无到有的过程，而且也一定是首先由身处某种社会、文化处境中的某一个人或某一些人提出或信奉的。如果因为观念、理论有生成的时空坐标点而否认它们的普遍性，那么数学和科学理论必定也在被否认之列。就科学而言，某一理论不仅是在历史中生成，而且还会在历史中有所变化，这被认为是科学理论的发展。

对许多人来说，在日常语言中，"科学的"和"正确的"是同义词，"科学理论"等同于"正确的理论"或"真理"。当然，我们知道，科学的并不就是正确的，但我们会习惯性地把它们联系在一起，并且会继续推想，科学理论的普遍性来自它的正确性或真理性。这样的设想得到下面的思路的支持：科学揭示的是自然法则，而自然法则所在皆同，是普遍的，因此，揭示出自然法则的科学理论（即正确的科学理论）具有普遍性。这里，自然法则的普遍性指的其实也就是自然法则的独立性——其运行或起作用不受社会、文化等人为因素的影响，与某处是否有人无关，与人们对它们服从与否也无关。但是自然法则的普遍性并不就是科学理论的普遍性②，自然法则可以独立于社会、文化因素而"运行"，科学理论怎么可能"运行"呢？即使我们偏要说科学理论"运行"，其运行的方式也必定不同于自然法则。科学理论是对自然法则的解释、描述，揭示自然法则的科学理

---

① 科学中的某一理论，即使后来证明为正确的理论，也会在当时及随后受到同行的质疑。没有理由怀疑质疑者的"理性"和对该理论的"充分了解"，除非把"充分了解"理解成完全接受该理论，但这样一来，就成了"接受该理论的人会接受它"。

② 当然，同为普遍性，必须同样具有超越语言、民族、文化、国家等因素的特征，否则不能满足"普遍性"的语义要求，也就不具有"普遍性"。但同样具有上述的普遍性特征的两种事物，它们获得普遍性的原因却可以是不同的，这就是这里"自然法则的普遍性并不就是科学理论的普遍性"要表达的意思。

论是正确地解释、描述出自然法则的理论①,所以科学理论的普遍性只能是解释、描述的普遍性②,而所谓解释、描述的普遍性说的是科学理论对自然法则(和自然现象)的解释、描述不因人而异,不因社会、文化而异,就是说,站在解释者的角度,不论解释的对象发生在何种社会、文化处境中,他的理论都不会有所不同③,也不因听解释的对象身处何种社会、文化背景而有所改变。当然,解释的方式可以改变,但解释的理论的内容不会改变。

如果科学理论的普遍性来自解释、描述(或许还可以加上预测)的独立性,那么这种普遍性和理论是否正确没有关联。仍以自由落体运动为例,今天被证明为正确的自由落体定律当然是普遍的,已经被证明为错误的亚里士多德关于自由落体的理论同样也是普遍的;二者有对错之别,但没有普遍与非普遍之别。把普遍性和正确性区分开,也使我们避免了一种看来十分荒诞的处境:昨天我们坚信某一理论,因而认为它有普遍性,但现在它被证明错了,它因而失去普遍性变成非普遍的了吗?如果是非普遍的,那么它在哪一特殊领域依然保持其解释的有效性呢?

对科学理论而言,普遍性不是来自其正确性,普遍性是更为基本的要求,正确性在普遍性之上和之后。我们常说的理论"放之四海皆准",这理论就满足了两种要求:首先能够"放之四海",即具有解释、描述、预测的普遍性,然后才有"皆准"。至于如何皆准,这就要看解释者或检验者所持的真理标准了,一般来说,一个理论被判定为真,总是要满足自身逻辑一致、与已有理论相融贯以及预

---

① 显然,这里采用了实在论和符合论立场,即认为存在独立于我们认知的客观的事态,理论正确与否看它是否符合它要描述的事态。我们知道,不论是实在论还是符合论,在哲学上都不乏质疑和挑战,不过这里即使不采用实在论和符合论,而采用非实在论和其他真理观,接下来的论述依然成立。
② 因为来自解释的对象(自然法则)的普遍性的可能性已经被排除。
③ 以自由落体定律为例,不论物体是在中国还是西方还是阿拉伯世界或其他什么地方自由坠落,也不论是中国人还是美国人还是阿拉伯人或其他什么人自由坠落,在解释者看来,都可以用 $S=1/2gt^2$ 来解释、描述。这种说法听起来有些怪异,因为我们已经把科学理论的独立性视为当然。需要说明的是,文中"站在解释者的角度"中的解释者,并不必须是理论的首创者,而可以是理论的接受者或检验者。

测准确等要求。

道德观念、道德价值学说是关于规范、关于"应该"的观念或学说。道德观念、道德价值学说的普遍性不可能是解释、描述的普遍性而只能是规范、"应该"的普遍性,因为它们不负有解释、描述的任务而只表达规范的要求。如上所述,科学理论的普遍性是从解释者角度而言的普遍性,同理,道德观念的普遍性也应该是从"规范者"角度而言的普遍性,即在观念或学说的提出者、持有者看来,他的观念或学说不因社会、文化而异,可以或必须成为所有社会以及其中每一个人都接受、奉行的观念或学说。显然,这种普遍性同样不依赖于观念或学说在现实状态或未来状态中是否被普遍接受。

根据对道德和价值观念的普遍性的这种理解,不论是自由主义还是儒家伦理,也不论是功利主义还是康德的伦理学或历史上的斯多亚主义、犬儒主义等,它们所提供的都是具有普遍性的道德观念或价值学说,因此有资格成为我们改进道德、变更价值观念的备选方案。古典时期的斯多亚主义、犬儒主义和现代时期的功利主义、康德伦理学,这些学说的共同特点是预设一个自主的行为者,并为行为者配备一条行为原则,而无论是行为者还是行为原则都独立于社会和历史因素而呈现出超文化的特征,这样的学说所要求的原则和所推崇的价值观念的普遍性似乎还比较容易理解,而像儒家伦理这样具有鲜明的文化特征的学说怎么可能提供具有普遍性的价值观念呢?只要回到儒家理论和孔、孟的初衷,这其实也不难理解。在孔子那里,不论是忠恕之道,还是仁、智、勇的德性要求,都不只是针对某一国家某一阶层的要求,而是(或可以是)对所有社会中的每一个人的要求[①];而在孟子那里,当他雄辩滔滔地论述"恻隐之心,人皆有之"或"人之异于禽兽者几希"时,他所指的显然不只是邹国人,或周人,而是普天之下所有的人。同样,当王阳明讲到"无善无恶心之体,有善有恶意之动"时,他说的也决不只是明朝人的心、意,否则就低估了他们作为一代哲人的抱负。那种

---

① 这些要求本来是针对所有的人还是只针对当时社会中的政治、知识精英,历来存在争议,不过,即使是后者,也不妨碍今天儒家学说的解释者、继承者把它们扩展为对所有人的要求。事实上,倡导儒家学说的人也正是这样理解的。

因儒家伦理行于中国而认为儒家伦理不具有普遍性的说法,是不成立的①。

非普遍的价值观念显然也是存在的,而且为数不少,否则也就不会有关于价值观念的普遍主义和非普遍主义的讨论了。非普遍的价值观念主要来自那些在生活中发挥影响但未上升到理论层面的伦理系统,比如在过去某一部族或现在某一行业、某一宗派中流行的价值观念。一般而言,反思性的伦理理论所提供或支持的价值观念,都会具有普遍性,因为普遍性是伦理理论的基本要求②。但是有些上升到理论层面的伦理系统,比如犹太教伦理,所提供的价值观念同样不具有普遍性。

对于科学理论,我们不只要求它有普遍性,而且要求它有正确性。形形色色、互相竞争的普遍的科学理论不会使我们心满意足,而只会令人心神不安,直到从中筛选出符合正确标准的理论为止。对于普遍的道德观念和价值理论,我们也必欲找出我们认为最恰当、最"应该"的那一种而后快,因为只具有普遍性尚不足以规范、引导我们的行为和生活。

很早以前的旅行家和后来的人类学家发现,不同民族、不同社会的风尚习俗、行为表现虽然各异,却共有一些基本的行为规范和道德观念。麦金太尔认为,这或是出于逻辑的必然,或是出于因果的必然,而不是经验性的巧合。像"讲真话"(或诚实)这种出于逻辑必然性的要求(或德性),"任何一个团体,如果缺乏它们,就不在社会这一概念之内"③。因为只有拥有一种语言才可能被看作人类社会,而语言如果能传达思想,必须以说真话为前提——讲话者说出的是他真实的想法,否则,如果每个人说出的话和他的真实想法无关,那么语言就不能传达任何思想,语言也就不成其为语言,而该群体也因此不能被认作人类社会。麦金太尔当然不会否认说谎的存在,但说谎只能是个别的行为,而讲真话却是社会接受的普遍规则,因为"说谎本身也只有在假定人们期待有人对他

---

① 比如,俞宣孟在"论普遍性"一文中即持此看法。载于《复旦学报》2004年第5期。
② 赵敦华:"关于普遍伦理的可能性条件的元伦理学考察",载于《北京大学学报》2000年第4期;同时可参见翟振明:"为何全球伦理不是普遍伦理",载于《世界哲学》2003年第3期。
③ [英]麦金太尔:《伦理学简史》,商务印书馆2003年,第116页。

们讲真话的条件下才有可能。在没有这种期望的地方,欺骗的可能性也就消失了"①。

另外一些德性(或要求)像勇敢、正义、节制等,"虽然不具有逻辑上的必然性",却是人类生活所必须的,因此在任何社会都被认为有价值②。休谟对作为原则和德性的正义也有同样的论述。在休谟看来,只要人性的基本组成(有限的同情心)和人的生存处境(有限的资源)不变,正义就是必须的规范③。

麦金太尔所说的出于逻辑必然性和因果必然性的规范不仅具有像自由主义学说和儒家伦理一样的普遍性,而且为每一个人类共同体事实上所接受和遵守,否则一个共同体或是根本不可能存在,或是不可能继续。人类事实上有而且必然有共享的规范和价值观念,这一点常被道德相对主义有意无意地忽略。出于逻辑必然性和因果必然性的规范必定出现于每一个人类共同体,但重复出现于每一个人类共同体的观念未必一定具有逻辑或因果的必然性,比如男女不平等的观念。

人类学家的工作以及麦金太尔们的论证卓有成效,但并没有解决我们现在面对的问题。人类学家和麦金太尔只是告诉我们确实有人类共享的规范和价值观念,而我们现在面对的问题是如何从普遍性的价值观念中选出最恰当的那一个,或如何判断某一观念是否应该被"普遍接受"④。这一类观念显然不同于出于必然性的观念,因为出于必然性的观念必定事实上已经是被普遍接受和遵守的了,而这一类观念却需要我们根据自己的判断选择接受还是拒绝。问题在

---

① [英]麦金太尔:《伦理学简史》,商务印书馆2003年,第116页。康德关于借贷的例子与麦金太尔这里的论证异曲同工:借贷必定以决意归还为前提,否则借贷本身就不可能成立。因此,在康德看来,在任何社会,欠债还钱都是社会必须确立的规则,除非这个社会根本就没有"借"。
② 同上书。在该书第139页,麦金太尔重新回到这一主题并给出意思相同的论述。麦金太尔承认在共享的规范以外,"天平的另一端的德性或多或少地带有随意性,它们属于特殊而偶然的社会方式"。仅就此处的论述而论,在道德的相对主义和客观主义争论中,麦金太尔应该属于"混合立场"(mixed position)。这种立场认为,既存在为每一人类共同体所遵守的规范,又存在专属于各共同体的特殊的行为规范。
③ [英]休谟:《道德原则研究》,第35页。
④ 道德规范以及与它对应的价值观念被"普遍接受",指的当然不是它们被每一个人接受,而是被每一个共同体所接受和奉行,因此这里的"普遍"指的是每一个共同体而不是每一个人。

于,我们根据什么来选择? 我们一定要选择吗?

在选定某一科学理论为真时,除了要求理论本身逻辑一致,另一个重要的考虑是它必须与已被接受为真的理论(当然是同一范式之内的其他理论)不矛盾。一个新的道德观念,却不可能在不与已有观念相冲突、相竞争的情况下被接受,因为所谓新观念必定是对已有的某种观念的更新、修正①,而不可能只是已有观念的延伸,否则就谈不上是新的观念了。但在理论层面,新观念必定不能与那些出于必然性的观念冲突,也就是说,在不考虑具体的道德实践的情况下,单就新观念与任意一个出于必然性的观念而论,它们不能成为逻辑上的矛盾的概念,否则接受这样一种观念就会动摇共同体的生存或延续,进而会造成这观念的自我解体——它引导的共同体已经不在了,这观念也就失去了它的信奉者和作用对象。以男女平等观念为例,我们看到,这一观念诞生之初,与已有的男尊女卑等观念冲突,但与诚实、正义等出于必然性的道德要求不冲突,只有如此,它才有被我们接受的可能。需要注意的是,新的观念与必然性观念不相冲突,指的是它们在前述特别强调的在理论层面的不相冲突,因为在具体的道德实践中,包括必然性观念在内,任何两个其中一个不能还原为另一个的原则或观念,都可能构成无法两全的、对立的关系,使我们陷入所谓道德困境之中②。

不与必然性观念相冲突,这只是对新观念的限制性的要求,这一标准尚不足以帮助我们确定应该接受哪一种新观念。在所有满足限制性要求的新观念中,那些能够体现道德的精神、表达道德的内在要求的观念,具有特别打动人心的力量,吸引或推动着我们将其转化为一个社会的道德共识。道德的精神指的

---

① 新的科学理论却不必如此,它可以是同一理论框架下关于新问题、新领域的理论。
② 我们能够接受会造成道德困境的两种观念,却不能容忍在理论层面即与必然性观念相冲突的观念,原因在于两种情况对道德生活的影响不同:道德困境无论数量多少,毕竟不会是生活的常态,不会对生活产生根本性的影响;而理论层面即互相冲突的两种观念,它们所造成的困境却可以成为生活常态,这会使我们无所适从。对于同一个行为者,持有对立的观念或规范其结果和没有规范可遵循是一样的。就道德困境来说,除非把现有的道德原则缩减为单独一项,就像古典功利主义或利己主义一样,否则根本无从避免道德困境的出现。

是贯穿于所有道德要求的基本精神,或所有道德要求的共同倾向。这是可经验地确定的一种倾向:把一个社会的道德律令集列在一起,经过分析、归纳,去掉衍生性的律令,找出那些无法继续还原的基本原则,然后再从中发现它们的共同倾向。或者也可以通过分析日常语言中我们对"道德"一词的使用来确定道德的精神①。实际上,许多人认为,被中、西文化视为道德导师的孔子和耶稣对道德的基本精神早已有清晰准确的表述。孔子将其概括为"己欲立而立人,己欲达而达人"和"己所不欲,勿施于人"的忠恕之道;而耶稣则将其归纳为"你愿意别人怎样待你,你就要怎样待别人"和"爱人如己"。这些律令要求行为者平等、仁爱地对待他人,尊重他人的人格,关注他人的幸福。同情、仁爱或恻隐之心等基本的道德情感是这些律令的内在动力,而这些律令则是道德情感的直接表达。

任何既满足限制性要求又符合道德精神的价值观念,都是向我们提出的道德要求。包括物质因素在内的许多限制条件决定着一个社会的道德水平,决定着一项道德要求能否得到回应。比如我们不能设想在农业时代建成福利社会,更不能设想在孔子时代实现教育平等。但从道德的角度来看,这些都是对我们的要求,是我们应该创造条件尽力去实现的理想。如果其他条件都已齐备,只因我们的私欲或我们努力不够而无法实现某种道德理想,我们应该接受道德的谴责并为此感到羞愧。道德的要求是否必须去完成,这取决于我们如何理解道德,如果像康德那样把道德的要求看作绝对命令,那么我们别无选择。

新的价值观念的引入会遭遇种种阻力。人们会以新观念与原有价值观念体系不相容为由而从理论上拒斥它。这理由貌似有理,其实并不成立,因为现

---

① 确定道德的精神的这两种方法,都是通过经验归纳来进行的,这不免招致人们对其结论的普遍性的怀疑:基于对道德律令或"道德"一词的用法的有限归纳,是否能够概括出道德的精神,有没有可能存在另外一种与我们经验中的道德全然不同的道德,因而存在一种与我们所归纳出的道德精神全然不同的道德精神?这种怀疑是不必要的,因为我们只能以自己语言中"道德"一词的涵义为基础来识别另外一个共同体或另外一种语言中的道德是什么。就此而言,一种与我们的"道德"涵义完全不同的道德是不存在的,因为即使真有那么一种东西,我们也不会把它称为"道德"。

实中的价值观念本来就是多元的,但这并没有妨碍我们接受价值观念的指导。在分析现代西方多元价值观念的形成时,麦金太尔似乎认为古希腊和基督教传统各有一套一元的价值观念体系,但这明显与实际情况不符。一元的价值观念体系只存在于像快乐主义或功利主义等这类哲学构造中。实际上,任何现实中的价值观念体系都可以通过对内部做出调整而接受一项新的价值观念(不与必然观念相冲突的观念),价值观念体系的弹性远远大于科学理论的弹性。

价值观念的引入必然带来利益的调整,而利益调整就会产生利益相关方,从这之中又会分别形成推动和阻碍观念变革的现实力量。一个人的价值取向和利益并不总是一致的,否则道德就退化成了利益,价值观念的演进就转变成了利益的博弈。实际上,我们有理由对价值观念的进步持乐观态度,因为符合道德精神的价值观念,除了能得到将从观念中获益的一方的支持,还能得到对方阵营中那些在道德感召下放弃自己利益的人们的支持,而这种道德感召力正是与之相反的价值观念所欠缺的。

13　如何进行道德评价

道德是律己律他。律,是约束、规范、要求。这种约束和规范,是通过道德评价——自我评价和对他人的评价——实现的。如前文所述,作为社会性动物,我们天然地在意别人对我们的态度,别人的态度深刻影响我们的心情和行为。而作为具有自我意识的生物,我们也在意自己对自己的评价。内疚、自得、自足、骄傲,这些对我们的道德和幸福影响甚大的情感,都来自自我评价。道德的作用机制,正是通过道德评价完成的。道德评价如此重要,如何进行道德评价因此也十分重要。

根据社会生物学理论,道德必定是在相当发达的意识水平上才可能的。人类以外的社会性的动物群体内部也有约束成员行为的规则,但规则的存在不等于道德的存在,因为所有这些社会性的动物,其行为表现可统一归入基因保存和繁衍的解释模式。动物的行为是按照最利于动物自身基因传播的统计学规律进行的,这种在自然选择中胜出的行为模式虽然具有高度的合理性,但从未超出基因自身的"自私"的"目的"[①],因此动物行为的合理性不过是其行为的高度合目的性。与一般动物不同,人是一种具有自觉意识的动物,不仅生活在自然世界中,同时也生活在观念世界之中——人们接受和产生观念并且通过观念的引导而生活。任何否认观念在人类生存中的重要作用的观点都只能把人类降低到动物生存的水平[②]。人类生存的这一观念性特征为道德的存在提供了可能,因为就其实质而言,道德本来就是一种观念的力量[③]。

作为一种观念的力量,道德的约束和激励机制与同为行为规范的法律颇有不同。或许好的法律确实应像一些哲学家所认为的那样是建立在道德的基础上并与道德保持一致的,但不管什么样的法律,一旦建立起来,它所赖以行使其约束作用的力量一定来自确定的权力机构。法律有执行其意志的独立机构,因此原则上法律并不一定需要在它规范之下的个体具有遵守法律的自觉意识,否则像孔子"民可使由之,不可使知之"这一类说法就不仅仅是立场保守或错误,而根本是荒谬了。与法律不同,道德没有可以凭借的独立的权力机构执行其要求,它所依靠的是每一理智健全的个体的自觉——自觉地律己和主动地律他。这样看来,虽然没有固定、集中的权力机构,但道德却聚集起了千千万万人的力量为其服务。因此在道德和法律之间,很难说哪一个的约束力量更大。

道德依赖于每一个体自觉地律己和律他,而不论是律己还是律他,道德评价在其中都起着至关重要的作用。这不仅因为道德本身既是规范的体系(指向未完成的行为,比如"不可杀人"或"你应该舍己救人")又是评价的体系(指向已

[①] 显然这里的"目的"指的是行为的效果。自然选择并没有赋予基因以意识,但自然选择又使得基因表现出强烈的"自私"性和"目的"性。

[②] 参见陈嘉映:"生物社会学与道德问题",《浙江学刊》2004年第5期,第50—59页。

[③] 说道德是观念的力量可以有两层意义。首先,观念的力量不同于物质性的力量;其次,观念的力量不同于强制性的力量。在前一种意义上,道德不同于自然因果关系的约束;在后一种意义上,道德不同于法律等强制性的约束。

完成的行为,比如"他理应如此"或"他是个好人"),更因为在道德观念的获得、确立和实施中,道德评价担负着观念传递的现实功能。从道德心理的发展轨迹来看,儿童从对道德观念的无知到有知,从受奖励和惩罚等外在因素的约束到受道德观念的内在约束,其发展转换都离不开在家庭和学校中反复进行的道德评价:家长和教师通过对现实中儿童及其伙伴的行为表现的评价和对故事中人物的行为表现的评价,帮助儿童将社会的伦理要求内化为个人的道德信念。在个人的道德发展中,道德信念确立以后,道德评价并没有就此退隐,实际上,它是伴随人终生的道德活动:个人通过自我的道德评价不断修正自己的行为,接近自己所设立的道德理想,并从中获得道德上的满足。尽管不是所有的人都能发展到这一境界,但对于一次真正完整的生命历程,由自我道德评价而来的实现感、满足感无疑是不可或缺的,因为它是幸福的一个组成部分[①]。

　　道德评价在律他中的作用更为明显。我们有多种方式改变他人的行为,有求助于公共权力的政治方式,有直接诉诸利益的经济方式,也有诱之以天堂、恫之以地狱的宗教禁忌方式。但道德的方式却是通过改变他人的观念——对行为的理由的强化或质疑——来改变其行为,其实现的手段是劝导(限于亲密关系之间)和评价[②]。人们常说道德离不开社会舆论的力量,而所谓社会舆论就是由社会中每一成员对他人的道德期许和道德评价汇集而成的。道德评价之所以有改变我们的观念的力量,是因为社会性的本能使我们天生就特别在意别人的评价[③]。罗素甚至用"舆论万能"来肯定舆论的

[①] 参看陈嘉映:《何为良好生活:行之于途而应于心》,上海:上海文艺出版社,2015年,第211页。
[②] 就选择的手段的性质来看,道德无疑最大程度地体现了对他人主体性的尊重。不过现实中常有政治、经济、宗教等许多其他因素渗透到道德手段中来。因此在经验中,行为主体的道德的考虑很难与审慎的考虑清晰区分开来。实际上,人类行为中相当大一部分合乎道德要求的行为可以还原为行为者为自己的长远利益而做出的审慎的选择。正是出于这一原因,康德区分了"合乎道德"和"出于道德"两个概念,并对在经验中发现纯粹的道德行为几乎不抱希望。
[③] 这里当然并不排除这样的情况,即因其在将来的交往中会影响到我的利益而使我不能不重视他人的评价,比如,当我被某一个人或群体评价为一个好人的时候,意味着将来我和(转下页)

力量①。

除对他人行为的"规约"以外,通过道德评价,陈述者强化了社会或他本人的道德标准,抒发了自己的道德情感。一些伦理传统为促发道德自省或为息事宁人,有诸如"不可论断他人"之类的诫命,从道德评价所担负的功能来看,这样的诫命并不利于整个社会道德的维持和提升。

尽管道德评价在道德生活中占据如此重要的地位,但人们对于道德评价的标准应该是什么却历来意见分歧。这种分歧以前几乎只存在于共同体与共同体之间,比如希腊的不同城邦之间或华夏文明与其他民族的文明之间,但现在却已经蔓延到了共同体内部。麦金太尔认为,这是随着现代化的进程而来的,因为现代化进程把各种伦理传统不加分别地汇入到现代社会,构成现代社会中多元伦理并存的局面。在多元伦理的社会,这样的情况并不罕见:为某一伦理标准推崇备至的行为在另一种伦理标准看来却毫无价值甚至具有负面价值。虽然全球伦理的理想美妙诱人,但应该承认,在共同体与共同体之间达成伦理共识目前远不如在共同体内部达成共识那么急迫,因为例如国与国这样的共同体之间的关系,尚未摆脱利益的考虑而达到可以进行道德评价的地步。但在共同体内部,由于道德关系是人与人之间的基本关系,多元伦理的存在对整个道德生活构成威胁。

(接上页)他们的合作机会的增加以及合作成本的降低。但除此之外我们也不能不承认,的确存在着与未来利益无关的评价影响我们的行为选择的情况,比如在一次性的交往中常常发生的情况。应该说,在意他人的评价有其生物学和心理学上的根源,人天生就有根据他人的意见或表现改变自己的倾向,在自然生存中,这能提高个体的生存机率,或许不自觉的从众心理就是出于这一原因。除了生物学和心理学意义上的原因以外,我认为我们在意他人的评价,还与我们首先在意我们对自我的道德评价有密切的关联,因为我们需要借助他人的道德评价来确证我们对自我的道德评价,这可称为认识论上的原因。

① "舆论万能,所有其他形式的权力都导源于它。军队是无用的,除非士兵相信他们为之作战的理由……法律是无力的,除非它受到人们的普遍尊重。经济制度有赖于人们对法律的尊重;例如,假如老百姓不反对伪造货币,试想银行业将会出现什么情形。宗教舆论往往证明自己比国家更有力量。假如一个国家的绝大多数人都赞成社会主义,资本主义必将很难实行。基于上述理由,人们也许会说,舆论是社会事业中的主要权力。"([英]罗素:《走向幸福》,王雨、陈基发编译,北京:中国社会出版社,1997年,第27页。)

伦理的自我中心主义是对多元伦理的最本能反应。所谓伦理自我中心主义,是把自己置身其中的伦理传统绝对化、普遍化,以自己所据有的伦理作为评判一切道德行为的标准。伦理自我中心主义无法对下述事实做出充分合理的解释:为什么恰恰是你而不是他人所接受的伦理传统具有绝对的正当性?你不也是偶然生于这种传统中吗?从逻辑上来看,你是否完全可以生在另外一种与此迥然不同的传统中?与其他传统相比,你所在的传统具有什么样的特征使其优越于其他传统呢?

人们一旦开始上述追问,一旦尝试把他人当作和自己同等的人,把别的传统当作和自己传统同等的传统,道德相对主义就会成为一种自然的反应。道德相对主义可以简单概括为"我对你也对"或"此亦一是非,彼亦一是非"。比起伦理自我中心主义,道德相对主义特别彰显了宽容和平等,是一种进步,但它也有无法克服的弊病。首先,如一切相对主义一样,道德相对主义是自我解体的。道德相对主义似乎在倡导宽容他人的道德观点,但"这一命题带有关于道德正确性的非相对性的全部标志",于是宽容"这一道德许诺无情地导致放弃相对主义"①。其次,道德相对主义最终将迫使我们放弃道德评价进而放弃道德。相对主义认为"一个人应当做社会规定为正确的行为,或他个人相信为正确的行为"②,但它不能回答当个人认定的规范和社会认定的规范发生冲突时应该如何选择以及选择以后如何评价,而且当把时间因素考虑进去,一个人可以在某一时刻相信做某事正确,在另一时刻又可以相信不做某事正确,这样按照相对主义的标准,一个人将永远不会在道德上错误,只要他能够随行为的选择及时改变自己的道德信念。至此,道德相对主义实际上放弃了对他人或自己的行为的评价。

在道德评价问题上道德相对主义的失败告诉我们,必须采用某种绝对的标准才能保留道德评价,但除非有充分的理由或除非别无选择,应该尽量避免采用我们偶然据有的伦理立场。面对如此的两难处境,人们自然会想,我们可否

---

① [美]彼彻姆:《哲学的伦理学:道德哲学引论》,第65页。
② 同上书,第62页。

通过建立一个伦理价值统一的社会解决道德评价问题？多种考虑表明，这样的方案不可行。首先，在以赛亚·伯林、麦金太尔、阿奎那·内格尔和约翰·格雷等多元价值论者看来，彻底解决伦理和价值冲突在原则上是不可能的。其次，即使设定存在这种可能，但在建立统一的价值体系的过程中，首先需要一个对多元价值进行评价的标准，而这又回到了原来的问题。由此看来，不管这一方案是否可行，我们都必须首先确立道德评价的标准。

　　道德评价的对象可以分为行为者、行为者的行为以及行为者所承袭或创制的规范。一种观点认为，行为者和其行为甚至行为的后果是不可分的，行为者根据他预见到的后果选择了行为，行为的动机必然见之于后果，因此可以合理地依据行为后果评价行为者及其行为，这样就实现了道德评价中的效果和动机的统一，于是评价行为者及其行为可以采用同一标准。而如果割裂效果和动机，会造成行事忽视后果的不负责任的倾向。这种兼顾动机和效果的评价方式看起来面面俱到，似乎无懈可击，但其实经不住推敲。不可否认，在动机、行为和行为效果之间有紧密的联系（否则动机就没什么意义而且是永远不可知的），但除非设定动机、行为和行为效果的绝对一致，即设定行为以及行为的效果是动机的直接显现，否则这一标准难以应用①。在经验中不乏好的动机和坏的行为或坏的动机和好的行为的搭配，这是因为一个人要实现其动机必须选择适当的行为，这需要他有完全的信息和对信息的准确判断，但显然不是所有的人都能对此愉快胜任。天下的父母都望子成龙，这是好的动机，但他们教育子女的方式并非无可挑剔，更不用提教育的效果了。我们不是全知全能的上帝，可以随自己的意愿成就任何事。我们的预见能力有限，实现意愿的能力也有限，善良的动机必然受到我们无可逃避的有限性以及他人意志和自然因素的干扰。好的动机如此，坏的动机也如此，否则也就不会有黑格尔的"某些时候恶成为历史发展的动力"的说法了。"兼顾"或"统一"的说法尽管诱人，但不可行，它实际上为道德评价提供了从动机评判和从效果评判的两条原则，而任何其中一条不

---

① 而如果设定了动机和效果的一致，"兼顾"也就失去了意义，因为如果二者一致，则只需根据其一即可做出充分的判断，而无需兼顾二者。

能还原为另一条的两条原则之间必然会发生冲突,设定它们的统一是无济于事的,在逻辑中如此,在经验中也如此。道德评价不得不在行为者及其行为之间做出区分。

由于动机和行为之间的差距,对行为者道德评价的恰当标准应该针对其动机,而非针对其行为或行为的效果,只有这样的评价才是公允且有益的。在这样的标准之下,判断一个人的道德属性就是要看他的行为动机的道德性质,看其行为动机中包含多少道德价值,而所谓道德价值,指的是行为者对他人利益的关注(利他)以及与此相应的对利己本能的克服(抑己)。这是道德的基本精神,广泛出现于各伦理传统的基本要求中,从"己所不欲,勿施于人"到"爱人如己",都是这一基本精神的体现。需要说明的是,这里所谓的"他人",指的是被行为者视为"我自己(或我们自己)"以外的所有当事人,而不是客观意义上某一行为的所有当事人,否则对于那些偏爱一方以至于可以牺牲自我利益但同时却不公正地对待另外一方的人,我们将无从评判。

道德评价的这一标准与康德"唯有善良动机是真正的善"的论断听起来相似,但实际上二者有所不同。康德是从善的来源的角度得出的结论,我们则是从道德评价的角度做出的判断。不过尽管如此,道德评价的这一标准因其对行为者的行为及所奉行的伦理原则的忽略,还是难逃"唯动机论"的诘难。不过不管对此标准如何定位,出于下述情况的考虑,有充分的理由认为,它是对行为者进行道德评价的唯一恰当标准。

道德评价最简单最常见的一种情况是对和我们共享同一伦理标准的人的评价。这里不存在多元伦理的麻烦,我们只要确定行为者是否遵行伦理规则,并确定他遵守或不遵守的原因是什么,即可给出准确的评价。单纯依据行为的性质不能评价行为者,因为行为符合伦理可能是他无意中的符合,可能是被强迫之下的符合,也可能是出于自我利益考虑的符合,所以必须在确定了他"知道那种行为,是经过选择而那样做,并且是因为那行为自身故而选择它的"[①]之

[①] [古希腊]亚里士多德:《尼各马可伦理学》,第42页。

后,才能对行为者给出准确的评价。不符合伦理规则的行为同样也要考察与行为者相关的许多因素,"他可能不知道所有相关的事实,也可能不清楚在这种情况下道德原则所要求的行为是什么;另外,他可能完全误解了自己的责任"①。有人认为动机或意愿是隐藏在他人心灵中的活动,旁观者无法把握,引入这一概念造成了道德评价的不可操作性,不如干脆去掉,直接以行为是否符合伦理标准来评价行为者。对此,我们认为,不考虑行为者动机的道德评价与我们通常所理解的道德评价相去甚远,这样做泛化了道德,把不具有道德属性的行为,比如无意的行为纳入了道德考虑的领域。另外,这样做也不利于鼓励道德品质的培养,在出于善良动机但缺乏实现能力和全然没有善良动机仅凭"道德运气"(moral luck)符合伦理要求的两种行为之间未做适当的区分②,而这里本应该有所区分,因为恰当的道德标准应该对能力之类的非意愿因素不敏感,而对努力之类的意愿因素敏感③。把握他人的行为动机不是一件容易的事,但在实践层面原则上是可以做到的。我们可以通过综合考察行为者身处的环境、之前之后的行为表现等因素推知他的心理动机。认识论上的"他人心灵"难题并没有妨碍我们在现实中揣摩他人的动机,正如哲学上的休谟难题不影响我们在生活中运用因果观念。此外,对于行为者的道德评价本来就是慎重严肃的事,企图根据一两件事或短期的行为表现即对一个人下道德结论未免失之轻率。需要

---

① [美] 弗兰克纳:《伦理学》,第 137 页。
② 动机与行为是否符合伦理规范之间有四种组合:1. 好的动机且行为符合。2. 好的动机但行为不符合。3. 坏的动机但行为符合。4. 坏的动机且行为不符合。文中在 2 和 3 即动机相反且行为相反这两种极端情况之间做出对比,以此说明道德评价不能忽略动机。但如此一来在同为好的动机的 1、2 之间似乎没有做出必要的区分,但在生活中我们其实非常重视行为自身的性质。我认为,生活中的事实与这里提出的道德评价方式不相矛盾,在生活中我们十分注重行为的性质,这是因为我们在意行为的后果,也就是行为的自然价值,而那些符合伦理的行为,一般说来会增加或至少不会恶化全社会的福利。从这一意义来说,1 和 2 之间确实存在相当大的区别,但从道德评价的角度来看,二者的区别并不大,1 与 2 的不同仅仅在于 1 有 B. 威廉斯所说的道德上的运气,行为者幸运地具备了实现自己动机的条件,而 2 中的行为者没有这样的运气。显然能力或运气与行为者的品质无关,属于道德考虑需要排除的成分。我们看到,罗尔斯处理分配正义的思路也是如此。
③ 参见[加]威尔·金里卡:《当代政治哲学》,刘莘译,上海:上海译文出版社,2011 年,第 142 页。

说明的是，从行为表现推知动机进而对行为者做出道德评价不同于既关注动机又关注效果的评价方式，前者依然是评价原则上的"一元论"，这里行为者的行为表现的意义只在于为我们察知动机提供可能，而不是直接用作评价的依据。

对于和我们持有不同伦理观念的行为者，采用上述的道德评价方式更具说服力。以对历史人物的评价为例。我们知道，历史人物虽然不能和我们生活在一起，但对他们的道德评价却不是可有可无、无关紧要的事。对历史人物的评价是道德教育的一个重要组成部分，而且从来就没有与历史割断的民族、国家和社会，在某种意义上我们是生活在历史传统之中，很多时候，对历史事件和历史人物的评价直接影响着今天的生活。克罗齐的"一切历史都是现代史"的说法表达的就是这一思想。显然我们不能搬用自己的伦理标准评价历史人物，这样的话，历史中将很难有合乎道德要求的人，因为一般而言，他们是按照与我们不同的伦理标准而生活的，我们不能要求历史人物奉行我们的伦理。如果因为历史人物所奉行的伦理规则与我们的伦理规则不同而把他们以及他们的行为统一判定为不道德，道德评价在这里就失去了意义。这不会是历史人物的损失，但一定是我们的损失。如果以这种标准评判历史上的人物和行为，每一时代的人都必将被后来时代的人判定为不道德，除非某个时代的人非常幸运地拥有和后来时代同样的伦理标准。这对我们的道德勇气当然是沉重的打击①。那么我们是否可以沿用评价对象所身处的伦理传统中的伦理规则做出评判呢？这种做法之不妥除了没有考虑到上文述及的动机与行为之间的复杂关系，还在于对历史中那些不计个人得失锐意革新当时的道德观念的人缺乏公正的评价，因为按照这种评价方式，这些人不仅违反了社会的主流伦理，而且还成了它的掘墓人，应该属于极不道德的人，这与我们对这些人的通常的评价正好相反。为将这些道德革新人士纳入考虑，一种变通的方式是以他个人接受的伦理而非

---

① 可以相信，曾子的"慎终追远，民德归厚矣"显然是想让每个人自觉地将自己纳入历史长流之中，通过对历史人物的道德仿效，并通过关注后来者对我们的道德评价来提升民德。我们关注身边的人对我们的道德评价，同时也在意我们在后来者眼中的形象。曾子比较早地注意到了这一人性事实。

他所在传统的伦理作为评价标准,但这样一来又会陷入相对主义困境。

一些倡导德性论的学者认为,德性论与只关注行为或行为后果的义务论或目的论不同,它不仅关注行为,而且更加关注行为者的品质,为道德评价提供了最佳视角,因此对行为者的道德评价应该是针对其德性的评价①。德性论反对单纯以行为者的伦理立场评价其人,认为这种把行为者区分为正确和错误两种伦理阵营的评价方式过分简单,没有看到阵营内部以及阵营之间的许多重要差别。比起以伦理立场作为评价标准的方法,德性论是一大进步,但它把评价范围从动机扩大到德性却重蹈了它的批判对象的覆辙。这里德性论者似乎是把德性看作独立自存的品质,但实际上德性是依伦理原则而来的,以德性为标准还是无法对不同伦理传统中的行为者做出公正评价。比如,在中世纪基督教的德性标准之下看雅典公民,或以现代的德性标准要求宋明理学家,结论都不会很美妙。以德性作为评价人的标准的另外一个问题是,德性是长期修养形成的稳定的品质,一般而言,一个人只可能具有一种德性状态,因而对其德性只能有一种评价,而人们在不同的处境中面对不同的问题时常常有不同的道德表现:一个儿女眼中的慈父可以同时是横征暴敛的污吏,一个少年时代的英雄在垂暮之年可以蜕变为懦夫。为使道德评价能够应对这些复杂的情况,我们显然需要跨越时间更短、针对性更强的评价标准。不过德性论对诸如勇敢、节制和公正等组成德性的具体德目的分析富有启发,它使我们在关注动机之外,也注意到实现动机的必要品质。

以动机中所包含的道德价值评价行为者,对此人们自然会担心,这样是否有助长忽视手段选择、忽视行为效果的倾向,而这与道德的目的无疑是相违背的。这种担忧并不必要,因为从效果上来看,"唯动机论"的评价方式不会导致上述后果。就行为者来说,动机是一种持续的推动力量,善良的动机即对好的后果的期望,任何具有善良动机的人必定努力寻求实现它,而不会对行为选择和后果漠不关心。现实中不难区分出真正动机纯正和仅仅宣称自己动机纯正

---

① Greg Pence, *Virtue Theory*, *A Companion to Ethics*, p. 249.

的人,因为只有后者才会漫不经心、不负责任。从这一意义来说,康德认为善良意志是一切道德善的来源的说法是正确的。在动机和效果之间,更主要的是前者而非后者构成了社会的道德基石,促成个人和社会的道德进步。好的动机促使行为者寻求适当的手段,那么是否还需要外在的伦理规则呢?外在的伦理标准依然不失其规范和指导的作用,只是已经不再具有绝对权威:对于好的伦理规范,具有善良动机的人会主动谋求与伦理要求的合拍,听从其指导;对于不合理的伦理规范,具有善良动机的人会主动寻求变革,在此善良动机充当了促使伦理规范转变的推动者。可以说,道德评价的唯动机论最大程度地体现了良心自由的意蕴。因为行为后果的重要性而在对行为者的道德评价中加入对后果的考虑,这是让道德评价背负了本不属于它的负担①。道德评价只是从道德的角度对行为者的评价,它不能取代性格、智慧和能力、功业等其他方面的评价,同样,对行为和规则等的道德评价也不能取代从经济、政治甚至审美等角度的评价。

道德评价的这一观点与伦理学史上那些成熟的道德学说是一致的。亚里士多德、康德等这类注重德性或动机的哲学家自不必说,甚至连十分强调效用在伦理中的作用的休谟也曾明言:"当我们赞美任何行为时,我们只考虑发生行为的那些动机,并把那些行为只认为是心灵和性情中某些原则的标志或表现。""我们的一切德行看来只是由于善良的动机才是有功的,并且只被认为是那些动机的标志……一个善良的动机是使一种行为成为善良的必要条件。"②

需要指出的是,排除伦理立场的道德评价不适用于所有情况。对于那些性质恶劣、超出人类道德底线的行为,"即使受到了强制"甚至"受尽蹂躏而死也不

---

① 此处反对把行为后果计入对行为者的道德评价,不等于反对功利主义的主张,因为功利主义提供了对行为和规则的评价,而不是对行为者的评价,对此穆勒在《功利主义》中曾经明言,"行为的动机与行为的道德性无关,但却与行为者的价值有着极大的关系"。本文并不站在功利主义立场上,但仍可证明,对行为者的唯动机论的评价方式可以符合功利主义增进最大多数人的最大幸福的主张。
② [英]休谟:《人性论》,第517、518页。

能做"①。这些是道德上非黑即白的事,选择服从则在道德上万劫不复,选择抵制则能保住道德上的清白并一跃成为道德英雄。比如,纳粹集中营中的党卫军成员或南京大屠杀中的日本士兵就面临着这样的道德处境。这种例外不能简单看作对我们确定的标准的否定,因为各种伦理传统之间绝非处处相反,而是存在一些基本的共同点,比如"不能伤害无辜",它们体现的道德精神是一致的,否则我们既不能把它们同称为伦理,也无法对生活于其中的人进行评价。这些基本的伦理共同点是所有人都必须遵守的底线。当某个共同体陷入集体的疯狂和自私,它所订立的规范(具备伦理的形式但不具备其基本精神)会超出伦理的底线,违反人类最基本的道德情感。执行这样的规范的人不会因为这是社会规范的要求而获得原谅,因为他做了一件仅凭善良动机就知道是错误的行为。对于这一共同体中的人,我们不可能有任何正面的道德评价,虽然他们之间并不是同等的恶劣。

专注于行为者动机的道德评价没有为行为者指示确定的行为规则,而是给行为者留下了相当广阔的选择空间。虽然它并没有告诉我们如何解决具体的道德问题,但它的确指向了道德问题的解决:只有体现道德价值和道德精神的良好动机才是道德的真正动力,才有望引导人们超越自我利益的束缚达成彼此的和解。

行为者之外,道德评价的另一对象是行为者的行为。相对于行为者,行为表现由于是外在的、确定的,因此比较容易评判。我们以"出于道德"来要求行为者,而以"合乎道德"即合乎伦理规范来要求行为。对行为的评判也可分为两种情况:当行为的实施者和我们共享同一伦理标准时,我们只需依照这一标准对行为做出道德上的肯定或否定即可;当实施者和我们持有不同的标准时,我们既可以依据实施者的标准做出评价,也可以依据我们自己的标准进行评判。选择哪种标准完全依我们的需要而定,但显然我们不能把两种标准之下的不同结论混为一谈。这里为什么不以行为所包含的道德价值,即行为的抑己利他来

---

① [古希腊]亚里士多德:《尼各马可伦理学》,第59页。

评判行为呢？这是因为当我们对行为进行评判时，我们所面对的对象是与行为者相隔断的行为，而仅依据单独的行为无法判断其是否出于道德，即无法就动机来评判行为，这样我们就只能或是根据行为的后果，或是根据行为自身的属性来评判行为，而这就使我们陷入了规范伦理领域长期以来相持不下的目的论和义务论之争。由于目前看来这种争论并无解决之望，因此我们所能采取的就只能是上述两种评价方式。

在行为之外，我们也会对我们自己以及别人所奉行的伦理规范进行道德评判。通常，"伦理"和"道德"两个概念可以互换使用，但当着眼于二者的区别时，我们发现，"伦理"概念有很强的时间和文化色彩，而"道德"似乎是超越历史和文化的普遍、客观观念。比如三纲五常作为伦理规范具有中国封建时代的特征，而我们又可对这一规范做一番道德的评价；我们甚至可以对我们自己的某种伦理规则或观念进行道德考察。但道德观念的这种实在论特征其实只是一种假象，因为不论我们如何努力，我们都无法获得独立于我们的认知的观念。我们据以评判伦理规范的道德标准实际上只是我们当下拥有的伦理原则，它们与通常的伦理规范的不同只在于它们更为基本，相互之间更少一些矛盾冲突，它们是我们的伦理共同体所共享的基本的道德观念，即所谓道德共识。这里所谓基本，是说它们相互之间是并列的关系，其中的某一个无法还原为另一个。这样，我们对自己的伦理规范进行所谓道德评价，其实就是以一些基本的观念评判某个复杂的或衍生的观念；而对他人的伦理规范进行道德评价，也不过是以我们恰巧拥有的伦理立场评判另外一种伦理立场，这样的评价实际上也就是两种伦理之间的比较。不以道德价值评判伦理规范的原因很简单：任何伦理规范作为规范都是一种普遍的要求，体现着对个人利己冲动的抑制和对他人利益的尊重，因而必定都含有道德价值，故从道德价值的角度无法对它们进行判断、比较。

这里我们发现，评价伦理规范的这种方式正是我们从一开始就力求避免的伦理自我中心主义。看来如果要对伦理规范进行评判，伦理自我中心主义是我们唯一可能的选择，因为我们永远无法摆脱我们自己的伦理立场，即使我们对自己的伦理立场的否定和批判，也依然构成了我们新的伦理立场。不过虽然我们无法避免伦理自我中心主义，但还是可以在独断、自负的道德评价和谨慎、谦和的道德评价之间做出区分。在评价其他伦理规范的时候，我们应该记起自己所持的伦理规范必定同样具有种种偶然性和局限性，因而是向未来开放的。这种"元评价"的态度正像今天我们对待科学的态度：我们相信并依赖现在的科学知识体系，但我们同时也知道它们是可错的和可修正的。

第2单元
道德理论和道德要求

欧洲一位女子身患绝症,生命垂危,医生认为只有本镇药剂师发明的新药才能治疗。药剂师索价2000美元,是成本的10倍。病人的丈夫海因兹无力购买,想尽办法借钱,也只借到药费的一半。海因兹请求药剂师把药低价卖给他,或允许他赊欠,被药剂师拒绝。于是海因兹在夜里撬开药店的门,为妻子偷出救命的药。

1. 海因兹应该偷药吗?为什么?

2. 如果你赞成海因兹偷药,那么请问,如果海因兹不爱他的妻子,他还应该为她偷药吗?为什么?

如果你不赞成海因兹偷药,那么请问,这对他爱不爱妻子有影响吗?为什么?

3. 假如这个生命垂危的女子不是他的妻子而是一个陌生人,海因兹应该为这个陌生人偷药吗?为什么?

4. 如果你赞成海因兹应该为陌生人偷药,那么他应该为处于类似处境中的自己的宠物偷药吗?为什么?

5. 人们做他们能挽救别人生命的事是重要的吗?为什么?

6. 海因兹偷药违反了法律,偷药也违反了道德吗?为什么?

7. 一般来说,人们应该尽力做遵守法律的事情吗?为什么?

8. 故事中,海因兹做什么才是最负责任的事情?为什么?

上面这个思想实验是科尔伯格用于测试儿童道德心理发展阶段的9个道

德难题中的一个①。虽是构造出的难题,而且发生在西方,但是不难看出,故事所揭示的困境,具有相当的普遍性,是生活中经常遇到的困惑。思想实验无非是简化了相关条件,以突显冲突之所在。海因兹所面对的困境,是挽救妻子生命和不偷盗之间非此即彼的选择。不偷盗是道德和法律的基本要求②,而挽救妻子生命同样义不容辞,当偷盗是挽救妻子生命的唯一选择时,何去何从,就成了一个两难。现实社会中,药剂师当然可能会被海因兹对妻子的一片深情所感动,低价卖药或赊药给海因兹,甚至干脆免费给他;海因兹和妻子也可能获得社会帮助,从而筹到足够的资金。这样原来的两难迎刃而解,而海因兹也能保全自己的道德,从困境中全身而退。但在思想实验中,这样的"解决方式"却是无效的,因为这其实是修改了前提,增加或减少了事件要素。我们必须承认,在现实中固然有可通过条件变化(调节变量)获得完满解决的道德困境,但是同样也有无论如何都无法两全的那类困境,以及即便可通过条件变化得以消除然而在选择时却时不我待,没办法等到条件发生变化而不得不立刻做出决定的那类困境。思想实验中的困境,反映的正是这类情形。

这是道德问题,而伦理学是对道德问题的思考。现实问题的解决,并不完

---

① [美]L.科尔伯格:《道德发展心理学:道德阶段的本质与确证》,第617页。
② "不可偷盗"是《十诫》中的第八诫,因此也是一种宗教诫命,而救人同样也是宗教义务,因为"人有神的形象",这样海因兹即便求助于信仰(假设他是基督徒),也依然不能帮助他解决这一困境。

全依照伦理讨论提供的指示,但伦理指示是现实考虑中的重要因素,甚至是至上要素,这是毋庸置疑的。

那么,伦理学将给人们以何种指导?在考察完各种道德理论和道德要求之后,我们回到本篇开头海因茨面对的困境,海因茨应该偷药吗?或者,面对这一困境,他应该如何做?我们发现,这是一个具有重大社会意义、充满争议的问题,不是争议海因茨这一人应该怎么办,而是争议政府和社会应该如何处理海因茨们的困境——海因茨的问题有代表性,他的处境是千千万万人的处境。以美国为例,一方面是药企和医疗机构的高额利润,另一方面是广大低收入阶层无力购买医疗服务;一方面要求药企和医疗机构让利的呼声不绝如缕,另一方面医保制度的改革步履维艰。这不仅是一个道德问题,同时也是法律和经济问题。问题的解决,不能单纯满足某一方而忽略另一方的诉求,而是要综合考虑各方利益和诉求。海因茨的诉求应该被满足,他妻子的生命应该得到关照,但是如果我们出于同情而单纯考虑海因茨的诉求,则药剂师的利益将受到损害,他继续发现和发明新药的积极性将大大降低,长远来看不符合包括海因茨在内的整个人类的福利。罗尔斯正义理论中的差别原则或许能为这一问题的解决提供一个思路,尽管罗尔斯的理论本身也同样面临巨大争议,但至少我们可以肯定:这一现象是不合理的,海因茨及其妻子应该得到帮助,高额利润应该有所降低,药价和医疗服务应该既可满足社会需要,又不损伤开发者和从业者的积极性。问题的解决需要通过各方参与的交流和谈判,也需要社会的关注和推进。

就海因茨本人来说,他可以诉诸药剂师的同情心,使药剂师答应让利,从而获得救治妻子的良药;也可以向亲友和社会求助,通过亲友支持或社会援助解决当前困境。这是现实中人们面对困境时的常用手段,但在思想实验中,诉诸这些常用手段,其实是改变了约束条件,增加了"实体",偷换了问题,是不被允许的。道德困境之为困境,恰恰因为不存在能满足所有道德要求的解决方案,就是说,在此困境中,海因茨没办法做到听从一项要求而同时不违反另一项要求,无论他如何选择,他都只能是满足一项要求而违反另一项要求。这其实也意味着,他怎么选择都行,而他最后怎么选,取决于他是一个什么样的人——他对道德价值的排序,以及他是更爱他的妻子,还是更愿意服从社会规范和法律要求,等等。一个虽不完美但能兼顾各种考虑的选项或许这样的:出于对妻子的爱和义务,海因茨选择偷药救治亲人,之后向警察投案,领受法律的惩罚,从而尽到公民的义务——某种意义上也是将难题上交给了陪审团。

1　自然道德和道德理论

一个人具备足够的善意和同情,愿意回应道德的召唤,做有道德的人,甚至决心成为道德英雄。也就是说,在情感和意志等主观方面,他一切齐备,应有尽有。即便如此,当他举步来到外面的世界,面对人世间各种纷扰、利益冲突、权力争夺,还是会茫然失措,无所适从,纵是百年修行,也无法闭门造车出门合辙,更不可能从心所欲不逾矩,因为道德之难,不只难在让行为符合规则——这是意志要完成的事,还难在知道应该符合哪一项规则。换言之,识别应该服从哪一个"矩"本身,就是一个难题,在某些情境中甚至是原则上就不可解决的难题。总之,行道德之事,仅有善良是不够的,知识、判断力,甚至运气,都缺一不可。在这个意义上可以说,无知是一种恶[①],因为无知阻碍、破坏了善的完成。

所谓原则上不可解决的道德难题指的是,有一些问题没有答案,不是因为我们没有努力,不够聪明,而是无论我们多努力多聪明,都不可能找到解决方案。麦金太尔在《追寻美德》一书的开篇,一口气列举出十几个这种原则上不可

---

① 亚里士多德有"对目的的选择上的无知造成恶"的说法,无知即恶,意思是恶的动机或目的是恶,在伦理学和日常道德中,这是公认的或自明的,如康德所说,善良意志是唯一的善,而善良意志的反面即恶的意志,当然是恶的。这里说的无知,不是亚氏意义上的对目的的无知,而是行为者对处境和手段的无知。这样的无知,就其效果而论,与目的选择上的"无知"(即恶),相去不远。

解决的道德悖论,并试图给出它们产生和不可解决的原因①。

麦金太尔认为,现代社会的道德观念来自不同伦理传统,是各种价值体系的汇聚。在同一件事上,比如堕胎,比如同性恋,不同的伦理传统的态度不同,如基督教传统反对堕胎,反对同性恋,而自由主义传统允许堕胎②,允许同性恋。现代社会既接受了基督教的价值体系,又接受了自由主义价值体系,这就造成现代人的价值多元。由于这两种体系不可通约,也就是说,它们所认可的基本价值是不相容的,所以两个体系原则上无法统一起来构成一个更大的自洽的体系。这样,现代社会中赞同和反对堕胎、同性恋的两方,都可以找到支持自己立场的伦理资源,也都可以找到反对对方的伦理资源,道德悖谬就这样出现了。

价值多元是现代人的基本处境,价值多元必然会带来价值冲突。我们平时所说的道德困境、道德悖论、道德难题,指的就是表现在某一事件中的价值冲突,比如上面堕胎和同性恋的例子,或由哲学家费丽帕·福特和朱迪斯·汤姆森提出的著名的电车难题③,对于这类事件,秉持不同的伦理资源,会得出不同的行为选择,这些选择形成 A 与 - A 的关系,让我们顾此失彼,不能两全④。此

---

① 参见[英]麦金太尔:《追寻美德:道德理论研究》,第 3 页。
② 基督教反对堕胎的理由来自《圣经》。《圣经》中的"摩西十诫"有"不可杀人"的诫命,《创世记》中也有"人有神的形象"的说法,基督徒认为,堕胎等同于杀人,违背了上帝的诫命,而毁坏了人身上赋有的神的形象,因此是不被允许的。而自由主义一般会认为,身体是自我拥有的,每个人都有处置自己身体的基本权利,堕胎相当于把一个寄居在我身体中的人移走。这样二者的争论就具体化为胎儿算不算是人,从何时起算是一个人。当前,即便是激进的自由主义者,也不认为怀孕者有不受限制的堕胎的自由,而只认可对那些还未被定义为"人"的胎儿进行处置。
③ 参见[美]桑德尔:《公正:该如何做是好?》,朱慧玲译,北京:中信出版社,2011 年。或 http://open.163.com/special/justice/。
④ 有人认为,这些道德困境只是人类社会发展到一定阶段遇到的问题,随着全球化的深入和人类社会的进一步融合,与新的社会结构和生活方式相适应的新的价值体系也会逐渐生成,价值多元化会逐渐让位给价值一体化,价值冲突自然也就随之减少。这样的说法有一定的说服力,一种价值体系取代另一种,尤其是优势的价值体系取代相对弱势的(这里"优势"可以有多种含义:顺应历史发展趋势的,社会中的主导阶级信奉的,更合乎道德精神的,都具有某种优势),价值体系之间的渗透融合,都是历史中的常态。但价值冲突会因此而彻底消失吗?而且即便将来真的如其所愿不再有价值冲突,但是至少目前我们还要面对这些冲突,需要着手解决这些冲突。

外,即便是同一伦理传统,一路发展过来,也在不断随历史条件的变化而增减、修改其观念和规范①。但麻烦的是,那些不合时宜的观念和规范并不会就此消失,而是会流传下来并继续发挥影响,有些消失已久的观念甚至会被重新唤起而继续发挥影响。比如,文化复兴和宗教复兴运动,就往往伴随以旧时道德观念的复生。这样,我们每一代所继承的伦理传统,常常是汇集了不同时代伦理观念的庞杂的系统,更不用说伦理观念同时还和宗教义务、风俗礼仪相互渗透、互相影响而边界不清。所有这些因素累加在一起,使我们所具有的道德观念和规范像自然语言一样,模糊随意,不成系统,并且时常自相矛盾。以一种伦理理论重新表述进而替代自然生成的道德观念体系,成为历代伦理学家们的光荣与梦想。

相比于自然生成的道德观念体系,作为理论的伦理体系的优势显而易见。理论的精确性和一致性特点,避免了自然道德体系的模糊和混乱。这样,行为者一经掌握道德理论,就能明确自己的义务和权利,知道应该遵循什么,对自己应该承担的责任也就无可推诿。道德不只向个人提出要求,还向人所构建的机构、制度提出要求,追问它们是否"合法"(合乎道德)。如果我们拥有的只是自然道德体系,对机构、制度的道德要求并不明确;而如果我们拥有的是道德理论,是经过整合的道德观念体系,那么我们就明确知道应该以什么标准去衡量和要求这些人为构造物②。道德理论,并不只是个人的行为指南,同时也是树立起来的一座理想的灯塔,俯瞰并引导着社会和群体。

---

① 许多理论家误以为这是现代社会才有的问题,而实际上,这是人类社会古已有之的问题,比如《吕氏春秋·慎大览》即将这一问题当作一项基本事实,并主张以积极的态度应对,"先王之法,经乎上世而来者也,人或益之,人或损之,胡可得而法?……凡先王之法,有要于时也,时不与法俱在"。孔子眼中的礼崩乐坏,也是这一问题。

② 当罗尔斯说,"正义是社会制度的首要价值,正像真理是思想体系的首要价值一样",这个时候我们还只知道社会制度应该符合正义,只知道用正义这一观念去期望和要求社会制度,但是对于什么样的社会制度才符合正义,却并不明确,认识与认识之间更不一致。只有当他把正义观念及我们对正义的直觉中深层意义揭示、引申出来并系统表达之后,我们才可能据此去衡量、要求和改造社会制度,使其具备这一首要德性。([英]罗尔斯:《正义论》,第1页。)

2 "依照自然而生活"
——自然法理论

把杂多的道德观念重新表述为简洁清晰、前后一致的理论,自然法理论率先开始了这种尝试。自然法理论的核心观念是"按照自然而生活",这里"自然"(nature)是本性的意思①,因此这一箴言式的道德原则也可以译为"顺从本性而生活",这样就少了一些歧义。

自然法的核心观念不独出现在西方自然法理论中,毋宁说,依其本性、顺其自然、自然而然,这些都是十分普遍的观念,广泛出现于各种文化传统中。比如,中国道家学说,就可以看作一种自然法理论②。初一思考道德问题,思考"应该如何生活"、"应该遵循何种原则",人们很容易转向自然法或类似的理论。原因在于,从"是什么"推出"应该如何",从"是其所是"推出"应该如其所是",是思维的一种"自然"倾向③。当被追问到道德的根据时,人们会很"自然地"④从他们所理解的自然本性("是什么")这一权威中寻找依据:"为什么要这样?""因

---

① 中文中的"自然"本义是"自己如此"的意思,引申出自身规定性即本性的意义。"道法自然"就是道依从其自身,"自然而然"就是顺应自身不假外力。自然相对于人为,而社会以外的生态环境是非人为的,"自然而然的",这样生态环境慢慢就获得了"自然"之名。用"自然法"译"natural law",用的是"自然"的本义,即自身、本性的意思。可参看王博:"'然'与'自然':道家'自然'观念的再研究",《哲学研究》2018 年第 10 期。

② 参见唐逸:《荣木谭:思想随笔与文化解读》,北京:商务印书馆,2000 年。不论是把"道"还是"自然"看做道德学说的核心概念,都可以说,道家学说在思维方式上,的确和西方自然法理论十分接近,但是另一方面,从这一核心概念中引申出的行为方式,却迥乎有别,这是因为两种学说的宇宙论图景、对"自然"的理解和对价值的选择,都大异其趣。

③ "只要自然界中不规则的和完全不可预测的现象并未支配自然现象的周期规则性,那么人类就能够依靠可预测性的事物发展过程来安排他们的生活……占支配地位的自然进程的规则性,对于人类生活大有益处。如果没有这种规则性,我们就会生活在一个疯狂混乱的世界里。"([美]埃德加·博登海默:《法理学》,第 209 页。)

④ 这里的自然,是往往、总是、大概率如此的意思。

为原本就是这样的啊!"①

需要注意的是,自然法理论诞生于古典时期,而"现代化之前的所有伦理理论关注的焦点都是这个问题:人应该怎么样生活着和行为着,才能够最终实现他作为人的最终目标"②。这个目标就是美好生活,或曰幸福。这样,自然法理论的初衷,是指导人们过上美好生活。对自然法理论来说,从诞生起很长一段时间,道德与美好生活之间的张力是不存在的:自然法理论所关注的德性,是美好生活的组成部分(灵魂的善)和用于实现美好生活的手段的灵魂的卓越性,而非道德品质。独立于美好生活的德性(或美德)的概念,很久以后才出现。自然法理论也会回应道德的要求,但是这种回应依然从属于个人的美好生活,是实现幸福的必要手段,而非与幸福平行甚至冲突的外在的独立的要求。

就此而论,我们很难把初期的自然法理论完全当成一种道德学说,但是自然法理论在其发展过程中,与整个伦理学的发展方向相一致,道德越来越获得独立的地位,渐渐摆脱幸福仆从的身份而成为一种独立的要求,从而使自己跻身道德理论之列。

自然法理论虽然可以概括为一句话,但因起源早,绵延时间长,这一理论发展出各种形态,可归在"自然法"名称下的伦理体系繁多,观点殊异,它们除了拥有同一个起源和对生活-行为原则的同一种表述形式以外,很难找出另外的共同"本质"来定义它们。换言之,这些体系是因它们在历史中的连续性而被归在自然法名下的,既然如此,可以通过展示这一连续性,描述其历史发展轨迹,而阐明自然法理论是什么。

自然法学说的萌芽,开始于苏格拉底之前的智者运动时期。智者们在辩论道德和法律的起源及本性时,发展出了"约定说"和"自然说"。其中所谓自然即

---

① 从本性"是什么"中发展出"应该如何",另一个重要原因在于,伦理学的开始阶段,人们关注的首要问题不是"我应该如何行动才符合道德",而是"我应该如何行动才能获得幸福",显然,在顺应本性和幸福之间的距离,比顺应本性和符合道德之间的距离,要近得多。具体来说,前者在逻辑上可以成立,后者有逻辑上的跳跃。
② [美]布尔克:《西方伦理学史·引言》,黄慰愿译,上海:华东师范大学出版社,2016年,第2页。

是与社会、习俗相对立的意义上的自然(本性)。智者们的争论涉及国家的起源和性质、个人和法律的关系、道德的可靠性等等。自然说的"自然"来自自然哲学中的本原观念,特指人类本性。自然说认为,人应按自己的本性决定自己的命运,不应受外在法律和习俗的约束,其代表学派为犬儒学派,而犬儒学派的代表人物,就是那个传说住在木桶中睥睨社会习俗同样也睥睨亚历山大大帝的第欧根尼。

智者运动时期的自然说,只能看作自然法理论的孕育时期,比较明确的自然法理论是从亚里士多德开始的。亚氏之前的自然说观点,多以是否可变作为衡量自然与否的标准,以为自然的就是不变易的,应像自然界一样。而在亚里士多德这里,外部形态变易与否不再是衡量是否自然的标准,只要是出于内在原则的改变,比如植物的生长,都是出于本性、符合自然的改变,这大大拓展了"自然"的外延,丰富和深化了人们对"自然"概念的理解①。

在亚里士多德的哲学中,理性是人类特有的能力,因此是人的规定性,理性就是人的本性②。幸福就在于不受阻碍地行使理性这一功能。在伦理学中,这一思想被称为"完善主义(perfectionism)"或"至善主义"。西方伦理思想史上,许多人的学说都可以归入这一传统③。

亚里士多德之后,自然法理论的代表是斯多亚学派。斯多亚学派前后历500年之久,经希腊化时期一直到罗马共和国、罗马帝国时期,成为上至帝王将

---

① Peter Singer, *A Companion to ethics*, Blackwell, 1991, p. 161.
② "在亚里士多德的物理学中,自然意指实体、本质、物性和实质,它们与行为、活动、运动、生长和发展具有原则的联系。自然是一种存在方式,它不立即占有实现的状态,而是通过生成慢慢达到它……它不生长,它就是它的定义、它的结构立即确定的样子。它即刻拥有实现了的确定状况,而不是需要通过生长去获得它。毫无疑问,植物学家的心理与数学家的心理明显不同,因为植物生长,它们全部长成与它们的最初状况会完全不同。"([法]耶夫·西蒙:《自然法传统:一位哲学家的反思》,杨天江译,北京:商务印书馆,2016年,第84—85页。)
③ "根据说明善的观念的不同方式,目的论理论也是不同的。如果善被看作是使人的优越性通过各种不同文明形式得以实现,我们就有了所谓的至善主义。这个概念可以在亚里士多德、尼采等人那里发现。"([英]罗尔斯:《正义论》,第22页。)或可参看斯坦福哲学百科,"完善主义"词条,https://plato.stanford.edu/entries/perfectionism-moral/。

相,下至奴隶平民的生活哲学①。斯多亚学派受犬儒学派影响很深,创始人芝诺本人就是犬儒学派代表人物克拉底的学生。斯多亚学说以形而上学的宇宙论为背景解说人性和自然。在他们看来,自然服从逻各斯,人是自然的一部分,人的本性是逻各斯在人身上的体现。自然、本性、理性、灵魂,在斯多亚这里是同义语,指的是同一个对象。所谓自然法即自然的法则,也是人性的法则。他们的道德主张因此是"按自然而生活"。

斯多亚学派为我们贡献了责任、平等、世界公民等伦理观念,同时它对基督教神学、法学、政治学有深远的影响②,其代表人物马可·奥勒留更是史上唯一一个哲学家统治者,即同时拥有权力和智慧的所谓哲学王。

中世纪自然法理论的创新发展主要由托马斯·阿奎那(Thomas Aguinas)完成。阿奎那在哲学上的贡献是把亚里士多德哲学和基督教神学成功结合在一起。而在自然法理论上,他继承了以西塞罗为代表的斯多亚观念,将其与基督教信仰融合起来,这样,自然法就不再是唯一的法,也不是至上的法。在阿奎那这里,至上的法是永恒法。永恒法是上帝的统治计划,是指导宇宙中一切运动和活动的神的理性和智慧。只有上帝才知道作为整体的永恒法,凡人无力知道永恒法的整体,但可凭上帝赋予的理性能力了解其中的部分内容,这即为自然法。自然法是神的命令的不完全、不完善的反映,但它至少能使人们了解永恒法的某种原则,自然法因此也具有神圣性。

阿奎那认为,上帝赋予我们的理性能使我们分清道义上的善和恶,人们自然倾向于的事情,应该认为是善。有3种这样的自然倾向:人有自我保护的本能,有异性相吸、生儿育女的倾向,有了解有关上帝的真理的自然欲望,亦即避

---

① 皇帝指的是马可·奥勒留,奴隶是指爱比克泰德,而贵族则是指塞涅卡等人。
② "斯多亚派的哲学家们教导说,不应该有因其正义体系不同而不同的城邦国家。他们创立了一种以人人平等原则与自然法的普遍性为基础的世界主义的哲学。他们的最终理想是建立一个在神圣的理性指引下,所有人和谐共处的世界国家。斯多葛自然法概念中的一个重要成分乃是平等原则。斯多葛哲学家相信,人们在本质上是平等的,由于性别、阶级、种族或国籍不同而对人进行歧视是不正义的,是与自然法背道而驰的。"([美]埃德加·博登海默:《法理学》,第17页。)

免无知的倾向。与这3种自然倾向对应,人具有3种基本的自然权利,应该得到法律的肯定和保护。

神学中把上帝在自然中的启示称为普遍启示,而把上帝在历史中的启示称为特殊启示。人通过理性获得的自然法知识,就来自普遍启示。普遍启示启示给地上每一民族的每一个人,因此是普遍的①。普遍启示之外,上帝还亲自进入历史中,将真理启示给以色列人。这些启示因为只启示给了特定民族中特定的人,所以称为特殊启示。在阿奎那这里,与特殊启示对应的是神法,指记载于《圣经》之中的上帝的命令。神法用以补充永恒法和自然法。在阿奎那构筑的法的体系中,人法即"由负责管理社会的人制定和颁布的一种以公共利益为目的的合乎理性的法令",占据了最后一个位置。

阿奎那的法的体系中的等级,也是权威性和合法性的等级。比如人法的权威就来自其上的自然法,而自然法也成为衡量其合法性的标准。阿奎那认为,政府的命令必须服从理性的某种要求,才具有法律的性质。一种非正义的、不合理的而且与自然法相矛盾的法律根本不能称之为法律,而是对法律的歪曲。如果暴君颁布的法律导致了盲目崇拜或其所规定的任何东西都与神法相背离,那么抵制的权利就变成了一种真正的不服从的义务,因为"我们应当服从的是上帝,而不是人"。

阿奎那在哲学和神学上是一个集大成式的人物。他的学说因获得教会的肯定而产生巨大影响②。阿奎那之后,从文艺复兴到宗教改革到霍布斯、洛克时代,他的自然法理论一直是哲学家、神学家们讨论伦理、政治问题的思想背景。因此,理解托马斯·阿奎那,对于理解他之后的哲学家如霍布斯、洛克们,尤为必要③。1879年,阿奎那的学说被教宗利奥13世确立为天主教官方哲学。

---

① 《新约·罗马书》1:20中,保罗对何为普遍启示有清晰的解说,"自从造天地以来,神的永能和神性是明明可知的,虽是眼不能见,但藉着所造之物就可以晓得,叫人无可推诿"。
② 阿奎那于1274年去世以后,声誉影响日隆。1323年,他被封为圣徒;1567年,获得"教会博士"的称号。
③ 参见[英]昆汀·斯金纳:《现代政治思想的基础》,北京:求实出版社,1989年;[英]约翰·洛克:《自然法论文集》,上海:上海三联书店,2012年。

这样,他的自然法理论通过教会和信众,而成为十分强大的现实力量。

阿奎那以后,文艺复兴以来,自然法理论继续充当驳斥道德怀疑主义的强大武器,但在实践指导方面未有特别发展。这一时期,格老秀斯将自然法理论应用于国家政治,发展了一套人权的"世俗"学说,格老秀斯也因此成为"近代自然法理论之父"。

作为道德理论,自然法符合我们思考伦理问题时的自然倾向,因为"我们都在像有一种自然法存在那样行为,正如我们都在像有一个自然目的存在那样行为"①。历史上,每到社会转型时期,自然法都充当驳斥道德怀疑主义的角色。不仅如此,在现代进程中,自然法信念还深刻影响过社会现实,"回想一下18世纪后期,美国革命和法国革命在历史和社会进程中有很大不同,然而两者都诉诸自然以反对既有的权威。这种诉求指望通过自然秩序对抗现实的局面,期待自然的力量结束糟糕的历史际遇"②。

尽管如此,自然法理论还是无可挽回地衰落了,终至于渐渐无人提起,几乎成为历史遗迹。自然法的衰落,与人类思想结构和知识观念的根本转变是同步的,是伽利略、笛卡尔哲学之后科学观念兴起所导致的必然结果,因为自然法与日益强势终于成为主流认识模式的科学思维,本质上是不相容的。自然法是一种目的论思维,设定整个宇宙的有序性和目的性,在其中低一级的存在以高一级存在为目的并趋向高一级的存在③。而科学思维是一种机械论思维,机械论

---

① [法]耶夫·西蒙:《自然法传统:一位哲学家的反思》,第37页。自然法思想之为自然倾向,从人们处理国际关系时的反应也看得出来。
② 同上书,第44页。自然法思想之为自然倾向,从人们处理国际关系时的反应也看得出来,"自然法与国际法通常基于明显的原因而相互关联。只要不存在有组织的国际社会,就不存在关于国际事务的成文法,只存在极少的习惯法。因此,我们在这个领域就比在任何其他领域更需要依赖对何谓自然正当的约定"。(同上书,第75页。)除此之外,自然法理论在历史上起过重要作用,为人类社会的道德进步,尤其是基本权利的确立,发挥过重要影响。
③ 比如:"亚里士多德哲学的出发点是,人类如同世界上的一切事物,都旨在实现一个目的。这一出发点牵涉到一项重大的目的论假设,而这个假设虽然目前已经没有太多人信奉,但在过去的西方历史上却是许多人深信不疑的真理。然而,古代希腊人相信,人类和人类所居住的世界参与了更大范围的秩序,这种秩序赋予他们以意义。"([美]达林·麦马翁:《幸福的历史》,徐志跃译,上海:上海三联书店,2011年,第49页。)

只描述宇宙和运动,而放弃追问宇宙和运动的目的,因此,"在一个彻底机械论的宇宙中是不可能存在自然法这样的东西的"①。

给自然法理论重创的,还不只是它所依托的思维模式的解体。实际上,自然法理论本身就存在难以克服的概念和逻辑上的问题。首先,从自然法理论在历史中的流变已经可以看出,自然法理论最核心的"自然",偏偏是个模糊含混的概念,每一阶段的自然法,乃至每一种自然法,都有自己对自然(本性)的理解,会推出自己独家的自然概念,由此引申出的行为指令也就不一样。自然成了一个随意的概念,从不同的角度可以给出不同的自然,而且看不出它们之间谁能够说服谁。在伦理思考时诉诸自然,本意是超越文化、历史的限制,获得普遍的、确定的规则,但走到最后我们却发现,对自然的理解本身,就是一个历史、文化的产物。罗素讽刺说,同为崇尚自然的哲人,对自然的理解却大不一样:

首先要问,什么东西是"自然的"?泛泛说来,是说话者幼年时所习惯的东西。老子反对公路和舟车,这恐怕是他所出生的那个村子不知公路和舟车为何物的缘故。卢梭对这些东西习以为常,所以并不认为它们是违反自然的。但是,假如他在有生之年看见铁路,他无疑会大加指责。②

工业化时代出生、长大的一代,不以铁路为怪,但对互联网、转基因却十分警觉,而对在互联网时代长大的孩子们来说,互联网、转基因是自然的。可见,每个人的未经反思的对自然的理解,往往取决于其幼年的生活:幼年时已经出现的事物,被认为是自然的,反之则是不自然的。由于确定自然(本性)的困难,现代自然法理论在理解自然(本性)的问题上,越来越倾向于从生物功能的角度去定义,比如在讨论堕胎、避孕、同性恋等问题时都是如此。但问题在于我们如何确定本性;而且即使有本性存在,人的倾向呈现出多样化,如何将这种多样化置于一个统一的体系中呢?还有,即使完成了上面两个步骤,但从本性之"是"

---

① [法]耶夫·西蒙:《自然法传统:一位哲学家的反思》,第93页。
② [英]罗素:《走向幸福》,第30页。

中又如何推出道德的"应该"呢？

这就引出困扰自然法理论的第二个难题，对"是"与"应该"的混淆。"是"与"应该"的区分指的是，不能从包含"是"的判断中推导出包含"应该"的判断，即不能从事实判断中推出价值判断。因为按照逻辑的要求，从包含"是"的判断只能推出包含"是"的判断，而包含"应该"的判断只能来自包含"应该"的判断①。对人的自然本性的描述，是包含"是"（本性是什么）的判断，以此为推理前提，得不出包含"应该"（人应该如何行动）的判断，而自然法理论，偏偏就这么做了。自然法理论需要补充一个大前提，"应该按照你的本性去行动"，只有如此，才符合三段论推理的规则。但是这个大前提本身是需要论证的，而且很难说服人。

自然法理论要求我们"按照本性而行动"，我们偏偏要问，"为什么？"人的本性中有善的成分，也有恶的成分，有社会性的因素，也有纯粹动物性的因素，要按照它们而行动吗？我们肯定要说，不对，要按照善的那部分的要求来行动。可是这样一来，那个用以判断我们本性的善恶标准，而不是我们的本性，才是行动的终极原则，这样，按照本性而行动就成了按照善的要求而行动。

"是"与"应该"的区分被休谟提出以来②，逐渐成为哲学界的共识，至今已取得"经验主义的第三信条"的地位③。许多哲学家试图沟通"是"与"应该"之间的这一逻辑鸿沟，但是目前为止都不够有说服力。而这一逻辑上的困难不被克服，自然法理论就很难成立。

自然法理论作为道德理论有此缺陷，但当把它当作一种生命哲学或人生选

---

① 参看"'道德'的现代意义"一节中最后一段的说明。
② "在我所遇到的每一个道德学体系中，我一向注意到，作者在一个时期中是照平常的推理方式进行的，确定了上帝的存在，或是对人事作了一番议论；可是突然之间，我却大吃一惊地发现，我所遇到的不再是命题中通常的'是'与'不是'等连系词，而是没有一个命题不是由一个'应该'或一个'不应该'联系起来的。这个变化虽是不知不觉的，却是有极其重大的关系的。因为这个应该或不应该既然表示一种新的关系或肯定，所以就必需加以论述和说明；同时对于这种似乎完全不可思议的事情，即这个新关系如何能由完全不同的另外一些关系推出来，也应当举出理由加以说明。"（[英]休谟：《人性论》，第509—510页。）
③ 经验主义的前面两个信条，分别是分析和综合的区分，以及任何一个判断都可以还原为一个指称直接经验的判断，参见蒯因《从哲学的观点看》中"经验主义的两个教条"。这里的教条是dogma，是教义、信条的意思。

择，这时无须用"应该"来表达其结论，这一逻辑上的问题就不再继续存在。如前面所说，自然法理论最初也正是作为生活哲学而出现的，生命哲学和道德哲学的分野，"是"和"应该"的隔断，在伦理史上，是后来发生的事。

此外，即便仅从道德哲学的角度考虑，认为表达自然-本性的"是"和表达道德要求的"应该"之间是两条永不相交的平行线，也遮蔽了二者之间关系的另一面。道德命令不是凭空来的，也不是可以任意规定的。并不存在离开人、与人无关的道德，这样的道德即便发明出来，也是无效的，因而没有价值。道德的前提、基础、动力和目的，无不与人、因而与人性相关。仅仅因为"是"与"应该"的逻辑上区分而忽略两者事实上的紧密关联，显然是荒谬的。

历史上的自然法理论，不仅声名赫赫，而且功绩卓著。我们知道，像生命权等基本权利，被称为自然权利，而"自然"一词，标示出它们与自然法理论的关系。这些基本权利，正是通过自然法理论而被表述、被确立和被接受的，我们如今熟知的多数权利，正是假自然法之名以行于世。作为道德理论，自然法的成败得失给予我们许多启发，其中最重要的是对人性与伦理的关系的处理。自然法从人性引出伦理，这一思路误解了人性，也简化了伦理。

3 "拔一毛而利天下，不为也"[①]
——伦理利己主义理论

自然法理论让我们顺应本性而行，而利己主义则让我们顺应本性中的利己倾向而行，从这一角度说，利己主义可以看作自然法理论的特殊理论，因为这派理论一般认为，人的唯一真实的本性，就是利己，"应该意味着能够"——道德要求以人性的限度为前提，既然我们只能利己，其他任何与此相悖的道德要求，都

[①] 《孟子·尽心上》。

是无效的,因此利己主义是唯一可行的道德规则。

归在利己主义名下的理论有许多种,上述这一种被称为"心理利己主义",是基于他们所认定的人的唯一动机是利己这一"心理事实"而给出的伦理主张。一般认为,霍布斯是心理利己主义的代表人物,在《利维坦》中,他把人描述为彻头彻尾的利己者,一切行为,都围绕利益、名声和生存而展开:

> 在人类的天性中我们便发现:有三种造成争斗的主要原因存在。第一是竞争,第二是猜疑,第三是荣誉。
>
> 第一种原因使人为了求利、第二种原因使人为了求安全、第三种原因则使人为了求名誉而进行侵犯。在第一种情形下,人们使用暴力去奴役他人及其妻子儿女与牲畜。在第二种情形下总是为了保全这一切。在第三种情形下,则是由于一些鸡毛蒜皮的小事,如一言一笑、一点意见上的分歧,以及任何其他直接对他们本人的蔑视。或是间接对他们的亲友、民族、职业或名誉的蔑视。①

这就是霍布斯笔下的自然状态,是"有生之初,人各自私也,人各自利也"的状态②。但在自然状态下,人的利己行为,既称不上道德也不能说是不道德,因为在自然状态中,行为尚不具备道德属性,通行的法则是自然法,而自然法认为为了生存,人可以采取一切手段。自然状态中个人所奉行的,不是作为道德原则而是作为生存策略或生命哲学的利己主义。只有当社会契约订立之后,法律和道德才随之出现,这时候为契约所认可的利己主义,才晋升为一种道德原则。

霍布斯的阐释,避免了心理利己主义的一个尴尬处境:如果人除了利己别无选择,利己主义还称得上是道德原则吗?道德行为的必要前提是行为可以另有选择,而不能舍此无它,因为如果别无选择,那么道德的要求就多此一举了。换言之,在这种情况下,"道德"之有无,没有产生任何有意义的差异,这样,"道德"的引入就是无意义的。而按照霍布斯的描述,从自然状态到社会状态,个人

---

① 霍布斯,《利维坦》。
② (清)黄宗羲撰:《明夷待访录》,何朝晖点校,南京:凤凰出版社,2017年,第4页。

的生存策略诚然并无任何改变,但是因为前后两种状态在道德性质上是不同的——前者是自然的、默认的,而后者是自愿的,出于自我选择的。

需要指出的是,作为一种生活策略的利己主义和伦理利己主义是完全不一样的。伦理上的利己主义是一种普遍化的伦理理论:衡量某一行为或某一准则正当与否,就要看它是否能促进"我"的善,如果能促进我的善,就是合乎道德的,反之则不合乎道德①。这里的"我",是每一个行为主体自身;而善,是行为主体的利益,包括财富、权力、声名、社会地位,等等。伦理利己主义要求每一个人都关注他自己的利益,这样实际上是把每一个人的利益置于同等重要的地位,认为每一个人都值得他自己的关注,没有一个人比另外的人更值得关注,因此这是一种基于平等考虑的伦理主张,是对不平等的伦理理论和现实的反动。而作为生活策略的利己主义,是一种不能普遍化、甚至不能公之于人的策略②。

上述两种利己主义,有一个共同的认知:人的本性是利己的,因此自我利益是所有行为的唯一指归。利己主义所利的"己",未必局限于他本人,有时会扩展到与他关系紧密者,这里"己"与"他",要视语境以及行为者对"自我"的理解而定。比如一般的利己主义者,并不排斥自己的亲人,甚至会把亲人的利益置于自己利益之上,成了"利亲"主义者。这时,就他和亲人的关系而论,他不是一个利己主义者;但是当把他放到一个更大的人群中去看,他仍然是一个利己主义者,这时他的"己"只是扩大了的自我。当然,扩大的自我总是有限度的,当其扩大到一定的范围,超出血缘关系,不再限于家庭或家族,这时候就很难再以

---

① 参见[美]弗兰克纳:《伦理学》,第31页、36页。这一定义是对西季威克的利己主义的扩展。西季威克:"我把利己主义一词等同于利己的快乐主义,指个人把他自己的最大幸福当做其行为的终极目的。"([英]西季威克:《伦理学方法》,廖申白译,北京:中国社会科学出版社,1993年,第141页。)

② 反驳利己主义的一种观点认为,利己主义不能前后一致地主张自己的观点,存在自我表述的困境,因为最明智的利己策略是"我"心怀利己之心而不为人知,而一旦公开宣布利己主义,则与自己最明智的策略相冲突。这样的观点显然混淆了作为生活策略的利己主义和作为伦理理论的利己主义。我们看到,在霍布斯那里,作为伦理理论的利己主义完全可以公开表达自己而不导致任何矛盾,因为当他阐释这一理论时,是以一种超然的局外人的身份(著述者)来进行的。另外,即便是作为生活策略的利己主义,也并不一直是不可明言的:我们完全可以设想在某种状态下,公开宣示这一策略可以给当事人带来最大利益。

利己主义称之了,因为在我们通常的理解中,"己"、"自我",总是有一定限度的。

如果人的全部行为动机只能是利己,那么可以说,利己主义只是在陈述一条自然法则,而自然法则是客观有效的,不因人类的好恶而改变。"人各自私"的看法,似乎很符合我们的生活经验,生活中的确时时遇到自私的人、伪善的人,但这些人能代表人类的全部吗?而且,即便是这些人,他们表现出来的自私、利己,是他们人性的全部吗?如前文所述,我们知道,这其实是对人性的过于简单的理解,是一种基于片面观察的错误归纳。生活中有大量明确的利他行为,这是利己主义理论必须面对,并需要做出解释的。利己主义理论一般的策略是把这些利他行为解释为表面上利他、实际上利己,是曲折、隐蔽的利己。比如,霍布斯会把他施舍钱给乞丐的行为,解释为了取悦施舍者自己、安抚他看到乞丐凄凉处境而产生的不快,是为了"我"的快乐或平静而行善,因此,其目的仍然是利己。

巴特勒主教有过一个漂亮的辨析,重新厘定了快乐与善行之间的关系,从而动摇了利己主义的解释。他认为,施舍者不是为了自己的快乐而行善,而是因为行善而感到快乐。对善行和快乐关系的这一重新安排,并不仅仅是一个叙述顺序的变化,而是一个行为动机的根本变化:为快乐而行善,行为是为自己;因行善而快乐,行为是为他人,是因利他冲动得到满足而快乐①。巴特勒的辨析十分巧妙,与利己主义相比,对行为的解释也更合理。但真正驳倒利己主义理论,通过思辨的方式确立人性中具有利他冲动的,是休谟。

在其得意之作《道德原则研究》中②,休谟将有价值的品质按(1)利益的对象,和(2)与效用的关系两种标准进行分类,这样就得到4类价值:

a. 对拥有者本身有用的品质,如能力出众、抱负远大。

b. 直接令拥有者愉快的品质,如乐观自信、沉静自足。

c. 对他人有用的品质,如慷慨善良、乐于助人。

d. 直接令他人愉快的品质,如坦率风趣、谦逊多礼。

---

① 持性善论的孟子,从人的本能反应的角度,论证恻隐之心的存在。
② 参见[英]休谟:《道德原则研究》,第五—八章。

这类品质的共同之处在于,它们都能带给人以效用或幸福,可见效用或幸福是品质价值的根源。

如果设定人是利己的,那么我们因自己拥有 a、b 两类品质能够利益我们自身而肯定它们,同时我们也会因别人拥有的 c、d 两类品质能使我们从中获益而肯定它们。但问题在于,当 a、b 类品质利益的是拥有者而与作为旁观者的我们无关时,我们为什么仍然会肯定并赞赏它们呢?我们因拥有 c、d 类品质而使他人获利,但它们对我们自身又有什么益处而值得我们肯定并追求呢?休谟认为,上述事实说明利己的设定是错误的,人性中除利己的冲动以外,还存在仁爱的情感——所谓仁爱,指的是一种超出自我利益的考虑而对他人价值的肯定以及愿意帮助他人的冲动或情感。仁爱情感之存在,还可以从(1)与自我利益无关和(2)与自我利益有损两种情况中寻找证据:

(1) 比如阅读历史或虚构的文学作品。

(2) 比如对待对手或敌人的德性的赞美态度。

休谟认为,在这种情况下,我们仍然可以坚持利己主义的解释,但是这样一来,就变成"哲学的化学"了,意即要通过迂回曲折的方式,消解掉利他的事实,把利他说成是利己。但问题在于,利他的事实十分顽固,像利己事实一样顽固。面对同样顽固的事实,用利己来解释利他而非相反,则理由何在?

利己主义名下,还有一种与利己利他的心理学之争无关的独立的伦理理论——伦理利己主义。这一派主张行为应该以增进自己的利益为目标,除此之外,都是错误的。伦理利己主义不再纠缠于心理问题,避免了在心理问题上被诘难,省去了许多麻烦,但是也给自己带来一个根本性的问题:伦理利己主义的基础是什么?也就是说,为什么我们偏偏要选择利己主义作伦理原则?我们本来不是明明具有利己和利他两种冲动吗,为什么要无视和压制利他冲动?压抑这一生物演化所赋予我们的先天冲动,对心理和人际关系的损害显而易见;这样的人生算得上幸福人生吗?仅仅从"我自己"的幸福来看,只追求自我利益,真的是令我们满意而无所缺憾的美好生活吗?自然倾向被压抑的生活,怎么可能令人满意呢?如果上述论述成立,那么追求利己必然损害了自己,选择利己主义的理由又是什么呢？

这么一番追问之后,我们发现,认真主张利己主义的几乎没有。换言之,利己主义对主张者只是一个旗号,其实际目的并不在利己主义本身,典型代表就是英国古典经济学家亚当·斯密。亚当·斯密倡导每一个人都追求自我利益,这样就能实现整体福利的增长。这里,亚当·斯密其实只是把每一个人的利己当作实现整体福利的手段,其真正的目的,是促进整体福利。他之所以选择利己主义,是因为在他的经济学理论中,利己主义恰好可以实现功利主义的目的而已,所以弗兰克纳把它称作"作为手段的利己主义"①。

作为一种伦理原则,利己主义与道德的功能显然是相抵牾的。道德是要激发人类有限的同情心,促进人类的繁荣,而利己主义与此目标背道而驰。诚然,在某些历史阶段,利己主义有肯定个人权利、倡导平等的作用,因此作为一种"进步的"力量而存在,但根本来说,利己主义让人们把关注的目光只投在自己及与自己相近的人身上,这阻碍了人类同情心的表达,不利于社会和人际关系向更好的方向发展。

利己主义不为我们所接受,但也并不像汹汹舆论所声讨的那样罪大恶极。实际上,西方伦理思想从一开始就确立了利己主义的基调,因为西方伦理学始于苏格拉底对"人应该如何生活"的思考,所寻找的永远是自己的幸福。利己主义的错误在于错失了人性中善的一面和对道德的狭隘理解。利己主义中"合理的"那一部分,即对利己冲动的有限肯定,几乎是所有道德理论由以出发的人性设定——不承认基本利己需求的道德理论,其可行性非常低,因此很难被接受。利己主义向人们宣示,利己是一种权利,只要同时没有损害他人,这一点被许多理论尤其自由主义理论所接受。利己主义还认为,利己——自我发展、自我完善,同时也是一项责任,对自己负有的责任。至于舆论中对利己主义的批判,许

---

① 在亚当·斯密的理论中,与经济学平行的是他的道德理论。经济学以外,不论是理论还是其为人,斯密都是一个崇尚功利主义情操的思想家。(参见[英]亚当·斯密:《道德情操论》,蒋自强等译,北京:商务印书馆,2009年;[英]约翰·雷:《亚当·斯密传》,胡企林、陈应年译,朱泱泽校,北京:商务印书馆,2014年。)

多时候,只是把日常语言中的利己主义——自私自利、以自我为中心、只知有己不知有人、损人利己等,与作为伦理原则的利己主义混淆的结果。

但是不管怎么说,我们需要的道德原则,应该既关注到人性中的利己倾向又不忽略利他倾向,既鼓励自我完善又不忘公众福祉。对于一般人性而言,利己冲动本就浩荡汹涌,实在无需再去推波助澜。道德之存在,很大程度上正是为了遏制、引导利己冲动。就此而论,推崇利己而成为道德规则,不免舍本逐末,南辕北辙了。

4 "最大多数人的最大幸福"
——功利主义理论

当代伦理讨论中,功利主义(utilitarianism)在规范伦理领域,几乎占据半壁江山。仿照孟子的句式,则可以说:"逃康德必入于功利主义,逃功利主义必入于康德。"也就是说,康德伦理学占据了规范伦理的另外半壁。这种局面的形成,有其历史必然,因为二者都是现代化的产物,接受了现代性的前提,因此与现代社会价值一致,这一优势是前现代生成的道德理论所无法比拟的。另外的原因是,后果论和义务论是两种对立的思路,规范伦理中,尤其基于原则的(principle-based)规范伦理中,基本上是非此即彼的关系。也就是说,在逻辑关系上,后果论和义务论等量齐观,各占一半,而功利主义和康德伦理学又分别是它们的代表派别,因此二者形成各占一半的态势。

功利主义声势浩大,影响深远,但其伦理原则其实就是宣言式的一句话,"那给最大多数人带来最大幸福的行为是最好的行为;反之,那以同样的方式带来悲惨的行为是最坏的行为",完整的表达是:衡量行为或准则是否符合道德,就要看它是否增进最大多数的最大幸福。这一经典表述是功利主义的代表人物哈奇森(Francis Hutcheson)提出的①；而据密尔(John Stuart Mill，又译穆勒)说，功利主义之名得自英国一篇小说，是他首次在道德哲学中使用的②。但是后来的研究表明，边沁在著作中已经使用过这一概念③。许多人认为，汉语"功利主义"的译法颇具误导性，译为"功用主义"、"功效主义"、"效果主义"更好，因为"功"、"利"在中国传统中与"道"、"仁"、"义"等相对，有"君子喻于义，小人喻于利"④、"王何必曰利，亦有仁义而已矣"⑤、"正其谊不谋其利，明其道不计其功"⑥等诸论，而这些论述都采用了二元对立的方式，一扬一抑，一褒一贬，把"利"置于崇高、正确、仁慈等概念的反面，造成中国社会耻于言利的传统观念。因此，在日常语言中，说某人功利或是功利主义者，意思是说这个人利益至上、势利甚至自私。但是如果不考虑儒家义利观对功、利概念的拖累，仅就功、利的本义而言，"功利主义"的译法比其他译法更好，功、利不仅准确表达了 *utilitarianism* 的原意，而且实现了与中国哲学概念的对接。

功利主义不是某一个人的主张，而是一个流派，在历史中绵延，从形成到成熟到蔚为大观。一些文献把功利主义的起源追溯至伊壁鸠鲁⑦，因为伊壁鸠鲁

---

① "在比较行为的道德品质时，为了规范我们对各种所想到的不同行为的选择，或者去找出它们之中具有最大的道德价值者，我们被自己对于美德的道德感所指引而进行这样的判断：在行为可能带来的可预期的幸福程度是同样的前提下，美德是与这个幸福能够扩及到的人群的数量成正比的……因此，那个能够引致最大多数的人最大幸福的行为，就是最好的行为；而同样地，引致最大不幸的行为，是最差的行为。"([英]弗兰西斯·哈奇森：《论美与德性观念的根源》，高乐田、黄文红、杨海军译，杭州：浙江大学出版社，2009年，第119页。)
② [英]约翰·穆勒：《约翰·穆勒自传》，吴良健、吴衡康译，北京：商务印书馆，1987年。
③ "密尔以为他是从约翰·高尔特的小说《教区年鉴》(1821年)中拣来了功利主义这个词，而事实上它早在1781年就被边沁使用过了。"([美]布尔克：《西方伦理学史》，第221页。)《古典功利主义》一书中也提到这一点。
④ 《论语·宪问》。
⑤ 《孟子·梁惠王上》。
⑥ (汉)班固著，(唐)颜师古注：《汉书》，北京：中华书局，1962年，第2524页。
⑦ 比如，《古典功利主义》就认为，从伊壁鸠鲁到英国功利主义诸人，在思想观念上有明显的继承关系，"在休谟、斯密、爱尔维修、佩利和边沁那里，功利主义和伊壁鸠鲁主义之间的联系十分紧密，在密尔那里，联系是否更为紧密，这是大可争论的。至少在密尔《功利主义》的一位同时代的批评者看来，联系是特别明显的"。([英]罗森：《古典功利主义：从休谟到密尔》，曹海军译，南京：译林出版社，2018年，第201页；以及该书第2章，"功利与正义：伊壁鸠鲁与伊壁鸠鲁传统"。)

主义肯定快乐是最高价值,听起来,这与英国古典功利主义的价值观十分一致①。但伊壁鸠鲁所推崇的快乐,其实是心灵的宁静,与功利主义所理解的作为心理活跃状态的快乐并不十分相同。不过后来兴起的功利主义在哲学上的确受到伊壁鸠鲁的启发和深刻影响,因此把伊壁鸠鲁当作功利主义在古代的先声,使我们关注到哲学史上的这种承继关系和这一逻辑脉络,是十分有益的。但另一方面,现代功利主义以现代社会为背景,是在现代化运动中产生并发展起来的。对功利主义来说,这一背景不是可有可无的,因为功利主义分享了现代社会的前提和成果,是随脱离社会角色的个体观念而来的道德领域的革新,是对以传统、宗教权威和政治权威为规范依据的旧道德的反动②。现代社会是契约社会,即通过契约缔结的社会,而前现代社会是身份社会,在这样的社会中,每一个人都具有一个固定的身份,在他出生之前,他的身份就已经是确定的,他所享有的权利以及将要担负的责任,甚至言行举止的规范,都是确定的③。在前现代社会,中国如此,印度如此④,西方也如此。在这样的社会,你不需要去思考应该怎么做,因为规范清清楚楚地呈现给你了,所以诸如"行为要增

---

① 当谈到现代功利主义的时候,人们已经习惯于把目光集中在休谟、边沁等英国哲学家身上,而忽略法国哲学家如佩利、爱尔维修等人的重要贡献。([英]罗森:《古典功利主义:从休谟到密尔》,曹海军译,南京:译林出版社,2018年,第5、8章。)
② [加]威尔·金里卡:《当代政治哲学》,第27页。
③ "在中世纪的欧洲,与身份认同相关的世系、性别、社会地位及其他特征总是相对固定的。要想对此做出转变,需经过许久方能实现,但这又受到制度化过程的制约。涂尔干认为,在某种特定意义下,'个体'并不存在于传统文化中,个体性也不被赞赏。只有当现代社会兴起——更具体地说只有随着社会分工的进一步分化——分离的个体才逐渐成为人们关注的焦点"。([英]安东尼·吉登斯:《现代性与自我认同》,夏璐译,北京:中国人民大学出版社,2016年,第70页。(另可参看梅因在《古代法》中对身份社会和契约社会的论述)[英]梅因:《古代法》,沈景一译,北京:商务印书馆,1996年,第96—97页。)
④ 《佛陀小传》中对此有生动描述,"身为一个婆罗门,不仅仅意味着他在职能上是一个祭司,还寓含着他生来就有智慧、有美德、学识渊博、身体清净、出身清白……在一个人身上应该被知道的每一种有意义的东西,不管是为了什么目的,诸如宗教上的、心理学上的、政治上的、经济上的以及社会上的,都会通过他属于哪个种姓而为人所知。一个人的仪表,身心的秉赋,甚至他的本质,完全被他属于什么种姓决定了。不同种姓的人,好像属于不同物种一样。在这个意义上,没有一般的人,只有婆罗门、刹帝利、吠舍和首陀罗"。([英]迈克尔·卡里瑟斯:《佛陀小传》,高山杉译,北京:外语教学与研究出版社,2008年,第126页。)

进自己的利益"、"行为要实现最大多数的最大幸福"等规则,都是没有意义的,因为你根本不需要思考伦理问题,不需要去选择道德原则。

功利主义和杰里米·边沁(Jeremy Bentham)、约翰·斯图亚特·密尔的名字联系在一起,说到功利主义,人们首先想起的就是这两个名字。这不仅是因为功利主义理论的核心部分来自两个人的经典论述,还因为他们不遗余力地传播、推广功利主义理论,用功利主义原则推动道德革命和社会进步。

边沁贡献给功利主义的特色理论是其价值论,而其价值论基于其心理学。边沁认为,趋乐避苦是人的心理常态,快乐是唯一有价值的东西,是我们所有行为的动机。分析人类的各类行为会发现,它们或者直接以快乐为目的,比如各种娱乐、享受,或者以能够带来快乐的事或东西为目的,因而其最终目的仍然是快乐。这样一切行为的自然价值,都依其与快乐的关系而定。它们或者是快乐本身,因而是目的善,或者是获得快乐的手段,因而是手段善。

每个人都追求自己的快乐,这是事实,但不是全部的人性。如果止步于此,边沁提供的无非利己主义的另一个版本。边沁之不同于利己主义,就是看到在人性中有一种同情的意识和倾向,可以使我们把他人的快乐当作自己的快乐,这样我们同样会追求他人的快乐。自我是一座孤岛,而同情则是通向他人心灵的桥梁,是联结自我和他人的纽带[①]。基于这种人性事实和心理常态,道德和立法的原理应该是"最大多数人的最大幸福"。

对边沁的哲学来说,这里的幸福当然就是"快乐",所以"最大多数人的最大幸福"(the greatest happiness of the greatest majority)就成了"最大多数人的

[①] 同情并不只让我们关注到他人,对他人的同情,也赋予我们自己的人生以意义,甚至赋予我们行动的动力,所以同情并不只是一种利他的情感。鲁迅写到过因病乏而堕入"无欲望状态","我的确什么欲望也没有,似乎一切都和我不相干,所有举动都是多事"。而一俟生命力有所恢复,他感到的是"无穷的远方,无数的人们,都和我有关。我存在着,我在生活,我将生活下去,我开始觉得自己更切实了,我有动作的欲望"。在这里,同情,即"无穷的远方,无数的人们,都和我有关"的民胞物与的感受,是和生命力相关的,是生命力的体现和表达。(参见鲁迅:"这也是生活",《且介亭杂文末编》,北京:人民文学出版社,1958年,第108页。)

最大快乐"①；快乐，只有量的差别，没有质的不同，"如果快乐的性质是一样的，图钉和诗一样好"。既然玩图钉游戏和阅读写作诗歌所获得的快乐，是同种性质的快乐，它们之间就可以加减和比较，就可以引进数学完成这一工作，而"一种科学只有在成功地运用数学时，才算达到了真正完善的地步"①。边沁的时代，正处在科学高歌猛进的时代——第一次科学革命已经完成，第二次科学革命即将到来。显然，边沁把握到了这一时代脉动，试图把道德哲学改造为科学。

边沁使道德得到极大简化。在边沁的设想中，在面临行为选择时，行为者计算每一可选择行为给所有当事者带来的快乐和造成的痛苦的余额，余额越大，行为的合理性越大，而那个余额最大的行为，就是最合乎道德的行为。对行为者来说，这就是一个道德命令。通过边沁的改造，原则上，一切道德问题都可以找到明确的答案，道德哲学因此转变为数学或经济学，而功利主义的"道德计算机"的标签，也由此而来。

边沁理论的最大特色就在于此。他对心理常态的解说与我们的直觉十分一致，因此具有打动人心的力量并易于被我们所接受。但是所有的快乐都只有量的差别，则与我们的常识不相符。边沁之后，边沁理论的继承发扬者，其子侄辈的密尔致力于修正这一说法。密尔认为，快乐应该有数量和性质之别，而且性质的差别比数量的差别更重要，心灵的快乐远高于肉体的快乐，因此"做一个不满足的人，胜于做一只满足的猪；做不满足的苏格拉底，胜于做一个满足的傻瓜"②。其理据在于：

---

① 这里有一个插曲，从中可以看到功利主义的某些逻辑后果，以及其精神内核。边沁关注幸福总量（同时他又是一个平等主义者，密尔亦然），认为"正确的行为应当是最大限度地产（转下页）（接上页）生快乐，或者最大限度地减少痛苦"，而动物尤其高等动物显然有感受快乐和痛苦的能力，为使世界上的快乐增加、痛苦减少，我们应当把动物的福利同样纳入道德考虑。边沁认为我们的道德关怀的范围越来越广，越来越少受到肤色、性别等因素的限制，同理我们也应该突破动物和人的物种区分的限制，而将关怀延伸到它们身上。这样，对边沁来说，"最大多数的最大快乐"中的最大多数，就不再限于人，而是所有对快乐和痛苦有感受能力的生物。边沁也因这一主张，而成为动物解放的先驱者之一。
① ［法］保尔·拉法格："忆马克思"，载于《回忆马克思》，北京：人民出版社，2005年，第186页。
② ［英］穆勒：《功利主义》，上海：上海人民出版社，2008年，第10页。

就两种快乐(心灵的快乐和肉体的快乐)来说,如果所有或几乎所有对这两种快乐都有过体验的人,都不顾自己在道德感情上的偏好,而断然偏好其中的一种快乐,那么这种快乐就是更加值得欲求的快乐。如果对这两种快乐都比较熟悉的人,都认为其中的一个快乐远在另一种快乐之上,即便知道前一种快乐带有较大的不满足也仍然偏好它,不会为了任何数量的合乎他们本性的其他快乐而舍弃它,那么我们就有理由认为,这种被人偏好的快乐在质量上占优,相对而言快乐的数量就变得不那么重要了。

然而,确凿无疑的事实是,对两种快乐同等熟悉并且能够同等地欣赏和享受它们的那些人,的确都显著地偏好那种能够运用它们的高级官能的生存方式。①

密尔的这一修正,使功利主义的价值论与我们的常识以及哲学史的一般观念更相一致,推崇精神的快乐而贬低身体的快乐,认为前者高于后者,几乎是有史以来精英知识界的共同选择,在宗教中如此,在哲学中也如此。柏拉图在《理想国》中即有相同的论述,不过这也难怪,抬高灵魂压制欲望,本来就是柏拉图哲学的基本立场。

功利主义内部,不是所有的哲学家都认可这一修正。拉斯基(Harold Joseph Laski)就认为,在快乐理论上密尔对边沁的修正,看似更符合常识,但却使功利主义丧失了行为后果可计算、可比较的优势②。

功利主义内部的另一个重要人物西季威克(Henry Sidgwick),对边沁和密尔的快乐观念进行了细致分析③,认为所有行为的目的是快乐的说法不足为训,有些行为的目的是快乐,但是大部分行为的目的,显然并不是快乐④。许多

---

① [英]穆勒:《功利主义》,上海:上海人民出版社,2008年,第8—9页。
② 参见拉斯基:《约翰·穆勒自传》"序言",北京:商务印书馆,1987年。
③ [英]西季威克:《伦理学方法》,第62页。
④ 西季威克还提到一个快乐主义的基本悖论,"旨在达到快乐的冲动若过甚便会毁掉快乐"。(同上书,第71页。)

时候,快乐只是行为附带的一种心理状态,是行为无阻碍地运行或克服阻碍而运行并取得预期效果后激发的心理奖赏机制,为的是强化这种行为。对适应性行为的奖励,是自然进化的一个功能①。当我们把看问题的视角改换为进化心理学,很容易发现,说快乐是一切行为的动机,可能是以偏概全、本末倒置了。对生物生存和繁衍这唯一决定性的目的并因此成为塑造生物习性最强大的力量而言,最要紧的事绝不可能是获得快乐。不,有重要得多的事,快乐根本就排不到前面。人类文化当然会重塑人的心理和价值观念,但是人性的基本结构和心理倾向这种自然性质不会发生根本改变,而边沁恰恰就是从自然的角度去论述人的心理和动机的。

哲学内部,在生命的动力和行为动机一事上,功利主义也遭遇到强劲对手。同为19世纪的哲学家,尼采(Friedrich Wilhelm Nietzsche)就嘲讽边沁和密尔,"人类并不渴望快乐,只有英国人才渴望快乐"②。尼采认为,我们的生活目的不是快乐,而是强力(power,或译为权力),"我们最终更喜欢的是逐渐增长的自大感,而不是纯粹的满足"。快乐和强力,哪一个才是生命的原初动力?显然,两个之中,哪一个对生命活动的种种表现的解释更合理、更自洽,哪一个就是答案;这样,只要把"快乐"和"强力"分别代入生活活动的表现,再比较两种解释的说服力即可:

假如根据强力、自尊、安全感与脆弱性,而不是根据快乐与幸福(相对于痛苦与苦难),我们的所有激情,或至少大多数激情都能得到更好的描述,那么,情况又会如何?比如,怨恨首先就是一种着迷于权力与地位的情感——或者相反,是一种执着于自身相对缺乏权力与地位的情感。于是,一种基于怨恨的道德体系就会最终努力满足那种怨恨,甚至以快乐与幸福为代价……用任何合情合理的功利主义的术语来说,这种行为简直就不是理性的。总之,怨恨似乎让

---

① 参见陈嘉映:《何为良好生活:行之于途而应于心》,第六章"快乐、幸福、良好生活",上海:上海文艺出版社,2015年,第177页。
② [德]尼采:《偶像的黄昏》,李超杰译,北京:商务印书馆,2013年,第5页。

卷入其中的每个人都更不幸,无论是怨恨者还是被怨恨者。①

强力意志(will to power)这个概念为了一个重要的目的而充当了一系列特定而又有限的假设,也就是说,人类的某些行为(或许是大量的行为?)是被对地位的需求、对控制的渴望、增强自己的资源与捍卫自身的尝试所激发的。鉴于此,它对立于快乐主义的这个假设,即人类的行为是为了追求快乐并/或避免痛苦。但显而易见的是,在尼采最狂热的时候,强力意志的假设以一种并非轻易可理解的方式,对他意味着更多的东西。

所以最后的结论是:

通过追求强力(或追求强有力的感受),而不是追求快乐(并/或避免痛苦),众多(大多数)人类的行为可以得到更好的解释。②

所罗门的上述论述告诉我们,与快乐相比,对强力的渴望,或曰强力(或权力)意志,更能解释人类的行为和情感。权力意志是不是一切行为的动机,我们不能肯定,可以肯定的只是,它提供的解释比快乐论更好③。这就是尼采反对功利主义的哲学根据。重新换回进化心理学的视角,我们发现,权力在群居动物尤其高等动物的生活中,的确扮演着极其重要的角色,而快乐在很多时候是

---

① [美]罗伯特·C.所罗门:《与尼采一起生活:伟大的"非道德主义者"对我们的教诲》,郝苑译,北京:生活·读书·新知三联书店,2018年,第107—108页。
② 同上书,第166页。
③ "只有认识到权力的嗜好是社会事务中重要的活动的起因,历史,无论是古代的或现代的,才能得到正确的解释。社会科学的基本概念是权力,它的涵义与物理学的基本概念是能量相同的。和能量一样,权力具有多种形式。社会动力学的法则只能从权力的角度,而不能从这种或那种权力形式的角度加以阐述。权力和能量一样,必须视为是能够不断地从一种权力形式转化为另一种权力形式,因此探索这些变化的法则,应当成为社会科学的任务。广义地说,最渴望权力的人就是最可能获得权力的人。权力的嗜好在怯懦者身上伪装成服从领导的冲动,这扩大了胆大者权力冲动的范围。权力的嗜好是那些最终成为显赫人物的一个特点。"(参见[英]罗素:《走向幸福·罗素精品集·权力论》,王雨、陈基发编译,北京:中国社会出版社,1997年,第185页。)

可有可无的、冗余的①。功利主义为使自己说得通、站得住,必须放弃快乐主义的心理学和价值观②。

西季威克对精神快乐高于身体快乐的说法,也提出异议。他认为,对一个饥饿的年轻人来说,这时候满足他身体的需求所带来的快乐,显然远远大于欣赏诗歌、思考哲学的快乐。密尔给出的论证,很难服人③。如果说密尔是通过诉诸知识精英界的常识来反驳边沁,那么西季威克则是通过诉诸生活常识来反驳密尔。西季威克这里强调的是,快乐是因人的处境而异的,不同处境中的人,需求不同,看重的快乐也不同。一概而论地坚持精神的快乐高于身体的快乐,理据并不充分。熟谙两种快乐的罗素也认为,"就情感内容而言,那些受过最高教育的人所得到的快乐,与我的花匠所体验到的是完全相同的,教育所造成的差异仅仅在于产生这种快乐的活动形式不同而已"④。此外,西季威克的论述也提示我们,饮食男女是人之大欲,是基本需求,虽然"低级",但是从其心理影响力和行为推动力来看,比精神需求只怕更强烈更顽强,而满足它们所获得的快乐也只怕比精神满足更大。密尔修正边沁,指出快乐并不同质,这是恰当的;但是他又想保留边沁的快乐可以比较(因此道德问题原则上都有明确答案)的观点,而强行规定精神的快乐高于身体的快乐,可能就失策了。

精神快乐高于身体快乐,是个跨文化的普遍错觉。而这个错觉是多方面因素造成的。身体的快乐和精神的快乐在性质和感受方式上的确有所不同⑤,在满足身体欲望的时候,过犹不及的那种中道很难把握,而按照人的自然倾向,我

---

① 以性快乐为例,动物学家发现,绝大部分高等动物,并不从性活动中体验到快乐。因此,无法用寻求快乐来解释它们的性活动。在性交往中与人类最接近的倭黑猩猩,性对它们更多是一种社交活动,而非寻求快乐。
② 密尔之后,功利主义的代表乔治·摩尔推出多元价值,以取代之前的快乐论。摩尔认为,快乐之外,真理、友谊、审美等等,其本身就有价值,而并不在于它们是否带来快乐。而当今的功利主义,进一步把快乐置换为偏好的满足,以这一外延宽泛的概念,来描述有价值的东西,同时坚持价值就是需求的满足这个的思路。
③ [英]西季威克:《伦理学方法》,第 74 页。
④ [英]罗素:《走向幸福》,第 118 页。
⑤ 但是西季威克认为,两种快乐并不因此就不可比较。([英]西季威克:《伦理学方法》,第 67 页。)

们往往更容易偏向过度,而非不及。而欲望的过度表达会造成身体的倦怠和不适,精神的快乐则不会。出于这一原因,希腊哲学家们认为身体的快乐与痛苦相伴①,不如精神的快乐那么纯粹,因此在价值序列上低于精神的快乐。在需求层次上,精神需求在身体需求之上,以身体需求的满足为前提。因此,与满足身体需求所带来的身体的快乐相比,精神的满足所带来的精神的快乐更难得、更稀缺,而稀缺会抬高价格,使我们因此更看重精神的快乐。此外,精神的快乐因其稀缺,而成为社会中精英阶层的标志性消费物,精英阶层倾向于垄断、神话这种消费物,以突出阶层隔离,稳固自己的社会地位。

如前所述,功利主义并不只是一种道德主张,它同时还是一种源远流长、其命维新的哲学传统,阵营内部仍在不断自我修正、自我更新,因而保持着旺盛的理论生命力。功利主义解决道德问题、引导人们行为的基本思路是看行为的后果,行为的预期后果好,则行为在道德上就是可欲的。在规范伦理中,这一思路被称为后果论。功利主义的理论优势和缺陷也集中体现在其后果论思路上。

关注后果是人类生存和繁荣的基本要求,任何道德体系如果想要被社会接受,就必须将这一要求纳入自身。《圣经》中耶稣教导其追随者放弃对未来的担忧和对现实后果的考虑,"不要为生命忧虑吃什么,喝什么,为身体忧虑穿什么……不要为明天忧虑"②。耶稣的一系列教导,被称为耶稣伦理,带有强烈的末世论色彩,但是这种完全无视后果的伦理,连神学家都承认,根本不具备现实可行性,依它而行连一天都活不下去③。功利主义与之前诸般道德体系的区别,不在于它关注后果,而在于它只关注后果④——只关注行为后果中所包含

---

① 认为身体的快乐与痛苦相伴的另一个理由是,身体的快乐来自欲望的满足,而欲望与匮乏相关,而匮乏是痛苦。
② 《新约·马太福音》6:25、6:34。
③ 尽管如此,耶稣伦理作为上帝的启示和神的话语,深刻影响了基督教伦理。尼布尔认为,耶稣伦理是"圣爱"(agapy)的表达,它"既否定又成全了互爱这一现实中的伦理"。Reinhold Niebuhr, *An Interpretation of Christianity Ethics*, NK: Harpers & Row, 1987, p.51.
④ 严格地说,这是经过理论提纯、简化之后的功利主义。具体到每一个功利主义者如边沁、密尔那里,他们的主张并不以这种纯粹的方式存在,而是混合有多重考虑,更丰富,但同时也不免芜杂。(参见[英]罗森:《古典功利主义:从休谟到密尔》。)

的自然价值。在功利主义这里,这一原则展现出奥康剃刀式的威力,把之前伦理学中的"多余"部分,不论是神还是灵魂,或其他形而上学设定,统统剃去了。所谓"多余"部分,是指共识、常识之外的那些观念。和自然法等古典伦理不同,功利主义并不致力于去构建关于宇宙、人性和价值的特别理论,它由以出发的人性论和价值论,与时代中人们的共识是重合的,同时也是开放的,功利主义"所确定的善,都是我们所追求的东西,也是我们希望自己所爱的人拥有的东西。无论我们是不是上帝的子女,无论我们有没有不朽的灵魂或自由的意志,我们都无法否认幸福的价值,因为我们总是珍视自己的幸福"①。

功利主义与启蒙运动是同步的,实际上,功利主义早期的几个奠基者弗朗西斯·哈奇逊、亚当·斯密、大卫·休谟等,同时也是苏格兰启蒙运动的代表人物。可以说,功利主义是他们的启蒙抱负的一部分,是启蒙运动在道德领域的推进。理性是启蒙的基本精神②,而功利主义自始至终体现了这一精神。功利主义要求我们关注后果,以后果评判行为或准则的道德属性。这种理论反对没有依据的道德义务,主张重新思考过去的道德传统。这样一来,任何道德主张都需要为自己提供论证。历史地来看,功利主义是针对偏见和迷信的最强有力的武器,因为功利主义所提出的标准和程序,向那些以道德的名义对我们行使权威的人提出了挑战③。

我们知道,到马基雅维利和霍布斯时代,个人观念开始出现了④,个人不再从社会获得其定义,相反,是社会从个人那里获得其定义⑤。自主的个人的观念中,良心自主是一个重要组成部分,而功利主义正满足了这一要求。在这个意义上可以说,功利主义是为现代人而打造的道德指南。

具备如此优势的道德理论,是否真的可以作为现代人的道德指南呢?实际

---

① [加]威尔·金里卡:《当代政治哲学》,第21页。
② 参见[德]康德:《对"什么是启蒙"的回答》。
③ [加]威尔·金里卡:《当代政治哲学》,第22页。
④ 参见[英]麦金太尔:《伦理学简史》,第10章。
⑤ 在霍布斯哲学中,首先出现的是独立的原子式的个人,个人联合而成社会。所以是社会从个人那里获得其定义,而非相反。

情况是,在道德哲学内部,对功利主义的批评从未停止过。撮其要者,有如下三点。

第一,功利主义的"范畴错误"。一个人为了自己的长远目标和最大幸福而牺牲当下的舒适和快乐,人们普遍认为这符合或至少不违反理性要求,西季威克将此称为"审慎原则"①。审慎原则不违反道德,因为这是个人自主的选择,是他的基本权利。但是罗尔斯(John Bordley Rawls)认为,功利主义错把适用于一个人的情况类推到了整个社会(使社会的幸福最大化),仿佛把社会当作了一个人(所以是"范畴错误"),因此忽略了个人就自己的一生所进行的利益平衡与在不同人之间进行利益平衡。

思维上的这一范畴错误导致的道德上的后果,是对个人权利的忽略,功利主义在这一点上备受攻讦。功利主义的最高乃至唯一目的是社会福利最大化,为实现这一目的,可以无视甚至牺牲个人或少数者的利益,即便这些人是无辜的,即便他们的利益在基本权利之列。功利主义内部,在这种冲突之间做过很多折冲调和,比如休谟就从准则后果论的角度论述说,不为某些特例而打破常规性的道德原则,其整体效果更好。但是这就等于承认了在面对道德选择时功利原则是有限制的,而非唯一或至上的,并没有真正解决个人或少数者的权利与功利原则之间的冲突②。

功利主义的上述窘境,暴露出其作为伦理理论的不足③。这种不足,在作为公共决策的指导原则时会充分体现出来。在个人生活里,我们很少会无由地去侵害个人或少数者的权利,因为生活中的我们并不握有公权力去决定他人的命运。生活中每个人都是个体,其权利受到法律的保护,只要他所在的国家是

---

① [英]西季威克:《伦理学方法》,第48页。
② 我们还可以为功利主义辩护说,权利之所以被确定,正是因为权利所肯定的效果是重要的,因此权利表达的其实是对效果的肯定。这一辩护同样没有解决当前的问题。
③ 但是功利主义者,不论是边沁还是密尔,并不真正主张社会福利最大化具有压倒一切的重要性,他们在持福利最大化原则的同时,又都是关注权利的平等主义者([加]威尔·金里卡:《当代政治哲学》),这不表示功利主义和权利观念可以简单融合,只是说,这些功利主义者自身的道德实践,比他们所宣扬的理论更复杂,因而也更难自洽。

正常的法治国家,但这并不意味着功利主义这一理论缺陷在信奉者的个人生活中完全没有表现的机会。一个真诚相信权利至上的行为者,和一个追求社会福利最大化的行为者,在思维、言论和行为选择上,其差异是不难识别的。所以即便在个人生活里,让功利主义做自己的道德裁判,也并不妥当。

第二,功利主义被合理描述为结果导向(outcome-centered)的道德理论[①]。对功利主义来说,结果(中所包含的自然价值)是最要紧的,人——不论是行为者还是行为对象,都隐而不显,都只是因那个结果而有价值。人在功利主义中的缺席,在行为对象那里表现为对个人权利的忽略[②],在行为者那里则表现为过于苛刻的要求。一个成熟、完备的道德体系应具备足够的弹性,其中既有最基本的道德要求,也有最高的道德期望。前者被称为完全义务,后者被称为不完全义务。违背前者,此人道德败坏;达不到后者,于其道德无损,但若达到则是道德楷模、道德英雄。像诚实、守信,就是典型的完全义务;而捐助、舍己为人、大公无私,是典型的不完全义务。显然,道德要求每个人一定要诚实守信,但并不要求每个人一定要捐助、要舍己为人,但是如果有人自愿这么做了,他会因此而被认为是道德楷模或道德英雄。如果某道德体系提高道德标准,把一般认为属于不完全义务的要求规定为完全义务,则该道德体系可能就会过于坚硬而失去弹性。道德需要考虑人性的高度和限度,需要考虑人性和社会的多样性、复杂性和不平衡性,陈义过高、取法乎上未必带来道德的提升,相反倒是有可能导致道德崩塌和道德虚伪,或者即便获得了期望中的道德提升,却损害了人们的生活。道德并不是生活的全部——否则就无须讨论道德与美好生活的问题,因为好道德就是好生活了,为道德而失去生活,则道德的意义在哪里?

第三,功利主义以社会福利最大化(或全部当事者的最大幸福)为指归,除此之外,不作他想。但在给定的条件下,一般只有一种行为在预期中可以实现全体当事者的最大幸福,即只存在一个最优解。而这个最优解,在功利主义这

[①] 区别于行为者导向(agent-centered)的伦理学思路。参见 Thomas Nagel, *Mortal Questions*, 1979, p.132.
[②] 当然前提是不与更重要的价值比如救人相违背。

里,是道德上唯一正确的行为选择。最优以外,即便选择次优,在道德上也是错的。实现功利主义的要求,行为者不仅要像计算机一样洞察时事,预测后果,比较得失,更要像计算机一样,克制各种私人情感,摆脱私人关系的约束,亦步亦趋,执行功利运算后的指令。人作为个体的人,处在特殊关系之中,每一个人都如此。所谓特殊关系,是指他与每一个具体的人所建立的关系,他的家人、朋友,以及各种社会关系。每一个人都像是一个涟漪的中心,而那些关系,是一圈一圈的涟漪①。这些特殊关系定义了人,勾画了他的存在方式,是生存的基本特征,而功利主义倾向于要求人们忽视这一事实。一般的伦理都允许甚至鼓励行为者给予自己亲密关系中的人多一些关注,而如果我们像对待陌生人一样对待自己的家人,这通常会被认为是怪异的、不道德的。简言之,对特殊关系更多关注,这是人性的自然倾向,也是道德的普遍要求②。但是功利主义设想了一种脱离这些"低级趣味"的高尚的人、纯粹的人,在这一点上,两种人性观-道德观之间,存在激烈的冲突③。

现实中的我们,处在各种复杂的人际关系中,也处在时间-事件之流中。我们不仅与未来相关,也与过去相关。在选择行为时,不仅要考虑行为的后果,也要考虑行为与之前行为序列的关联。换言之,我们不仅需要向前看,也需要向后看,而功利主义只要我们向前看,这样的道德理论,无疑过分简化、过分单薄了④。

---

① 这个比喻来自费孝通对差序格局的描述。(参见费孝通:《乡土中国·生育制度》,北京:北京大学出版社,1998年,第26页。)
② 既是人性的自然倾向,所以人们更恐惧那些违反这一自然倾向的人,所以设置道德以捍卫和强化这一人性的要求。
③ B. 威廉斯批评功利主义过于简单地理解了人性和道德,也正是这种冲突的反映。(参见[澳]J. J. C. 斯马特、[英]B. 威廉斯:《功利主义:赞成与反对》,牟斌译,北京:中国社会科学出版社,1992年。)
④ 其实功利主义的经典本身,作为一种口号则可,作为一个原则也是颇成问题的。表达任何一种道德学说,它既可以把平等作为优先原则,也可以把效率作为优先原则,但一定不能既把平等作为优先原则又把效率作为优先原则。但不幸的是功利主义恰恰这样做了,它一方面说道德从根本上讲就是使利益最大化(效率),另一方面又说道德根本上讲就是尊重人的平等要求。

5 "人是目的,而不仅仅是手段"

—— 康德的伦理学

中国第一代康德研究专家郑昕先生总结康德在哲学上的地位时说过,"超过康德,可能有新哲学,掠过康德,只能有坏哲学"①。郑昕所说的康德哲学,应该主要是指康德的认识论,这句话放到道德哲学领域其实更准确②,毕竟康德伦理是义务论的主要代表,而义务论和后果论几乎占据着整个规范伦理学③。

康德伦理之得名,在于它是康德所独创的道德哲学体系。康德的伦理学,是康德批判哲学体系的一部分,是其三大批判中的实践理性批判,它以康德哲学中的先验认识论为基础,因此也被称为先验的伦理学。康德力图把伦理学做成先验伦理学,即不受生活经验"污染"的纯形式的伦理学。但康德其人却只能是特定时空中的一个人,现实种种,是他必须面对的世界④。在生活之中反思生活⑤,反思的结论,真的能把生活中的点点滴滴,可见的和隐蔽的,排除在外吗?而排除生活所有内容之后的伦理,与生活的关联何在呢?

---

① 郑昕:《康德学述》,北京:商务印书馆,1984 年,第 1 页。
② 分析哲学几乎完全掠过了康德,但显然并不是坏哲学。
③ 现在一般认为,重新复兴的德性论在规范伦理学中三分天下有其一;又因为义务论和后果论都属于"基于原则"(principle-based)的伦理,而德性论是与之反对的以行为者为核心的伦理(agent-centered),这样德性论的地位在规范伦理学中就更加凸显。本书不采用这样的观点,理由后文会详述。
④ 作为社会一员活在当下的社会,担负对当下社会的责任,而作为人类一员又要超越当下的社会,担负对人类的责任。两种责任如何协调,是康德的难题,也几乎是每个人的难题,康德以"什么是启蒙"来回应这一挑战。
⑤ 生活——人应该如何生活,是伦理学最先和最主要的思考主题,其后才引出对"行动的理由"(reason for action)的思考。B. 威廉斯即认为,西方伦理学开始于并且应该回到苏格拉底对生活的思考。(参见[英]B. 威廉斯:《伦理学与哲学的限度》,陈嘉映译,北京:商务印书馆,2017 年,第 5 页。)

康德生在一个宗教氛围浓厚的家庭中，父母是虔信派的忠实信徒。虔信派是路德宗的一支，有"新教中的新教"的称号，意思是新教区别于天主教的那些因素在虔信派这里被进一步强化。虔信派重宗教情感和行为表现，但是轻教义和礼仪。他们强调虔敬，提倡勤劳俭朴，严谨自律，要求恪守宗教义务和道德规则，同时主张发挥自主性，从传统的束缚中解放出来。康德对宗教保持敬意，但成年后从未进过教堂①。在《纯粹理性批判》中，"康德扮演了一个铁面无私的哲学家，他袭击了天国，杀死了天国全体守备部队，这个世界的最高主宰未经证明便倒在血泊中了"②。上帝、灵魂这些自在之物因为不是经验对象而被悬置不论。而在《实践理性批判》中，康德只是出于对体系建筑术的偏爱，并顾念到"老兰培不能没有上帝"，才勉强保留了一个空洞的上帝观念。但这可能并不是事情的全部，宗教对康德的影响比人们看到的要深得多。无论是生活上，还是在价值选择上，康德其人都散发出虔信派的气息，有人甚至认为，康德伦理学就是新教价值观的哲学化③。

在哲学的时间线上，对康德道德哲学影响最大的，远的来自斯多亚学派，近的则是卢梭哲学。像斯多亚学派一样，康德伦理给理性和责任以特别突出的地位。在认识论上，休谟是唤醒康德的那个人④；在道德哲学上，卢梭则是重塑康

---

① 带学生去教堂参加崇拜是大学教师的一项职责，但是崇拜上帝与康德的哲学信念不符，康德解决这一冲突的方案是，他每次带学生到教堂门口，但是自己不进教堂。
② 认识论上否定上帝的神学和伦理学后果是，"现在再也无所谓大慈大悲了，无所谓天父的恩典了，无所谓今生受苦来世善报了，灵魂不死已经到了弥留的瞬间——发出阵阵的喘息和呻吟"。（[德]海涅：《论德国》，薛华、海安译，北京：商务印书馆，1980年，第304页。）
③ "康德的自由个体，本是一个超然的存有，超乎自然的因果关系领域之上。但是，在经验层面——亦即在以日常生活观点看待人类的层面，这项义理，却是18世纪深受康德与卢梭影响、西方道德与政治的自由人文主义之核心。从先验的层面来看，自由个体的概念是一种世俗化的新教个人主义，在这种个人主义中，理性生活的概念，取代了上帝的位置，个体的灵魂不再追求与上帝的结合，代之而起的是以下这个概念，亦即：个体生而赋有理智，他努力追求理智指引，而且，也只受理智支配，绝不依赖任何可能利用他的非理性本性，而使他误入歧途、使他陷入幻觉的食物。"参见（[英]以赛亚·伯林：《两种自由的概念》）。
④ "我坦率地承认，就是休谟哲学的提示在多年以前首先打破了我教条主义的迷梦，并且在我对思辨哲学的研究上给我指出来一个完全不同的方向"。（[德]康德：《任何一种能够作为科学出现的未来形而上学导论》，庞景仁译，北京：商务印书馆，2009年，第7页。）

德的那个人。改变人的价值观是非常困难的事,因为它无法通过说理来完成①,而卢梭恰恰改变了康德的价值观。康德的整个道德哲学,在某种意义上,都可以看作这个改变的结果。康德描述过自己这一心路历程,感人至深并且发人深省:

  我自以为爱好探求真理,我感到一种对知识的贪婪渴求,一种对推动知识进展的不倦热情,以及对每个进步的心满意足。我一度认为,这一切足以给人类带来荣光,由此我鄙夷那班一无所知的芸芸众生。是卢梭纠正了我。自目的偏见消失了,我学会了尊重人性,而且假如我不是相信这种见解能够有助于所有其他人去确立人权的话,我便应把自己看得比普通劳工还不如。②

  阅读两个人的著作会发现,卢梭对康德的影响,比康德自己意识到的,甚至还要多。

  知识论中的康德,以经验主义为友③;而道德哲学中的康德,则自觉与经验主义为敌,时刻戒惧自己不要滑向经验主义。在康德看来,如果他的先验伦理学中渗入经验的因素,就意味着他的道德哲学失败了。经验主义何以具有如此的破坏力呢?这与康德所秉承的那个时代哲学家们的普遍观念有关。

  康德之前的哲学家,不论是唯理主义的还是经验主义的,都认为,经验判断是可错的,因为每一个经验判断都可以设想其反面而不会违反逻辑(但是逻辑命题和数学命题就不一样,我们无法在不导致逻辑矛盾的情况下设想其反面)。这样,一个经验判断,原则上总是存在被证明为错的可能,它永远向新的经验开放,而不具有逻辑命题那样的确定性。用康德自己的术语说就是,经验只能提

---

① 参看前文"为什么需要道德"一节。
② [德]卡西尔:《卢梭·康德·歌德》,刘东译,北京:生活·读书·新知三联书店,2002年,第2页。
③ 常见的说法是,康德调和(或综合)了理性主义和经验主义,采纳了两方面的原则,得出"知性无经验则空,经验无知性则盲"的结论。

供后天综合判断,而不能提供先天综合判断,因此是可错的。经验判断、经验知识既然没有那么可靠,则基于经验的道德原则上也就没那么可靠。它们因为是经验的,而不具备普遍必然性,只能因时、因地、因文化、因行为主体的不同而不同。康德认为,这样的伦理学不足以担当提供道德原则的重任。伦理学应该提供统一的道德原则,原则不同,道德判断无从取材,道德纷争不能止息。

康德反对经验主义伦理学的另一种考虑是,经验主义伦理学说不能予人以应有的地位,仍把人限定为自然中的一物,人只能服从于自然因果律,而不能享有超出自然的、制订法则的自由,但只有这种自由,才能使我们获得作为实践主体的尊严。

这是康德反对经验主义的两个理由,也是他给自己的先验伦理学树立的两个判定标准:满足它们,则先验伦理学才算是成功的。

康德着手建立先验伦理学的思路清晰明了:经验主义伦理学是错的,那么就反其道而行,避免走经验主义之路,如此获得的伦理学就是正确的。而避免走经验主义之路,首先要知道道德哲学中经验主义的表现是什么。康德认为,当意志(行为的启动者)的决定根据是冲动、欲求、习惯等主观性的东西时,这样的意志就是经验的意志,基于这种意志的道德就是经验主义的道德。因为,诸如冲动、习惯、欲求等东西是因人而异的,我们对这些它们的认知、对某种理性存在物(比如人)是否具有某种冲动、欲求或习惯的认识,必须通过经验才能获得。我们永远无法先天地(不通过经验)确定某一理性存在物是否具有某一欲求;换言之,理性存在物具有何种欲望,只能后天地,也即从经验中,通过经验的方式而知,单纯从"理性存在物"(或"人")这一概念,我们无法先天地知道任何关于欲求的知识。因此,欲求等是经验性的,而将欲求作为道德的根据,就是经验主义的道德,其表现形态有快乐主义、功利主义、利己主义,以及亚里士多德的幸福论等等。康德认为,经验主义的道德至多只能合乎道德,而不可能出乎道德①。

---

① 两者的区别在于,出乎道德是出于行为者的善良意志,即行为者自己决定玉成善事,按照亚里士多德,这是德性的要素之一;按康德,只有出于善良意志的,才是唯一的真正的善。(转下页)

既已知道道德哲学中经验主义的表现和错误,接下来将经验主义排除出伦理学,即可建立先验的伦理学。这里康德运用自己在纯粹理性批判中获得的结论,来构建他的实践哲学体系。"先验伦理学"中的"先验",指的是认知形式和认知能力。任何一个(经验)知识判断,都是经验(知觉)加先验形式构成的,前者是知识的质料部分,后者是其形式部分。这就是"知性无经验则空,经验无知性则盲"所表达的意思,知性就是认知形式和认知能力。知识中的经验内容,即质料部分,因为是经验的,所以不具有普遍必然性,普遍必然性只能来自先验形式①。知识判断如此,伦理规则也如此。任何可称为伦理规则的原则都由两部分组成:形式的部分和质料的部分。形式的部分即原则所采取的表达方式,比如因果范畴;质料的部分即原则所表述的内容。就道德原则而言,由于内容的部分不能来自经验,所以只能用排除了内容的纯粹形式充当道德原则,这样一来,道德原则就只剩下一个普遍的形式和一个愿依普遍形式而行的意愿,两者相加,得出康德实践哲学的第一原则:"这样行动:你意志的准则始终能够同时用作普遍立法的原则。"或"仅依据你能同时意愿它成为一项普遍法则的那项规则而行动。"②从康德的立场来看,这一原则满足了先天综合判断的要求,既是先天的(不依赖于经验),又是综合的(谓项对主项有所说明),为我们提供了具有普遍必然性的道德知识,因此有资格充当伦理原则。而从道德哲学的角度来看,这一原则因同时包含了对他人意志的考虑,有资格充当道德原则。

　　第一立法原理提出的道德规则被称为"可普遍化原则"。根据这一原则,看某一行为或某一行为准则③是否符合道德,就看它是不能被普遍化,如果能被

(接上页)合乎道德则是说,行为符合道德规范,但是行为的动机却未必,可能合也可能不合。坏心做成了好事,或者无心而做成了好事,都是合乎道德的行为,有其自然价值,但是显然,常识的道德评价不认为这类行为是道德行为。

① 康德哲学中的普遍必然性以及客观性,是认知主体之间的一致性,这与今天这两个概念的用法有很大不同。在康德这里,如果人人都持有某一观念,这一观念即具备普遍必然性和客观性。
② [德]康德:《实践理性批判》,韩水法译,北京:商务印书馆,2009年,第31页。
③ 康德实践哲学中,准则区别于法则,准则指主观的行为规则,而法则指客观的行为规则。客观,是康德哲学意义上的客观,意思是这一规则不仅"我"遵守,其他每一个人都应该遵守。

普遍化，则可以作为道德规则；反之，则不能。以康德特别喜欢的借贷为例。某 A 向某 B 借贷，此时他可以有两种心理状态，1. 借贷同时决意要还，2. 借贷同时暗中决意不换。某 A 知道，借贷并且在约定归还的时间坚决不还，甚至一直不还，则他的信誉和声望会受损，而信誉声望的损失又将带来利益的损失，而如果这种行为被普遍化，即其他人也普遍如此，那么社会的诚信度将会下降，人与人之间将不再有信任，而信任的崩塌将使社会交易成本大大增加。可见借贷不还既不利于借贷者，也不利于整个社会。所以这是一个不应该被普遍化的行为。

诚信是所有社会的规范，正如麦金太尔所说，即便不诚信，也是以诚信为前提的。各种道德学说对此并无异议，其分歧在于诚信之为道德要求的依据是什么。前述论证通过诉诸不诚信的后果来证明无信不立，但诉诸后果是后果论的论证方式，是康德眼中典型的经验主义的道德理论，因为后果是否可接受，是通过与人们的愿望、欲求比照而定的，而愿望、欲求，是经验的对象。

单凭我们喜欢或不喜欢某行为的后果而判定行为的道德属性，在康德看来，这太随意了。人类愿望的多变是谁都无法否认的事实，基于愿望的道德何以普遍必然？正是在这里，康德和经验主义伦理分道扬镳了。当某 A 在选项 1 和选项 2 之间举棋不定时，康德告诉某 A，把两个选项分别普遍化再来看看。选项 1 普遍化，即设想当此情境下，每个借贷者都借贷同时决意要还，我们发现这一行为并不存在任何问题，完全可以顺畅地进行下去，所以借贷并且决意要还符合道德要求。选项 2 普遍化，即每个借贷者在借贷的同时决心不还，我们发现这样一来借贷行为自我瓦解了，因为借是以还为前提的，"还"是"借"成立的条件，没有还，则无所谓借，而只是取、拿、要①……可见借贷而决意不还是无法被普遍化的，因此也就不符合道德。在这一论证过程中，我们看到，康德并未诉诸经验性的后果，没有根据我们愿望、欲求判断行为是否可欲。决定行为能否被普遍化的，是其逻辑后果和语义后果，而非经验后果。在借贷的例子中，康

---

① 借同时也是还的条件，因为没有借，当然也就无需还，而只能是赠、给……

德成功地向我们展示了如何只凭理性确定行为的道德性质。

普遍必然性之外,康德伦理学的另一个目标是给人以尊严,使其区别于自然中的一物,这是通过"自由"这一概念而实现的。

实践哲学的第一原则是完全由理性所推导出的法则,遵从这样的法则实际也就是将理性作为意志的决定根据①。这样的决定过程完全不同于自然现象②,因为自然现象是我们感觉和经验到的,是经过知性范畴整理的表象,因此受因果范畴的制约,而受因果范畴制约,是无自由可言的③。而理性决定意志,完全独立于自然因果,是非因果性的,因果性意味着被决定、不自由,非因果性与其相反,因此意味着不被决定、自由。所以理性作为意志根据就意味着自由。在康德看来,自由并非不依法则(不依法则是荒谬的),自由在于只被法则④所决定。一个只被法则所决定的意志,就是自由意志,而只有出于自由意志,才有道德责任可言⑤。所以,在这里,人的道德是真正意义上的自律⑥,因为人是自由的,自由的人自己决定遵守法则;而经验主义的道德是他律,即由欲求等目标而决定他如此行为。康德把前者称为直言命令,后者称为假言命令。

道德法则已经齐备,但执行道德法则是另一回事。人类虽被设定具有纯粹意志,但不具有神圣意志⑦。意思是说,人类意志虽然可以被理性所决定,但其

---

① 从而区别于经验主义的伦理,因为经验主义伦理是将愿望、欲求、好恶等经验对象,作为意志决定的根据。
② 康德哲学中,自然不是如今自然界意义上的客观自然,而是我们认识中的自然,是经过认识的结果,意义与现象相当。
③ 因果关系、决定论、必然、自由等一系列概念的关系,参见前文"自由意志与道德责任"一节。
④ 这里的法则即是理性的要求。在康德实践哲学中,理性、自由、法则、绝对命令,功能不同,但是它们之间是相通的,并且指向同一种要求。
⑤ 康德以外,大多经验主义哲学家比如霍布斯、休谟等人,并不这么认为,因此这并非哲学界的共识,而是康德所继承并坚持的来自基督教神学的观念。
⑥ 康德哲学中,行为被理性所决定称为自律,否则即为他律。这与一般意义上的自律他律用法不同,一般意义上,自律指的是一个人对自己行为的控制,而不管控制行为的是此人的理性还是其他什么。
⑦ [德]康德:《实践理性批判》,第33页。

意志并不如上帝那样只被理性所决定,他的意志随时受到欲望等经验性因素的干扰,使他的意志无法做到处处合乎法则而不相抵触。正因有对法则的违抗,所以法则对意志就是一个命令:"法则要求我们以一种绝对的方式行事,而不待我问:我是否有为达到所欲求的结果而必需的能力。"①法则和意志是两类不同的东西,不同的东西之间无法相互作用,因此法则和意志之间还需要一个联通两者的中介,这就是道德情感。康德认为,法则瓦解一切与法则相抵触的禀好,而由于法则抑制了一切禀好,它必定导致一种情感,一种对法则的敬重,这是一种道德情感,而且是唯一的先天的道德情感②。

这唯一的道德情感,表现出鲜明的与道德的相关性。康德论述说,敬重只能针对有意志者,物只是畏惧、喜爱的对象,敬重只对人的品质,而不可能对一切非道德属性的东西。敬重并非快乐,而是远高于快乐,它近于崇高、壮丽。敬重作为一种道德情感,是"惟一而同时无可置疑的道德动力"③。正在康德这里,完成了道德与非道德的彻底分野,从此之后,道德只为道德的理由。

道德之于我们,除了是一个命令,还意味着什么呢?接下来的论述,算是对为什么要有道德的康德式的解答,也是卢梭对康德影响的再次显现④。康德认为,道德、理性、自由、敬重,这一系列东西带我们进入经验中从来不可能进入的物自体的世界,"理性存在者,作为存在者自身,意识到它是一个能够在事物的

---

① [德]康德:《实践理性批判》,第18页。
② 先天是说道德情感不依赖于经验,以理性为根据。
③ [德]康德:《实践理性批判》,第85页。
④ 卢梭认为,唯有道德才使人真正成其为人:"由自然状态进入社会状态,人类便产生了一场最堪瞩目的变化;在他们的行为中正义就代替了本能,而他们的行动也就被赋予了前所未有的道德性。唯有当义务的呼声代替了生理的冲动,权利代替了嗜欲的时候,此前只知道关怀一己的人类才发现自己不得不按照另外的原则行事,并且在听从自己的欲望之前,先要请教自己的理性。虽然在这种状态中,他被剥夺了他所得之于自然的许多便利,然而他却从这里面重新得到了如此之巨大的收获……他从一个愚昧的、局限的动物一变而为一个有智慧的生物,一变而为一个人。""我们还应该在社会状态的收益栏内再加上道德的自由,唯有道德的自由才使人类真正成为自己的主人。"([法]卢梭:《社会契约论》,何兆武译,北京:商务印书馆,2003年,第25、26页。)此外,在《社会契约论》中,卢梭反复强调,公意之立法必须在事前且针对非特殊的事件,这与康德的可普遍化原则也是一脉相通的。(参见[法]卢梭:《社会契约论》,第39页。)

理智秩序中被决定的此在"①,主体"通过道德法则确立的作为自由的因果性和通过自然法则确立的作为自然机械作用的因果性,除非将与前者相关的人表象为纯粹意识中存在者本身,而将后者表象为经验意识中的现象,就不可能统一于同一个主体,即人之内"②。

这就是康德对道德的定位:道德使人成为人,是人之为人的规定性,道德使我们真正像物自体那样存在着。道德之于作为实践主体的我们,就像星空之于作为认识主体的我们,"有两样东西,我们愈经常愈持久地加以思索,它们就愈使心灵充满日新又新、有加无已的景仰和敬畏:在我之上的星空和居我心中的道德法则"③。在现象界,星空让我们超越日常种种琐碎,心驰神往于宇宙最深邃处,知道当下的转瞬即逝以及一刹那的永恒。在物自体的世界,道德律引领我们摆脱经验、自然中的一物、必然性等种种束缚,作为实践主体依理性而行,从而展现自由,收获尊严。至此,康德实现了给自己树立的第二个目标,还实践主体以超出自然中的一物的尊严。

第一立法原理所表达的可普遍化原则,是纯形式的原则——行为只要可以被普遍化即符合道德,而不论行为达成何种目的。行为在形式上可以被普遍化,只是说,每个人都依此而行,并不导致逻辑矛盾,仅此而已。这是对我们的行为选择设置了一个逻辑的门槛,但是仅仅靠逻辑门槛能筛选出道德行为吗?我们期望于道德的,并不只是行为符合某种逻辑要求,而是行为增进人类福祉。所以,如弗兰克纳所说,可普遍化只是道德体系的必要条件,而非充分条件。任何道德体系,还必须包含仁爱这一原则④。

仁爱原则在康德伦理中的表述是"人是目的,而不仅仅是手段"⑤。康德认为,这是第一原理的推论,因此仍然保持为形式的原则。康德为这个"推论"提

---

① [德]康德:《实践理性批判》,第44页。
② 同上书,第4页,注释1。
③ 同上书,第177页。
④ [美]弗兰克纳:《伦理学》,第67页。
⑤ [德]康德:《实践理性批判》,第95页,"决不把这个主体单纯用作手段,若非同时把它用作目的"。康德:《道德形而上学原理》,苗力田译,上海:上海人民出版社,2005年,第53页。

供了两种"演绎"①,我们按照他在《纯粹理性批判》中的说法,可以分别将其称之为客观演绎和主观演绎。首先来看客观演绎。康德论证说,必须确立"人是目的",因为若非如此,就根本不会有任何东西具有绝对的价值,但如果一切价值都是相对的、有条件的、偶然的,则理性根本无法有最高的实践原则。如果人不是目的,那还有什么有资格充当目的呢?但是显然我们必须找到一种目的,否则手段序列将无穷倒退下去,于是就只能是人来充当这一目的了。主观演绎:康德认为,每一个人在主观上都希望自己被当作目的,而不仅仅是手段,这是人类的一项主观原则,但由于其他有理性者也必然希望被如此对待,因此成为一项客观法则。

康德自信地认为:"人是目的……"是第一原理的推论,而推论本来蕴含在原命题中。原命题是纯粹形式的要求,那么推论也是。但是说"人是目的……"是第一原理的推论,就太牵强了。康德给出的论证,客观演绎显然不是从普遍化原则推论出来的,主观演绎用到了普遍化原则,是将人的主观愿望普遍化。而基于欲求、愿望的伦理学,是典型的经验主义伦理学。可以说,从推论开始,经验的因素已经进入康德的道德哲学。第一立法原理及推论,使康德伦理成为一种混合的伦理。

推论"人是目的,而不仅仅是手段",经常被简化为"人是目的",或被讹传成"人是目的而不是手段",它们与康德的原意相去甚远。"人是目的……"的原意是,人可以作为他人实现自己目的的手段,否则人与人之间就不存在合作、雇佣等关系,因为我们与别人合作或雇佣别人,就是为了实现自己的某种目的,而合作者或被雇佣者,对我们来说就是实现这一目的的手段。但是人不能只作为手段,否则人就成了一物,成了工具,被物化,而不再作为人而存在了。人作为主体的尊严、他的需求,也就是他的目的性,在合作中、在被雇佣时也必须有所体现。这就是"不仅仅是手段"的完整意思。

"人是目的……"是康德从卢梭那里学到的"对人性的尊重"。第一立法原

---

① 即证明。

理从"理性存在物"的角度,划定人的行为范围,这时候的人被定义为抽象的理性存在物,理性成了人的唯一规定性,理性之外,情感、欲求、愿望,都是人性中非本质的因素。而"人是目的……"则是对作为一个整体的人的肯定,理性、情感、欲望,都是人性整体中的一部分。这是真正体现康德伦理的现代精神的原则。人性的这种整全性,在康德伦理中具有至上的价值。康德伦理反对因处境不佳——比如病痛——而自杀①的理由,就是认为这违反了"人是目的……"这一原则,把人变成了实现快乐或其他某种欲求的手段。

康德被认为是启蒙运动的总结者。康德伦理所表达的,是启蒙运动的主流观念,康德的创新在于他的表达方式:他用了一种曲折的方式,表达了对启蒙运动所推崇的价值的肯定。康德道德哲学中,理性是核心概念,他把人定义为理性存在物,认为理性是人的本质规定性,不违反和配得上这一规定性,即不违反理性和配得上理性,就成了道德的要求和使命。康德把人与社会、人与他人的关系,转化为人的内部世界中理性与欲望的关系②,这样理性的法则就成了道德的法则。但是这种转换是否必要,在转换中是否丢失了什么?以赛亚·伯林评论说:

> 那个自我,在康德处被转换成抽象的自我……先验的自我实际代表"应该",去指挥命令"是"的经验的自我。但是,事实上,这里有自我分裂交战之虞,在历史上、学理上以及实践上,已经轻易地助成了人格的剖分为二,其一是先验的、支配的控制者;另一则是需要加以纪律、约束的一堆经验界的欲望与激情……从先验的层面来看,自由个体的概念是一种世俗化的新教个人主义,在这种个人主义中,理性生命的概念取代了上帝的位置。③

---

① 因此也是反对安乐死的理由。
② 理性即普遍法则,欲望即对法则的干扰、破坏。人与他人的冲突,即经验性的习惯、欲求、愿望与普遍性的理性法则的冲突。
③ [英]以赛亚·伯林:《两种自由的概念》。

道德的基本功能,是指导我们的行为选择①。而在这一点上,康德伦理十分失职。在借贷的例子里,康德伦理成功地表明,它和常识道德高度一致,也能提供给我们一个明确的规范。但这是一个非常有利于康德的事例,在其他许多事情上,他并没有这么幸运,换言之,康德伦理无法提供明确的选择,而只能给我们划一个选择范围,此范围中的许多行为,都符合康德伦理的可普遍化要求,也就是说,在我们需要道德理论的帮助的时候,它转身走了。而麦金太尔则认为,康德伦理不仅空洞,不能予人以切实的指导,甚至还混乱,不够格作一种伦理理论。

事实上康德的绝对命令是很难信赖的,即使就它本身的条件而言也是如此。因为康德对真正的道德律令的检验是:我能够永远一致性地将它普遍化。然而,只要足够聪明灵活,几乎每一个律令都能一致性地普遍化,因为我所需要做的只是,以这种方式来描述我们所谈论的行为:如果行为准则能够普遍化,它将允许我做我想做的,而禁止其他人做导致该准则失效的事情。康德问:我能否一致地将"只要适合于我,我就可以背弃诺言"这一行为准则普遍化? 不过,假设他问的是:我能否一致地将"只有当……时,我才可以背弃诺言"这一行为普遍化? 省略号所标之处可以用巧妙设计的话来填充,使这一行为准则适用于我现在的情形,但只适用于为数很少的其他情形,而且完全不适用于这样的情形,即:假如别人遵守这一行为准则,它将给我带来不便,更不用说表明这一行为准则不能一致地普遍化了……康德职责概念的形式特点使它几乎可以容纳任何内容②。

对康德最尖锐的批评来自罗素。罗素发现康德伦理和斯多亚伦理之间的高度相似性,所以将它们捆绑在一起进行分析批判:

康德的伦理体系非常有似于斯多葛派的伦理体系。的确,康德可以说除了

---

① 由于道德悖谬的存在,道德在某些事上只能提供相冲突的答案,但这并不等于说道德没有提供答案。
② [英]麦金太尔:《伦理学简史》,第261页。

善的意志以外就没有什么善的东西了;但是唯有当意志是朝向着某些目的的时候,它才是善,而这些目的的本身却又是无所谓的。A先生是幸福呢,还是不幸呢? 这是无关重要的。但是如果我是有德的话,我就要采取一种我相信可以使他幸福的行为,因为这就是道德律所吩咐的……因此,斯多葛派的伦理学就可以表述如下:有些事情被世俗认为是好东西,但这是一个错误,真正是善的乃是一种要为别人去取得这些虚伪的好东西的意志。这些学说并不包含有逻辑上的矛盾,但是如果我们真正相信通常所认为的好东西都是毫无价值的话,那么这种学说就丧失了一切的可信性了;因为在这种情形之下,有德的意志就可以同样地朝向着迥然不同的其他目的。①

6 要义务论,还是要后果论

　　康德伦理学是典型的义务论伦理学。义务论与后果论相对立,反对根据行为的预期后果中所包含的自然价值,判断行为的道德属性②;主张根据行为本身的性质,判断其道德属性。所谓行为本身的性质,指行为是否符合某种原则或直觉。对康德伦理来说,就是行为是否符合可普遍化原则;对基督教伦理来说,是看行为是否符合教义和教会的种种规定;对直觉主义伦理来说,则是看行为是否符合道德直觉。后果论和义务论,各占据我们行为选择时所着重的一点。义务论被描述为以行为者为中心(agent-centered),而后果论是以后果为中心(outcome-centered)。义务论被认为是向后看的伦理,即根据过去的某种事态而决定当下的选择,比如履行诺言就是基于过去的承诺;而后果论是向前看,即向未来看,根据未来的某种事态而决定当下的选择。就其所提供的行为指导而言,义务论规定的义务有明确的界限,在界限以内不可,以外则无碍,因

---

① [英]罗素:《西方哲学史》,何兆武、李约瑟译,北京:商务印书馆,1963年,第340页。
② 通俗地说就是,反对根据行为后果的好坏,判断行为是否符合道德。

此它指向明确的行为,为行为者留下的空间更广阔;而对后果论者来说,只有最好的才是符合道德要求的。义务论之所以坚持伦理规则的重要性,是因为它坚持认为不做错事是最首要、最基本的道德意义。由于义务论一般明确提供一个准则列表,所以行为者事先即可明确自己的行为方向。这样的伦理道德概念类似于法律的要求。

对手往往比自己更了解你自己。义务论者常常谴责后果论者,他们平等地看待自己、亲友和其他人的利益,他们为自己的生活保留的空间太狭小,而任何一种值得过的生活都不可能做到这一点,多考虑我自身、我的亲友应该是允许的①。

后果论者认为义务论走到了另一极端,义务论者对自己是否遵守规则的关注多于对他人利益或生活的关注,他们只关注自己的行为和自己的德性,对他人的德性以及伦理规则本身是否被破坏却不加关注。如果他们奉行的规则中有不说谎,那么他们在宁可放弃更重要的事,比如救人,而遵守不那么重要的事②。

针对后果论和义务论各自的理论缺陷,很容易构造出展示其不可接受性甚至荒谬性的道德情境。这些道德"反例"当然不可能一次性"证伪"后果论或义务论,如一般理论一样,它们都可以修补自己的理论,或为自己找到辩护的理由。在现有的理论体系以外,沿着这两种思路,还可以继续发展出新的、更精致的道德体系。但是即便这些更精致的道德体系,也难免重蹈先前后果论和义务论的覆辙,因为这两种解决道德问题的思路,都犯了纲领性的错误,而非技术性的局部性的错误。

其错误的根源在于低估了道德生活的复杂性,对道德发生的自然史和道德

---

① 德性伦理的代表人物斯洛特则认为,作为义务论的康德伦理过分贬低了自我利益的分量。德性伦理要求自我幸福和他人幸福之间的对称性,但是"在个人幸福或福利方面,与利己主义的偏爱行动者(牺牲他人)的不对称性和(功利主义的)后果主义的自我-他人对称性相比,常识道德和康德主义道德都具有牺牲行动者的自我-他人不对称性"。([美]迈克尔·斯洛特:《从道德到美德》,周亮译,上海:译林出版社,2017年,第14页。)
② 彼彻姆:《哲学的伦理学》,第184页。

发展的文明史缺乏了解。

首先看道德发生的自然史。人类必须采取内部合作的方式才能适应环境，生存繁衍。而为了维持内部合作，共同体成员必须遵守一系列行为规则①。那些没有能力维系内部合作以及合作效果不佳的，在群与自然的对抗、群与群的竞争中被淘汰出局了；那些不遵守合作规则的成员，为群所不容②。这些规则内化于成员意识，成为刻印在个体意识中的先天的直觉或情感。这些先天的直觉和情感，是我们最根本的道德意识。自然环境在变，人类的生存条件也在变，共同体的合作模式需要跟上外部生存条件的变化，维系合作的行为规则也相应有所增减和修改，个体成员的道德意识也要做出调整，这种调整在世代更替中接受自然选择的筛选，沉淀为先天的直觉或情感。在自然演化史上，道德不是无病呻吟、多愁善感、锦上添花；道德服务于共同体的合作关系，目的明确，实用性也很明显。道德规则-道德情感的生成和被留置，取决于其实用性，而非逻辑融贯性。因此道德要求中，有对后果的关注，也有对原则的坚守，就像亚里士多德说的，有些事，不论怎样也不能做③，意思是不论后果如何，都不能违反。这样的规则可以找出许多。从进化的角度，我们当然可以说，这些规则说到底还是服从进化规律，服务于生存竞争，是后果决定的，"自私的基因"将其筛选出来作为共同体的规则。但是人类进化过程中的绝大部分时段，是人口仅有100—200人的小规模社会阶段，这一社会规模之下发展出的道德情感，其中很多并不适合文明发展起来之后的大规模和现代的超大规模社会。但是小规模社会

---

① "与人们几乎不相信他人会合作的情况相比，当人们相信他人会合作时，合作的概率会更高。依靠信任维系的合作可以看做与很多领域相关的一个互动的后果。"（参见[美]赫尔伯特·金蒂斯等主编，《道德情操与物质利益：经济生活中合作的基础》，李风华等译，北京：中国人民大学出版社，2015年，第163页。）

② "当利他主义惩罚者普遍常见时，背叛者很难背叛，但是当利他主义惩罚者很少时，背叛者容易背叛。"（[美]赫尔伯特·金蒂斯等主编，《道德情操与物质利益：经济生活中合作的基础》，李风华等译，北京：中国人民大学出版社，2015年，第212页。）

③ "有些行为是我们即使受到了强制也不大可能做的，或者是我们宁可受尽蹂躏而死也不肯去做的。例如，欧里庇德斯的戏剧中的阿尔克迈翁被迫杀死母亲的那种理由就是可笑的。"（[古希腊]亚里士多德：《尼各马可伦理学》，第59页。）

经历了几十万年的时间,其间生成的道德情感在我们意识中最基础、最稳定、最顽固。在走向大规模、超大规模社会之后,这些情感中许多已丧失其目的性,但是它们还留在我们的意识中,根深蒂固。我们没有办法去除它们,甚至没有标准去评判它们——用什么标准判断这些基本的道德情感呢?我们用以判断的,不也来自长期进化形成的道德情感吗?用其中这一些去评判那一些,合理性何在呢?为什么不是用那一些去评判这一些呢?可以找到判断的终极标准吗?

以能否适应现代社会做标准可以吗?显然是不可以的。为什么现代社会就成了终极目标?现代社会有许多不足,而不足不是以现代社会本身而是以另外的观念为标准裁断出来的。我们对现代社会不是有许多不满和批判吗?而且现代社会乃至被认为构成现代性的那些基本观念,也并不具备一致性。如果以现代社会为标准,那么以它的哪一部分为标准呢?

以有利于人类的生存繁衍为标准吗?毕竟人类一路走来,积累下来的道德直觉、道德情感都以此为目的,现在重新回到这一根本目的上来,清理掉那些已经不合于这一目的的道德要求,不也合情合理吗?(当初让自然法理论感到棘手的那些追问,同样也可以拿来追打这一主张。)人类的生存繁衍具有重要价值,但为了人类生存繁衍,我们可以做一切事吗?我们可以为了不出场的未来人类,而杀死在场的一半无辜的人类吗?那为了共同体的和谐而生出的道德情感,比如仁爱,以及基于精神追求的理念,比如慈悲,可以还原回人类的生存繁衍并被它所替代吗?生命对于个人尚且不具备至上的地位——生命中有许多价值值得我们付出生命去守护,缺乏贵族和英雄气质者如亚里士多德都承认"有些行为是我们宁可受尽蹂躏而死也不肯去做的",生存和繁衍对于群体怎么就有了至上的地位?而且,即便我们认可人类的生存繁衍是道德的最高价值,生存繁衍的标准又是什么?是"生养众多遍满了地",还是使人类这一种群在宇宙中生存的时间足够长?足够长的人类,其实也就是一代一代人类的叠加,为什么他们的生命就重于我们现在的生命和生活?而即便我们确定了何为人类的生存繁衍,问题依然存在。因为固然可以知道哪些行为可破坏人类的生存繁衍,比如环境恶化,资源枯竭,但是我们很难识别和论证出来,道德中的哪些要求会促进人类的生存繁衍。生存繁衍是个系统宏大的目标,单独某项道德要求,和这一目标的关系并不明确。要论证某项道德要求和生存繁衍的关系,恐怕需要回到共同体的合作和谐上来,而这样,就又回到了我们最初的出发点——生存繁衍从裁决道德争论的位置中退去了。

以人类繁荣为标准吗?人类繁荣经常被表述为道德的目的,但这其实只是一种笼统的说法,相当于人本主义理念或"人是目的",除此之外,它并没有更多的内容。

从进化的角度看,道德的功能在于增进人类合作。人类合作是个复杂微妙的系统,与人性中的许多因素相关——确切说,二者是共生演化的。我们有许多需求,道德对我们也有许多要求。道德要规训这些需求,压制或助长,使其变得适合与他人合作。道德要拧紧人性的每一颗螺丝,一颗螺丝不能取代或统摄另一颗,它们一起起作用。

仅从自然史的角度已经可以看出,用一种人为的道德理论体系,去重新表述并替代长期演化积累下来的道德直觉、道德情感以及在此基础上形成的道德观念,注定会失败。融贯性是理论的基本要求,而后者偏偏不具备这种融贯性,生活实践以及道德生活本身可能也并不需要这种融贯性。把全部的道德知识强行纳入一个统一的体系,然后再从理论的第一原则中曲折引出生活中本来有的各种行为规范——如果引不出来则证明这个理论是失败的,这样做的意义并不大[①],至少实现不了其初衷。裁断道德理论体系的终极标准,仍然是我们本已有的道德共识,而既然这些理论体系都是不完全的,无力替代道德共识,我们的选择应该是,回到常识道德。

把道德发展的文明史考虑进来,则道德观念之间的不一致、道德生活的复杂性更加明显,而去统一这些观念的可能性,就变得更加渺茫。

[①] 这里只是说,用道德哲学的理论体系替代常识道德的方案是失败的,而不是否定它们其他方面的工作。其他方面的工作,当然是卓有成效的。

7 只归纳，不统一

——尝试一种反理论的伦理学

反对构建统一的道德体系，主张回到常识道德，这可以称为一种反理论的立场。反理论并不反对对常识道德的归纳和反思，也不反对对常识道德中某些观念的辨析、澄清、修正、批判和清理，它反对的，是以替代常识道德为目标去构建一个具有融贯性的理论体系。常识道德中的观念需要批判清理，这是毫无疑义的。不过这种批判清理，是常识道德的自我批判、自我澄清，而非以另外的超越性的标准展开的批判，因为另外的超越性的标准是不存在的。我们需要辨析常识道德中某一观念和其他观念之间的关系，知道坚持或否定这一观念在常识道德其他观念中引起的连锁反应，知道哪些观念纯属衍生性的、条件约束的，哪些观念是原生的、不可还原、不可归并的，等等。上个世纪英国哲学史家、道德哲学家威廉·大卫·罗斯（William David Ross）的"显见义务论"，可以看作是这种努力的一个成果。

经典的道德理论由一条或一系列基本原则组成，若道德原则多于一条，必须说明它们之间的等级关系，原则之间必须融贯，否则难以被接受，因为融贯是对理论的基本要求。罗斯的显见义务论不遵循如此的规则，它并不认为基本原则间存在等级关系，因此没有提供一个优先原则，作为原则之间发生冲突时候的判断标准。显见义务论也不坚持诸原则间的融贯。显见义务论认为，伦理学中情况非常复杂，许多原则纠结一团，经典的理论要求无立足之地，我们的理论应该适应现实的伦理世界的要求，而不是相反，让现实来适应我们的理论。我们可以不喜欢这样的理论，但我们只能有这样的理论。

罗斯从常识道德中归纳出来 7 项基本义务。这些义务被称为显见义务，意思是它们之作为义务是自明的，不需要借助其预期后果，也不需要凭着它们与其他义务的关系,自身就显现为一种道德要求。其中有忠实的义务、补偿的义务、感恩的义务、正义的义务、自我完善的义务、行善的义务、不伤害他人的义务。罗斯认为,这些义务是基本的和完全的。基本是指不可还原为其他义务,完全是指它们涵盖了常识道德中所有的要求。这些义务之间是平行的关系,其中一个不可归并为另一个,而且既不强于也不弱于另外的义务。

显见义务是从常识道德的诸多义务中归纳出的义务。道德实践中,某一行为或事件可涉及一项或多项显明义务,这样就需要在诸种显明义务之间进行选择,而如果选择并无事先的标准,那么所谓优先原则,就必须衡量当下情境中诸义务之间的关系,经过考察选定其中一种。选定之后的义务称为实际义务,即此情境中我们应该执行的义务。我们无法事先知道实际义务,因为我们不能事先在显明义务之间排定等级,实际义务完全要视具体的情境而确定。需要注意的是,显明义务论并不因此同于境遇-行为义务论,因为显明义务是确定的,不确定的只是实际义务。比如,忠实和行善都是显明义务,在涉及这两项义务的帮助奴隶逃跑的事例中,在两原则间无疑我应该选择说谎助人,难道由此不能证明助人义务比诚实义务更重要吗?罗斯的回答是,在此条件下,我们实际上是处在道德困境中,我们选择了助人而未选择诚实,但不能说我们放弃了诚实。这是一个困境,而困境本身即表明在道德上诚实和助人同样重要,我们做出选择不是通过放弃其一,而是通过权衡比较,发现一个重于另一个。对此,《二十世纪伦理学》一书的作者评论说,实在看不出罗斯努力区别的两件事实际上有什么区别,而且不知道他是据什么做出选择的[①]。

原则冲突时提供不出优先规则,是罗斯这类反理论的道德学说被广为诟病的一点。罗尔斯批评说:

直觉主义理论有两个特征:首先,它们是由一批最初原则构成的,这些最初原则可能是冲突的,在某些特殊情况下给出相反的指示;其次,它们不包括任

[①] 参见[美]路德·宾克莱:《二十世纪伦理学》,孙彤、孙南桦译,石家庄:河北人民出版社,1988年。

何可以衡量那些原则的明确方法和更优先的规则。①

罗尔斯对罗斯的批评,不可谓不中肯。但是如果我们知道,构建融贯的道德理论的努力是一个方向性的错误,那么我们要做的,就不是从罗斯这里退回来,而是继续往前走。罗斯承认义务是多元的,义务之间会发生冲突,这是从理论退出并向常识道德迈进的一步,但他做得还不够彻底,因为他还(不那么坚决地)拒绝后果论,拒绝把后果纳入道德考虑中来②。后果不重要吗?任何理智正常的人,能否认后果的重要和不计后果的荒谬吗?显然罗斯仍未摆脱理论阵营的束缚,没有彻底实现反理论。

罗斯之后,20世纪50年代,德性伦理的兴起,是对以原则为基础的(principle-based)伦理的一次更彻底的反思和颠覆,也是向常识道德的(不自觉地)回归。德性伦理的倡导者安斯康姆③(G. E. M. Anscombe)等人看到了义务论和功利主义这类体系化的伦理理论在现实道德问题中的左支右绌,同时不满于它们对传统伦理如亚里士多德伦理中那些重要概念的忽略或遗忘,希望通过恢复德性伦理,走出启蒙运动以来规范理论的困境。德性伦理把关注的重点从原则转向了行为者,认为在面对实际道德问题时,行为者自身的德性比行为原则更核心、更基础、也更有效。这里所谓德性,与其古典时代的本意"卓越性"有所不同,是专指行为者的道德品质,是行为者在道德思考、道德选择上的稳定的心理倾向。它们决定了行为者是什么样的人,也决定了他们会做什么样的事。从描述品德的一系列词汇,以及它们的反面即各种需要避免的行为上,我们获

---

① [美]罗尔斯:《正义论》,第31页。
② "直觉主义理论是目的论的还是义务论的呢?我认为,它们可以是两者中的任何一种。任何伦理学观点都必然在许多点上和某种程度上依赖直觉……然而,直觉主义理论常常是义务论的。罗斯明确地表示,根据道德价值对善的事物进行的分配(即分配的正义)被包括在高层次的善之中,而产生最大善的原则则被列为一个最先原则,它是一个只能靠直觉来相对于别的自明原则进行衡量的原则。"(同上书,第37页。)
③ 安斯康姆:"现代道德哲学",载于邓安庆主编《当代哲学经典·伦理学卷》,北京:北京师范大学出版社,2014年。

得了行为的伦理指南,比如"无责任感、品行差、懒惰、不体谅人、缺乏合作精神、苛刻、不宽容、自私、唯利是图、轻率、固执、自大、缺乏同情心、冷漠、鲁莽、不思进取、胆小、软弱、自负、粗野、虚伪、放纵、贪图享乐、贪婪、短视、记仇、算计、忘恩负义、小气、野蛮、挥霍、不忠……"①由此可以知道德性所能应对的事件和处理的问题的范围之广。这些德性显然无法被归纳为一条或多条原则,而在"进入"某一事件之前,我们也很难给这些行为指令(禁令)排序,很难事先确立一个优先性的原则。

德性伦理包罗虽广,从德性及其反面似乎也可找到对应的行为要求和行为禁令,但如弗兰克纳所言,德性仍然只能作为行为规则的配合,规则需要具有德性的行为者去执行,单独德性自身无法告诉我们应该做什么,与德性极其反面对应的行为指南也不能,它们显然不过是一些笼统的、方向性的指导,而非具体的行为规则。以正义为例,正义是一种原则,也是一种德性,作为德性的正义的培养,以及作为德性的正义的显现,显然都以之前有一个独立的正义原则为前提。所以德性伦理所宣称的那种独立性,其实是不存在的②。德性伦理给我们的启示在于它对义务论和功利主义这类基于原则的伦理的批判,同时让我们关注到德性以及伦理学中的德性资源的重要性。虽然单独德性伦理自身无力担当行为指南,但它对规则伦理的批判却切中肯綮。

那么一个彻底的反理论者该如何回应罗尔斯的批评呢?彻底的反理论者同样也不能提供优先规则,而是坚持认为,道德选择并不是义务论和后果论所预想的那样,行为者只要按照预先确定的原则去行动即可。真实的世界很少会这么简单划一,而是会涉及各种复杂的条件,因此,一个勇于负责的行为者同时应该也是一个善于思考的人,而不是机械执行规则的人。他需要置身具体情境之中,综合考虑各种因素,谨慎地做出决定。这才使他真正成为一个自主的人,一个可尊敬的道德行为者,而不是一台道德计算机,一个伦理规则的奴仆。

反理论者认为,在许多情境中,道德选择需要权衡,结论因此是开放的。但

---

① https://plato.stanford.edu/entries/ethics-virtue/。
② 参见[美]弗兰克纳:《伦理学》,第136页。

不提供优先原则,结论开放并不意味着结论是任意的,是当事的行为者随机决定的。负责的和不负责的行为者,对事实敏感的和不敏感的行为者,其间的区别,是可识别的;当事人自己,就更是心知肚明。

所以,回应道德的要求,意味着和道德、事实的持续对话,根据新的事实和对道德的更深入的理解,随时调整和修正自己的认知、选择和策略。驯良像鸽子和灵巧像蛇①,缺一不可。世界是复杂的,生活也是,道德也是。在复杂的世界里做有道德的人,本就不是一件简单、轻松的事。道德行为者需要克服的,不仅有来自内心的贪欲和自欺——人性中的"原罪","如实地"看待这个世界,唤起相应的道德义务,同样也是一项挑战。古典时代,一个婆罗门,或刹帝利,生下来就有种种既定的规范等着他,需要他做的,仅仅是努力去理解这些规范,然后践行。但是今天,道德对现代人的自主性的要求更高了,这种自主性不仅体现在行为上,而且体现在规则的认知和选择上。

---

① 《新约·马太福音》10:16。

第 3 单元
"认识你自己"

1 美好生活是什么

美好生活在中文中是一个日常短语,原本并不是哲学概念。仅当作为英文 good life 或 well-being 等词的中文对应词时,才成为哲学概念,这样"美好生活"的意义就需要参照英文中的概念来确定。我们知道,在英文中,good 作为形容词,比中文中"好的"的用法更广,既可以指向自然属性,也可以指向道德属性。而汉语中的"好的",更多指向自然属性,只在不多几个用法中,表示对道德属性的肯定、认同、赞美,比如"好人好事"、"好心肠"、"好心人",等等。汉语中明确表达对道德属性的肯定的词,是"善"。这样英文中的 good,就比中文中的好,外延更广。为补足 good 的词义,有学者主张把作为名词的 good 译为"善好"或"良善",这样就兼顾了 good 的自然属性和道德属性,而 good life 也因此可以译为"善好生活"、"良善生活"。但是本书不准备采纳这一译法,因为善好生活或良善生活,本身已经预设了结论,即认为理想的生活必定/必须是同时获得道德上的肯定的生活[1],但这是尚待讨论的观点而不应该是预先设定的结论。而且,在英文中,good life 或 well-being 同样也向非道德[2]的可能性

---

[1] 参见陈嘉映:《何为良好生活:行之于途而应于心》,第 214 页。
[2] 非道德不同于不道德或无道德。非道德,amoral,不含褒贬,意思是无关乎道德,在道德之外,等等。不道德,immoral,贬义词,意思是违反道德。

敞开①。

  good life 直译是"好生活",现代汉语习惯使用双音节词,因此可以译为"良好生活"或"美好生活"。本书之所以选择"美好生活",是考虑到良好和美好在汉语中的差别。"良好"之"良"其实也是"好",因此良好不过就是好的双音词,而"美好"在内涵和程度上,更多于、强于一般意义上的"好",因为它不仅好,还美,比"好"更多了审美属性、审美价值,是完善的好、最好,无以复加的好。使徒保罗在狱中回顾自己的一生时写道,"那美好的仗我已经打过了……"②,哲学家维特根斯坦临终前说的是,"我度过了美好的一生"③。显然,两句话的中文译者不约而同地认为,"美好"在这里比好更能达意,更能表达两位陈述者对自己生平的高度认可④。本书探讨的是至善的生活,至善即最好、好到无以复加,因此选择用"美好"更恰当。

---

① 在《哲学和伦理学的界限》一书中,B. 威廉斯表达了这一观点,他认为伦理学应该回到苏格拉底"人应该如何生活"这一追问,因为这一问题没有预设道德立场,非道德的生活,同样也可以是答案选项。([英]B. 威廉斯:《伦理学与哲学的限度》,第 5 页。)
② 《新约·提摩太后书》4:7—8。
③ 乔治·亨利特·冯·赖特,"传略",载于[美]诺尔曼·马尔康姆:《回忆维特根斯坦》,李步楼、贺绍甲译,北京:商务印书馆,1984 年,第 99 页。亦可见[英]蒙克:《维特根斯坦传:天才之为责任》,王宇光译. 杭州:浙江大学出版社,2011 年,第 27 章。
④ 英文中,保罗所谓的"美好"用的是"good",而维特根斯坦口中的"美好"用的是"wonderful"。

2 真有美好生活这回事吗

道德产生于社会需要,行使社会功能,具有强烈的社会性,因此道德是"客观的",即道德首先在"我"之外,不以"我的"意志为转移。道德的客观性,击败了关于道德的相对主义、主观主义、虚无主义等主张。美好生活有这种运气吗?生活不首先是"我"的生活吗?不仅属于我,而且是我在过的,离开我的内在体验,就谈不上"我的"生活,而我的内在体验,对于外在的世界,可以相对独立。我们活在自己的意义世界里,而意义是我们自己创造的。是故同样的环境,会产生殊异的审美体验;同样的处境,会激发不同的态度[①];同一种遭遇,被赋予不同的意义。好与不好,似乎全在自己,在这个意义上,人与人的生活从根本上而论是不可比较的。这样,谈论美好生活,可以转换为谈论人生态度,而这种观念,在西方的斯多亚学派和东方的佛教那里达到了极致。斯多亚学派坚信,德性是自足的,幸福就在于德性,而德性取决于自己。佛教认为,万物唯心,境由心造,境随心转,一切取决于内心。于是它们殊途同归于精神修炼,坚信只要修炼出足够强大、足够智慧的内心,就可以隔离尘世的侵扰,获得风雨不动、安如磐石的自足的精神世界。

现实中,尽管我们未必是斯多亚学派的追随者或佛教信徒,但或多或少都会受到上述观念的影响。主观感受和内在精神世界的相对独立是不争的事实,但精神真的能独立于外在世界吗?而且,即便那些被认为超凡入圣的人,在达到那个超越的境界之前,不也是要经过长期的极其艰苦的精神修习吗?而这种精神修习中的重要内容,就包括如何对待和处理外部世界,如何按照一定规则和次序,逐步到达那个相对独立、相对自足的境界。早在苏格拉底那里,就用

---

① 不同的环境也可以产生相同的审美体验,以及不同的处境激发相同的态度,与此同理。

"美德即知识"提示世人,德性是可教可学,有路可循的。亚里士多德认为,苏格拉底的这一说法忽略了意志在德性构成中的作用,但分析发现,美德"既不是出于自然的,也不是反乎于自然的"①,是在自然基础上后天养成的。而美德的构成、养成,都不是主观、任意的,而是客观、可公度的。

因此,只强调精神,似乎美好生活全在于主观感受、内在体验,不去发现产生这种主观感受的途径和心理机制,找到外在环境与内在状态的关联方式,对于我们理解和把握美好生活,实在并无帮助。内在精神世界的所谓独立自足,不是绝对的。人类的精神微妙复杂,但何种处境可以引发何种精神状态,是有迹可寻的。这些可以发现、可以把握的原因,使我们有意义地谈论美好生活成为可能。

3　　谁的美好生活

谈论美好生活,谈的当然是人的美好生活,是"人应该如何生活"中的这个人。美好生活,是相对于这个人的美好生活,相对于他的需要、他的期望和他的能力,等等。天使的生活或天堂中的生活②,可能的确是美好生活,但是对我们的讨论没有意义,因为那在我们的能力之外,是我们跳起来也够不到的。皮浪的猪过的,对它来说可能已经是最好的生活,但我们还是"宁做一个不满足的人",因为动物的生存,不管对它来说如何尽善尽美,对我们来说还是欠缺了某些重要的东西,使得那样的生活不可忍受。总之,如果不知道人是什么,也就不知道什么样的生活才是他的美好生活。

---

① 正如亚里士多德所分析的,德性不是自然的,但也不违背自然。德性的构成、养成,都是"客观的",而非任意的、不可公度的。(参见[古希腊]亚里士多德:《尼各马可伦理学》,第 36 页。)如果德性对于美好生活具有关键性的影响,那么也就可以说,美好生活绝非主观的、任意的。
② [瑞典]林格伦:《狮心兄弟》,李之义译,北京:中国少年儿童出版社,2007 年,第 20 页。

可以从多种角度去认识人和定义人。哲学史上,几乎每一种哲学理论都会尝试给出一种关于人的理解。而在道德哲学领域,每一种道德理论,背后都有一种人类学。换言之,每一种伦理理论都选择或预设了一种人性理论,区别只在于,有些伦理理论的人性学说特别明显,比如斯多亚主义或各种宗教伦理,而有些不那么明显,比如功利主义和康德的伦理学。人和人性是复杂和多面的,值得和需要多角度考察。每一种理论都增加了我们对人的理解。一种理论,即便有偏差,至少也是一个有益的提示,而在开放的讨论空间,一种理论总会或终将有其他理论来平衡、纠偏。这种多视角的考察和多理论的描述之下所呈现出来的人,庶几接近原本的、真实的人。

人的大部分行为及行为的动机,都可以通过进化心理学得到相对合理的解释。人类学描述了不同文明形态中人的行为表现和社会结构,而进化心理学则揭示了它们共同的动力来源。从这一角度说,人类学谈论人"是什么",进化心理学谈论人"为什么"。自然进化为行为"设定"了"目的":所有的行为模式,可以按照有利于和不利于基因延续和传播而被分为两类。执行不利于基因传播模式的人,繁殖的机会越来越少,渐渐消失;而执行有利于基因传播模式的人,繁殖的机会多,遗传或继承这一行为模式的人于是越来越多。这样来看,经过长期演化而幸存下来的人类行为模式,都高度符合基因传播需要。这就是进化心理学所揭示的行为的"为什么"和"所以然"。

但是人总有一部分行为超出进化心理学的解释。进化心理学是基于社会性动物的行为而构建的理论,人和动物处在一个连续进化的谱系中,人因此具有动物的属性,可通过进化心理学解释其行为;但是人同时又处在连续进化的一端,有其他社会性动物所不具备的特征,因此有一部分行为超出进化心理学的解释范围。超出的这一部分在于,人是观念的动物,拥有内在的精神世界,就意识的直接性来说,他首先活在这个内在世界之中,外在世界必须首先进入内在世界,通过知觉或观念,才呈现给他的意识,他的行为因此受他所建构的内在世界左右。他确定某一种观念为行为的最高原则或人生的目标,他就可以据此去行为,而这似乎没有什么不合理之处①。人为荣誉、尊严、道德信念、宗教信仰、民族国家等,而放弃自己的利益,甚至牺牲自己的生命,在人类文明的长河里,是很常见的事。进化心理学如何解释这类自我牺牲的行为呢?如果行为的终极目标是基因的延续、传播,那么禁欲、苦行、隐修、出家等这类宗教行为,都算得上是基因的自我放弃了吧?进化心理学对此又将如何解释呢?

显然,人的精神性的这一面必须交给另外的理论来描述了。好在早在进化心理学诞生之前的几百年、上千年、甚至两千多年前,哲学和宗教已经发展出自己的理论,去描述和解释这种精神现象。

4 "人算什么,你竟认识他"②
——神学视角下的人性观

"生命之初有神话"③,这句话来自小说,但它不是虚构,而是对事实的表述。神话是人类最早的知识体系,是文明诞生之初人类用以表达自己对世界的理解的知识体系。作为认知方式和观念承载的神话,远早于哲学而出现④。而

---

① "当一个情感既不建立在虚妄的假设上、也没有选择达不到目的的手段时,知性就不能加以辩护或谴责。人如果宁愿毁灭全世界而不肯伤害自己的一个指头,那并不是违反理性。如果为了防止一个印第安人或与我是完全陌生的人的些小不快,我宁愿毁灭自己,那也不是违反理性。我如果选择我所认为较小的福利而舍去较大的福利;并且对于前者比对于后者有一种更为热烈的爱好,那也同样不是违反理性。"([英]休谟:《人性论》,第454页。)

② 《圣经·诗篇》144:3:"耶和华啊,人算什么,你竟认识他!世人算什么,你竟顾念他!"

③ "生命之初有神话。一如伟大的神曾经在印度人、希腊人和日耳曼人的心灵中进行创作并寻求表现那样,他如今又日复一日地在每个儿童的心灵中进行创作。"([瑞士]赫尔曼·黑塞:《彼得·卡门青》,胡其鼎译,天津:百花文艺出版社,1983年,第1页。)

④ 正是在这个意义上,罗素把哲学定义为神学(神话)和科学之间的知识体系:"哲学,就我对这个词的理解来说,乃是某种介乎神学与科学之间的东西。它和神学一样,包含着人类对于那些迄今仍为确切的知识所不能肯定的事物的思考;但是它又像科学一样是诉之于人类的理性而不是诉之于权威的,不管是传统的权威还是启示的权威。"(参见[英]罗素:《西方哲学史·绪论》,第1页。)

且,神话是全民族的,表达的是全民族的信念,例如希腊神话;而哲学往往是个人的,至多也只是学派的,表达的是某一个或某一些人的观念,例如柏拉图主义哲学。因此,要想知道人类最初是如何理解自身的,应该到神话而不是哲学中去找。

神话是用叙事的方式写成的,在今天看来,更像是故事或寓言,其中所蕴含的基本观念,需要经过神学或哲学的诠释,也正是通过神学或哲学的解读,在走出神话的年代,这些观念换了一种方式,继续发挥影响。

基督教起源于东方,但一直被看作西方宗教,因为它的发扬和光大主要是在西方。基督教形塑了西方的传统,因此说到西方的信仰传统,首先想到的必然是基督教。基督教人性观的信仰前提可表述如下[1]:基督教相信一个创造世界的上帝。上帝不只是赋予无形的质料以形式的精神,他同时也是生机(vitality)和形式(form),是一切存在的源泉。世界因上帝而存在,世界并不是上帝,但既然世界是上帝创造的,世界本身是好的。基督教的创世说和拯救说都强调人是肉体和精神的统一,人并不因为自己的自然属性和有限性而有罪。

基督教人性观的一个特点是强调人必须从上帝的视角去理解,因为人具有"神的形象"。作为上帝的最后启示,基督既启示了上帝的品格,也启示了人本质上的性格,即人只能在上帝里面才能找到自己的真实规范。基督教信仰认为,上帝既是绝对超越的,同时也与整个人类历史息息相关。上帝的超越性和与人类历史的相关性为基督教人性论提供了依据,它使基督教人性论既避免了赋予现世的有限存在以永恒绝对的价值的妄尊自大,又不致因此而走向否定世界和人生意义的虚无主义。

在此前提下的基督教人性观可归纳为三个基本方面。首先,人有神的形象,强调人的精神的自我超越性。其次,人是被造者(creature),强调人的有限性和依赖性。基督教之前和同时的许多人性学说开始时往往也承认这两点,但随着理论的展开而终于把握不住二者之间的平衡,最后或用自然依赖性取消精

---

[1] 本节内容主要来自作者著作《爱与正义:尼布尔基督教伦理思想研究》第2章第1节,北京:中国社会科学出版社,2004年。

神自由，或用精神自由概括整个人性。基督教把人视为这两方面的统一体，而且坚持始终，知道即使"当人处于最高的精神地位时，他仍然是一个被造者；而即使在他自然生活的最卑劣的行为中，他仍显示出若干神的形象"①。

人同时秉有自然和精神两方面的性质的后果之一，是他必然犯罪，这是基督教人性观的第三个方面。和希腊哲学传统不同，基督教不把人的肉体和有限作为罪的原因，而是从人性的最深处理解罪，认为罪存在于人的意志里。正因如此，人对于罪责无可推脱，所以，"基督教有一颗不安的良心（uneasy conscience）。只有在基督教信仰的立场上，人不但能了解罪恶的真实性，而且也可避免将罪恶归于别的事物而不归于人本身的错误"②。

如何理解"人有神的形象"呢？《圣经》里所谓人有神的形象当然不能理解为人和神容貌相似，因为神是没有形象的，这一点十分明确，不同的只是形象作何解释。因为神的形象是人有而动物没有的，所以只要解释为人独有的具有正面价值的特征或能力即可符合。神学里对此也说法不一，不过一般解释为人有和上帝一样追求公义的品格。现代基督教神学家莱因霍尔德·尼布尔（Reinhold Niebuhr）采纳的是奥古斯丁的解释，把神的形象理解为人的精神的自我超越能力。按思维对象的不同，尼布尔把意识分为由低到高的三个层次：1. 最初级的是超越自然过程的意识。在这一层次，人能够脱离自然的限制，置身于自然过程以外，使自然对象化。这一能力把人和其他动物区别开来，所以，一般由此来定义人。2. 第二个层次是构成一般概念的意识能力。这种能力使人不但能够超越自然，还能够超越包括人类历史在内的整个世界，使世界对象化。凭借这种能力，人创造了历史和文化。3. 最高层次的意识是自我意识。在这一层面上，人不但能站在自然和世界之外，还能够站在自己之外，以自己为思考对象，自我的概念由此诞生。因为自我意识能够超越既定的思考对象，把思维层层推进到更抽象、更深入的层面，所以在这一层面上人能够直接面对自由、永恒和无限。尼布尔把思维的这种无限能力称为精神（spirit），并认为前两种

---

① Reinhold Niebuhr, *The Nature and Destiny of Man*, vol. ,I, p. 150.
② Ibid., p. 17.

意识能力都可统摄于精神,是精神的不同侧面的表现。基督教神学认为,精神的自我超越能力意义重大,只有通过它,有限的人才能思考、认识无限的神。自然中不存在无限,而人的精神竟可以达到无限,它一定来自神,是神的形象无疑。

"精神的超越性"是尼布尔的神学人类学中的重要概念。所谓精神的超越性,并不是不同于理性的另一种意识形式,它指的其实是思维的不断抽象能力,实际上仍然是一种理性的能力。但这个认识上的能力其意义远远超出认识领域,而与人的道德实践和信仰领域相关。尼布尔认为,基督教人性观坚持必须从上帝的视角来理解人,原因即在于精神的超越性。精神的超越性赋予人以意识上的绝对自由,任何以有限的存在为对象的学说或信仰都不能满足精神对无限的渴求。基督教所谓的偶像崇拜,就是错把有限存在当作无限之物。"超越自身的心智绝不能合理地使自己成为解释的终极原则……人之超越自己这一事实,必使人去追求一个超越世界的神。"①因此,如果没有信仰提供的对无限者的假设,"人类若要逃避偶像崇拜,就只有否定人生和宇宙了"②。

人有神的形象一说,对基督教伦理影响甚大,它从信仰和神学上确定了人的地位,规定了人与自然的关系,肯定了人的价值和尊严,基督教的许多道德和法律主张的依据直接来源于此。

人有神的形象,这是人与神的共同之处,但人同时又是被神创造出来的,是被造物,这是他与动物的共同之处,也是基督教人性观的第二方面。人是被造者强调了人的有限性,人受到来自自然和社会两方面的限制,无时无刻不处在有限性的束缚之中。从出生起人就带着自然的烙印,受到诸如种族、血缘、自然生存的种种需要的限制。人必须"终身劳苦,才能从地里得吃的……必须汗流满面才能糊口"。不仅如此,人的结局也早就注定,他"来自尘土,必将归于尘土"③。可以见得,自然生存层面,人虽为动物的管理者,但和动物并无根本的

---

① Reinhold Niebuhr, *The Nature and Destiny of Man*, vol. ,I, p. 165.
② Ibid. p. 166.
③《圣经·创世记》,第 3 章第 17 节、第 19 节。

不同,不同的只在于人有精神,知道自己终生劳苦,到头来不免一死。这都是人的有限性的明证。

人的一个自然倾向是不满意于有限性,把有限性和负面价值联系在一起,进而把有限性视为罪恶的原因。出于两方面的理由,尼布尔坚决反对这种观点。首先从神学的角度看,尼布尔认为,基督教信仰的一贯宗旨是并不把人的自然性和有限性视为罪恶,因为人的生命的有限性、依赖性以及世界的种种缺陷都来自上帝的创造,若认它们为恶,则恶从上帝而来,这当然是信仰所不能接受的。从人的立场来看,生命和世界的残缺当然不好,但从上帝意志中的整个创造计划来看,它们并不为恶。所以,《圣经·创世记》记载说,在完成创造世界的工作之后,"神看着一切所造的都甚好"①。不以有限为罪恶的原因同样也有道德上的考虑。因为如果认定如此,将会降低人对罪恶的责任,减轻人的负疚感。

甚至肉体的死亡也不能理解为罪的结果,因为按照《圣经》的主要观点,肉体的死亡只为了表明上帝的威严和人的软弱之间的差别。肉体的死亡本是人的自然有限性的必然结果,是人来自尘土的应有之义,不是上帝对人的罪施加的惩罚。

基督教人性观强调身体和精神的统一为其个性观胜于其他学说的个性观提供了可靠的前提。尼布尔认为,个性(individuality)是身体和精神的统一。自我之存在必先以我的身体的存在为基础,身体的特殊性为自我的确立提供了最初的条件。我首先因种族、血统、出身等一系列的自然特征而和他人有所区别。"自我与自我间的差别,首先在于维持各自生存的物质性的有机体之间的差别,以及每个人过去的特殊的历史间的差别。"②身体的特殊性为个性提供了基础,但不是全部,个性的更大部分来自精神。由于精神的超越能力,人能够在诸多自然冲动之间自由选择、组合,所以即使在相同的自然环境和相似的遗传条件下,人们之间仍然可以表现出很大的差异。相较于其他学说,犹太-基督教

---

① 《圣经·创世记》,第1章第31节。
② Reinhold Niebuhr, *The Nature and Destiny of Man*, vol. ,I, p. 54.

的个性观更能理解人的个性差异,并为肯定和保持个性的意义提供条件。

基于这样的人性观,基督教认为,必须寻找一个超越的意义体系,才能满足人的精神需要。生活不仅有横向的维度,还要有纵向的维度①,此所谓爱的诫命。

那么罪是什么?又是如何产生的呢?《圣经》从宗教和道德两方面说明罪。从宗教方面来说,罪是人违背神的意志,企图僭越神的地位,以自己为神。从道德方面来说,罪是不义(unrighteous),是人以自我为中心,将别人置于自己的意志之下。基督教神学相信,宗教的罪和道德的罪同出而异名,宗教的罪是道德之罪的根源,道德的罪是宗教之罪的延伸。

尼布尔分析说,人兼有自然有限性和精神超越性,这使他在自然中的处境与众不同。我们看到,动物和人一样是有死的,但它们从不为此忧虑,因为它们永远也意识不到自己的处境和必死的命运。众生之中,普天之下,只有人才能够预知自己处境的危险,"人所知道的超乎他所处的自然环境,他常以全局来体会当前的形式"②。尼布尔把人的这种处境称为"自然和精神的交汇"。根据《圣经·创世记》所述,人类的始祖亚当夏娃是在蛇的挑唆劝诱下和神产生了疏离,完成了人类最初的堕落。基督教神学把蛇解释为魔鬼的工具和象征。尼布尔认为,如果不是出于蛇的恶意曲解,人的处境本身并不构成诱惑,不足以成为亚当夏娃堕落的原因。《圣经》的故事表明,在人犯罪之前世界已经出现了不和谐,有了邪恶的存在。

蛇的引诱为人减轻了一些责任,但人却不能以此为借口原谅自己,因为诱惑并不必然导致罪。诱惑是人面对的客观事实,对此事实的主观反应是忧虑。尼布尔以爬上桅杆的水手为例,描述忧虑之所由来。桅杆上的水手所闻所见超越一己之限,似可与无限天际相接,但身下的万顷波涛却又不断提示生命之脆弱。如此上穷碧落,下临深渊,实在是不忧虑也难。忧虑使人不安,但忧虑本身也不是罪,因为忧虑可以凭借信心澄清,"我们可以因相信上帝之爱中的最终安

---

① Reinhold Niebuhr, *An Interpretation of Christian Ethics*, Chap. 1, New York: Harper, 1935.
② The nature and destiny of man, 182.

全胜过自然与历史中的不安"①而趋向于不犯罪。"人之忧虑有两方面的原因：一是因为他虽然是有限的和依赖的，但他的有限性和依赖性尚不至于使他昏聩到不知道自己有限的地步；忧虑的另一个原因是因为他不知道自己的可能性的限度。他不能以为自己所做的已经臻于完全，因为他的每一成就都预示出更高的可能性。人的一切行为都预示无限的可能性，尽管其中无疑有一定的限制，但我们却不能从我们的有限见解去窥探它们。所以在人类的每一种活动范围内，没有什么是我们可以安然接受的成就。"由此而论，忧虑本身不但不是罪，把握得好，他还是创造的动力。忧虑之转化为罪是因为人的意志选择了悖逆上帝之路，他"企图将无限的价值赋予人生的有限与偶然"②，只有这种行为才是由忧虑而生的罪。

忧虑产生罪的根源在于人虽是有限的，但精神的自由却使他能够不断超越有限，在一定程度上领悟到整体，他的错误在于狂妄地以为自己就是他所领悟到的整体。如果这仅仅是一种过度估计自己能力的行为，那还只是认识上的错误，与信仰和道德无关。尼布尔强调说，这种行为之罪在于里面实际上含有故意欺骗的成分，"人无限地爱着自己，然而他有限的存在不值得这样忠贞，所以，为使他的忠贞站得住脚，他就必须欺骗自己"③。人何尝不知道自己的有限，他深知生命短促，也知道他的知识只是相对的。他亟需克服不安，战胜忧虑，又不得其门而入，所以就"故意无知"，"违反上帝为人定下的界限"，欺骗自己相信他有限的生命和事业有绝对、无限的价值；他既然相信自己是生命意义的中心，于是牺牲别人以求自己安全也就顺理成章。《圣经》里记载人悖逆上帝于前，随后马上就有夫妻反目、兄弟相残，可见两种行为关系紧密。前一种行为是宗教意义上的罪，后一种是道德上的罪，二者的共同之处在于都以自己为中心。

尼布尔认为，《圣经·创世记》里的堕落故事实际上是我们每个人命运的象征性写照，就我们每个人都出于"自然和精神的交汇"而言，我们和始祖亚当面

---

① The Nature and Destiny of Man, p. 183.
② Ibid. p. 203.
③ Ibid. p. 182.

临着同样的诱惑。

与一般人性理论不同,基督教人性观代表一种来自远古时代的声音,是初民对自身及自己生存状态、生存处境的领悟。相比于后世,文明起步阶段的人性表现以及人与人的关系,更接近其本源,更质朴更直接,也更易于窥见其"本质"。犹太-基督教信仰始于神话,是一个源远流长、历史悠久的传统,历代神学家通过重新诠释教义,把自己的智慧和经验汇入其中,从而丰富、深化了这一传统①。基督教人性论对人的精神的认识,尤其对忧虑和罪性的挖掘,对爱的伦理②作为"救赎"之道的解释,对生命中和人世间苦难的理解,独到而富有启发。而基督教的人生观,在去神话、去信仰化之后③,也为我们提供了一种值得考虑和借鉴的意义体系。

5 个人与社会之间
——一种社会学的视角

生命的"繁盛"或"繁荣"(flourishing)一直被认为是道德的终极目标。"繁盛"大致有生命力蓬勃、生活丰沛、创造力旺盛等含义,总之,是对生命和生活的肯定,与表达对生命的否定的孱弱、衰败等对立。生命是一切价值的基础,肯定生命自然成为所有道德体系、人生哲学的基本立场。比如自然法理论就认为这是自然法则,保存生命因此也是自然权利,这样一来,自愿弃绝生命即自杀被认为是极大的恶,因为它站在了生命的自然倾向和所有道德体系的对立面。自杀

---

① 参见刘时工:"为什么是基督教:论基督教的宗教性格与当代价值",《基督教思想评论》总第21辑,北京:宗教文化出版社,2016年。
② 爱的伦理,即以牺牲之爱或"圣爱"(agapy)为行为规范的伦理。牺牲之爱以耶稣为榜样,要求行为者放弃权力、放弃抵抗,放弃全部个人考虑去成全他人。
③ "去神话去信仰化"即将宗教思想中有关神迹和超自然的部分,转变为现代人可以理解的自然事件或心理事件。19世纪自由主义神学所做的工作,可以看作是去神话去信仰化的尝试。

是生命本能的失效,是生活的失败,找到导致自杀的原因,就找到了与生命、生活具有本质性关联的那个东西。

人需要结群而生存,需要在社会中才能过上美好生活,他的自我实现一般也只能在社会中完成。这既非隐蔽的真相,也不是深奥的道理,而是容易捕捉到的事实。亚里士多德"人是城邦的动物"①,就是对这一事实的经典表述。在亚里士多德这里,城邦,还只是一个外在于个人的存在;人与城邦的关系,似乎是两个独立实体之间的外在的关系,城邦只是提供了个人生存和生活的条件,是自我实现的战场,因此城邦是城邦,个人是个人。19世纪,马克思彻底打破了这一观念,进一步揭示出社会之于个人的意义。马克思认为,"人的本质不是单个人所固有的抽象物,在其现实性上,它是一切社会关系的总和"②。人是一种关系性的存在,人被他在社会中的各种关系所定义,社会关系构成人的本质,离开社会关系,个人就成了一个抽象空洞的形式。人性,在一定意义上就是社会性。

这样来理解人与社会,我们会发现,所谓人在社会之中,不是被投入社会之中,而是被编织在社会之中,是社会之网中的一个纽结。他的思想和观念,来自社会,也受制于社会。对于个人,社会就是神一般的存在③,社会是权力、权威,是资源,是规范,是意义,甚至是自我评价的标准,"只有社会才能对人生的价值做出总的评价,而个人对此是无能为力的"④,"只有社会才能直接地和整体地,或者通过它的某一个机构起到这种节制(情欲)作用,因为社会是唯一胜过个人的精神力量,而且个人承认它的优势。只有社会才有必要的权威制定法律和给

---

① "人天生是一种政治动物,在本性上而非偶然地脱离城邦的人,他要么是一位超人,要么是一个鄙夫。""不能在社会中生存的东西或因为自足而无此需要的东西,就不是城邦的一个部分,它要么是只禽兽,要么是个神,人类天生就注入了社会本能。"([古希腊]亚里士多德:《政治学》,颜一、秦典华译,中国人民大学出版社,2003年,第4页,第5页。)
② 《马克思恩格斯选集》第1卷,北京:中央编译局,1995年,第60页。
③ "使他尊敬和成为他崇拜的对象的力量就是社会,神不过是社会的实体形式"。([法]埃米尔·迪尔凯姆:《自杀论》,冯韵文译,北京:商务印书馆,1996年,第336页。)
④ 同上书,第221页。

情欲指明不能逾越的界线"①。社会在很大程度上决定了个人是什么,过怎样的生活,因为"唯一使他和现实联系在一起的中介……就是社会"②。

"社会生活既意味着个人有一定的个性,又意味着个人准备放弃这种个性"③。叔本华(Arthur Schopenhauer)用"豪猪的寓言"生动诠释过这一道理④。与社会的距离和关系深刻影响了个人的精神状态和生存状态。对这一问题的经验性研究,来自涂尔干。1897年,涂尔干出版了研究自杀的社会学传世之作《自杀论》,通过对不同社会群体自杀数据的分析,涂尔干发现,个人与社会的距离和整合程度对自杀率有直接影响:一方面,"自杀人数的多少与个人所属群体一体化的程度成反比"⑤;另一方面,"当一个人脱离社会时,他很容易自杀,而当他过分地与社会融为一体时,他也很容易自杀"⑥,这就告诉我们,健康的生活要求我们与社会保持适中的距离,过分疏远和过于紧密,都背离这一目的。涂尔干把前者称为利己主义自杀,把后者称为利他主义自杀。

所谓利己主义自杀,顾名思义就是因过分的利己主义而引起的自杀,"如果可以把这种个人的自我在社会的自我面前过分显示自己并牺牲后者的情况称之为利己主义,那么我们就可以把这种产生于过分个人主义的特殊类型自杀称之为利己主义的自杀"⑦。涂尔干时代,在所有自杀类型中,这是一种最常见、数量最大的自杀。在个人与社会的关系上,这一类型自杀的人的共同特征是个体脱离社会生活,将个人自身的目标压倒社会共同的目标,把个人的人格置于集体人格之上。这样一来,群体对个人的约束和支持被弱化,而"由于集体的力量是最能遏制自杀的障碍之一,所以集体的力量削弱,自杀就会发展。如果社会是高度一体化的,那么它就会使个人依靠它,认为个人是为它服务的,因此不

----

① [法]埃米尔·迪尔凯姆:《自杀论》,第264—265页。
② 同上书,第389页。
③ 同上书,第346页。
④ [德]叔本华:《叔本华美学随笔》,韦启昌译,上海:上海人民出版社,2009年,第167—168页。
⑤ [法]埃米尔·迪尔凯姆:《自杀论》,第215页。
⑥ 同上书,第225页。
⑦ 同上书,第215页。

允许他们异想天开地处置他们自己。它制止他们用死来逃避他们对它的义务"①。涂尔干认为,从犹太社团到天主教社会到新教社会,自杀率由低到高的排列,正是因为社会一体化程度是从高向低排列的,"在一个有凝聚力和生气勃勃的社会里,彼此不断交流思想和感情,如同一种相互的精神支持,这种精神支持使得到个人不是处于孤立无援的境地,而是分享集体的力量并在他自己的力量到了极限时从中得到鼓舞"②。

过分的利己主义之弊不仅在于使个人与社会疏离,从而使个人不能获得群体的支持,涂尔干认为,与利己主义本身引起自杀相比,这一因素甚至是次要的。作为社会学家的涂尔干,敏锐地发现了与自杀和生命意义都相关的人的精神的秘密:

> 按照人的心理结构,人如果不致力于达到某种高出于他和比他存在时间长的目的是活不下去的,而这种必要性的原因是我们有一种不完全消失的需要。有人说,生活只有在人们发现它有存在的理由、有一个目的并且值得时才是可以容忍的。然而,对于个人的活动来说,仅仅为了自己并不是一个令人满意的目的。个人太微不足道了,他不仅受到空间的限制,而且受到时间的严格限制。因此,如果我们除了自己没有其他目的,我们就不能摆脱这样的念头:我们的努力终究注定要化为泡影,因为我们自己也必然要化为乌有。③

基于人的这一心理结构,"我们的活动应该有一个超越生活的目标","没有这个目标……最微不足道的气馁也会产生绝望的解决办法。如果生命不值得延续下去,那么一切都可以成为摆脱生命的借口"④。生命需要有意义,意义需要目的的赋予,"不管人在做事、活动、做出努力时感到多么愉快,他还必须感到

---

① [法]埃米尔·迪尔凯姆:《自杀论》,第215页。
② 同上书,第216页。
③ 同上书,第216页。
④ 同上书,第220页。

他的努力没有白费"①,而既然"个人太微不足道了",那么我们的目标及价值的评判者将只能是社会。

但是社会的一体化程度并不是越强越好,当其超过一定限度,社会的自我过强而个人的自我太弱,利他主义自杀的问题就出现了:

> (利己主义)自杀是由于个性太强,而利他主义自杀是由于个性太弱。前者是由于某些部分或者甚至整体已经瓦解的社会允许个人离开社会;后者则是由于社会过分使个人从属于社会。既然我们把按个人的生活而生活并且只服从自己的自我感觉状态称为利己主义,那么利他主义这个词恰好表示相反的状态:自我不属于自己,或者和自身以外的其他人融合在一起,或者他的行为的集中点在他自身之外,即在他是其组成部分的一个群体中。因此我们把某种极端利他主义所导致的自杀称为利他主义的自杀。②

按照涂尔干的说法,导致自杀的利他主义是一种极端状态的利他主义,这种状态下,无个性达到了最大程度。"无我"本是某些宗教所推崇的至高境界,不料无我其实与否定生命、自杀相连,因此同时也是一种危险的追求和境界:

> 利己主义者忧伤是因为他认为世界上只有个人才是真实的,而过分的利他主义者则相反,他的忧伤产生于个人在他看来是多么不真实。前者厌倦生活是因为他看不到任何他可以追求的目标……而后者厌倦生活则是因为他有一个目标,但不在今生今世,因此生命对他来说似乎是一种障碍。③

利他主义自杀被认为是出于自杀者的义务,也就是说,他所在的社会规定他有自杀的义务,典型的例子是因纽特社会对待年老者的方式,"社会为了能够

---

① [法]埃米尔·迪尔凯姆:《自杀论》,第263页。
② 同上书,第230页。
③ 同上书,第235页。

迫使它的某些成员去自杀,就必须贬低个人的人格。因为人格一开始形成,生存就是赋予它的第一个权利……个人在集体生活中微不足道,一定是因为他完全和群体打成了一片,而后者一定相应地非常一体化"①。

社会之于个人生活的重要性,从反常的自杀也可以看出来。反常的自杀是指社会急剧变化,一反过去的常态,导致社会失范,个人不能继续从社会获得指导,理想破灭,价值观混乱,活动失常,进而引起自杀。现代社会,"社会混乱是经常和特别引起自杀的因素"②,"每当社会机体发生重大的调整时,不管是由于迅速的发展还是由于意外的灾难,人都容易自杀"③,因为危机打乱了集体秩序,破坏了社会平衡,生活于其中的个人茫然而无所适从。

涂尔干从社会学的角度揭示出,人的生存和繁盛,并不只是他个人的事,并不只取决于他的个人际遇和努力,而是与社会结构、社会状态密切相关。个人与社会之间的紧密关系存在一个适度的范围。在内在的精神世界,个人和社会之间存在一种相互制约的关系,两者之中某一方的强弱,会引起另一方相反的反应,并由此产生相应的后果,最终损害个人的生活。

在分析利己型自杀时,涂尔干特别指出,过分的个人主义本身也是引起自杀的一个原因。这似乎可称为利己主义的悖论:你越是专注于你自己,你就越是损害了你自己。所以自我关注同样有一个适度的范围,过度和不及,都将反噬自己。

自杀是以激烈的方式,对自己生活的彻底否定。自杀是放弃生命,但同时也可以看作一种反抗。不论当事者反抗的是什么,都应该引起社会的高度关注,因为自杀是生活中的反常;一个社会中自杀不论多常见,自杀本身都是反常的④。涂尔干从人与社会的关系角度的分析,揭示了人的精神中的重要一面,告诉我们过得下去的生活,需要满足哪些基本条件,也提示了一种丰富的、充实

---

① [法]埃米尔·迪尔凯姆:《自杀论》,第229页。
② 同上书,第276页。
③ 同上书,第261页。
④ 涂尔干认为,从社会的角度,自杀是一种正常的现象,"自杀是这些时代正常结构的组成部分,甚至很可能是任何社会结构的组成部分"。(同上书,第397页。)这里我们说自杀本身是反常的,是就个体而言的,因为自我保存是生命的本能。

的生活——值得过的生活,应该是怎样的。

6　人,是其所不是又不是其所是

——存在主义视角下的人

自我观念就是我们对自己的理解——我们怎么看自己,我们认为自己是什么人,等等。进化心理学有一个基本观念:我们的行为表现是心理机制与环境相互作用的结果,心理机制是长期进化形成的,是先天的、稳定的,它接受环境输入的信息并做出反应。可以借用这个模式解释自我观念的产生。自我观念是我们先天的心理机制与我们身处的社会结构和社会文化相互作用的结果。不同的社会结构和社会文化,塑造出不同的自我观念[①]。

从古代社会到现代社会,社会结构发生了根本转变。社会结构的转变来自生产方式的转变,而社会结构的改变又引发社会文化的变革。人在现代社会中的处境,因此和古典时代大大不同,正如古典时代和上古时代大大不同一样。现代社会诞生了个人[②],前现代的社会,每个人作为一个固定的角色,被镶嵌在社会关系中,个人隐没于家庭和家族,这时候家庭、家族才是组成社会的基本单元。从当时的伦理和法律规定看,这一点表现得尤为清晰。传统社会,不论是东方还是西方,人与人之间的伦理规则、他们的权利和义务、每个人需要承担的角色,都清晰明确地呈现在人们面前。对生活于其时的个人来说,他接到的行为指令是明确的。从伦理、法律来看,每一个人,并不是作为独立的人,而是作

[①] 参见赵敦华:"文化与基因有无联系?——现代达尔文主义在社会领域的胜利进军",载于《文史哲》2004年4期,第15—21页。

[②] "现代性事实上彻底地改变了人们日常社会生活的实质,也影响了我们经验中最为个人化的那些方面。我们必须从制度层面来对现代性加以理解;然而,由现代制度所引起的日常生活之嬗变,以一种直接的方式与个体生活融合,进而与人的'自我'交织在一起。"[英]安东尼·吉登斯:《现代性与自我认同》,北京:中国人民大学出版社,2016年。

为家族中的一员出现于社会之中，"在以前，人的一切关系都被概括在家族关系中"①。这里所谓家族是一个法律概念，是指家长管辖之下的人和物，而所谓家长，是整个家族的尊长，家长之下可以有家长的配偶、子女、孙子女，以及奴隶或仆人，等等②。这是一种国-家的两级社会结构，国家对社会的治理其实是通过对家的治理实现的。家是社会的基本单位，家嵌于社会，而个人嵌于家族，每个人都不是独立的一个人，而是具有固定身份的角色。传统社会是身份社会，在传统社会中，"人们不是被视为一个个人而是始终被视为一个特定团体的成员，社会的单元是'家族'而非'个人'"。"个人并不为其自己设定任何权利，也不为其自己设定任何义务。他所应遵守的规则，首先来自他所出生的场所，其次来自他作为其中成员的户主所给他的强行命令。"③

不仅西方的前现代社会如此，中国也是如此。中国传统社会同样也是身份社会，在社会中个人隐而不现，家族才是社会的基本单位，家族中的一切权力归父权家长所有，"家族是父权家长制的，父祖是统治的首脑，一切权力都集中在他的手中，家族中所有的人口……都在他的权力之下，经济权、法律权、宗教权都在他的手里"④。这些权力有国家法律的支持，因此是不可撼动的。以家族为本位的亲子关系在中国持续时间非常之长，从宗法制度形成开始一直到20世纪初期才告结束。

梅因（H. J. S. Maine）说过，"所有进步社会的运动，到目前为止，是一个'从身份到契约'的运动"。契约和个人，因此也成为衡量一个社会进步程度的标尺⑤。契约社会不同于身份社会之处，在于契约社会中，每一个人都是一个独

---

① ［英］梅因：《古代法》，第97页。
② 参见王丽萍：《亲子法研究》，北京：法律出版社，2004年，第3页。
③ ［英］梅因：《古代法》，第176页。
④ 瞿同祖：《中国法律与中国社会》，北京：商务印书馆，2010年，第6页。
⑤ "关于我们所处的时代，能一见而立即同意接受的一般命题是这样一个说法，即我们今日的社会和以前历代社会之间所存在的主要不同之点，乃在于契约在社会中所占范围的大小"，"所有进步社会的运动在有一点上是一致的。在运动发展的过程中，其特点是家族依附的逐步消灭以及代之而起的个人义务的增长。个人不断地代替了'家族'，成为民事法律所考虑的单位"。（［英］梅因：《古代法》，第96页。）

立、自由的个体,每一个人都作为平等的缔约人自愿参与到社会中,人与人之间原则上也是平等的。社会契约论中所蕴含的这一个人观念,渐渐被人们接受,并获得法律的认可,成为现代社会的共识。

现代社会中的自我作为独立的个体而存在,在获得空前自主性的同时,需要面对信仰的缺位、生活的空虚和意义的丧失。前现代社会本来有一个担负多种功能的强大信仰传统,它提供生命意义,提供精神安慰,"是被压迫生灵的叹息,是无情世界的感情"①,同时也为现世伦理价值提供神圣的保证。这被称为宗教性的意义体系。

宗教性意义体系得天独厚的优势在于,它有最高存在者即神的"加持",是神的代言人。它对世界的解释,被神圣化为来自神的启示,而这种神圣化的解释掩盖了人为建构的有限性、易变性。"意义一旦获得神圣性,便意味着它具有不可冒犯的规范性"②,也就是说,它解释事物为何是其所是,同时,它还要规定事物应该如何。"(宗教)使他们学会满足于他们的命运,告诉他们社会秩序是天意,每个阶级所得到的份额是上帝本身确定的,同时使他们希望今生的不平等在来世得到公正的补偿。它使后者克制,提醒他们尘世的利益不是人类的一切,他们应该服从另一些更崇高的利益,因此不值得任意地和毫无限制地去追求尘世的利益"③。

神圣的意义体系不仅赋予了社会秩序(权力、等级、社会制度、社会角色等)以意义,而且强化了这种秩序的合法性。宗教的意义体系还通过将世俗生活与超验世界联系起来,而赋予个体行为以意义。这就是前文所说的宗教伦理的纵向维度。在这个意义上可以说,宗教信徒以及古典时期的人们,生活在目的论的观念框架之中。典型的例子就是新教伦理中的"天职"观念,孔子"天之未丧斯文也"④和孟子"天将降大任于斯人也"⑤的信心,也都是这种表现。

---

① 马克思:"《黑格尔法哲学批判》导言",《马克思恩格斯选集》第1卷,第1页。
② 孙尚扬:《宗教社会学》,北京:北京大学出版社,2001年,第87页。
③ [法]埃米尔·迪尔凯姆:《自杀论》,第272页。
④ 《论语·子罕篇》。
⑤ 《孟子·告子下》。

就信仰群体内部而言,由于分享相同的世界观、价值观,信徒们形成一个稳定的共同体,有助于个体生成对其共同体的认同和归属感。涂尔干将宗教整合视为社会整合的重要组成部分,正是基于宗教信仰的这一特征。

担负如此之多重要功能的宗教意义体系,是以对上帝的信仰为基础的。可以说,上帝支撑着信仰体系,而信仰体系支撑着人生意义和伦理价值体系。但是这个上帝被现代人杀死了:先是伽利略、笛卡尔没有在科学体系中给上帝保留立足之地,继而休谟、康德把上帝排除在知识以外,而费尔巴哈又在人类学中、马克思在社会学中分别杀死了他们各自领域的上帝,最后,连藏身在价值体系中的上帝也被尼采揪出来处决了[①]。

"上帝死了",上帝所支撑起的信仰体系随之轰然倒塌,而信仰体系支撑的人生意义和伦理价值体系一下子成了失去根本的树木,失去基础的大厦。现代人在获得空前自由的同时,也面临空前的空虚和惶惑。原来那个赋予世界以秩序的上帝没有了,历史也不再是上帝救赎的历史[②],没有上帝也就不再有上帝的创世计划,所有的一切包括人不过是自然的产物,因自然界的事件——进化和自然选择,而被抛入这个世界中。这就是说,我们来到这个世界,既不是出于有意图的行为,也不是来完成什么预定的目的。在思维方式上,这是从目的论到机械论的范式转换。机械论视角之下的人和世界是"荒诞的",因为它们的存在没有意义。意义需要目的赋予,没有目的,就没有意义。一个机械论的世界并无目的,在这样的世界中的人,自然就是没有意义的[③]。在科学史和哲学史

[①] 参见[英]詹姆斯·C.利文斯顿:《现代基督教思想》第7章第4节,何光沪译,成都:四川人民出版社,1999年。

[②] 基督教信仰把历史看作上帝救赎的历史,历史是有终点、有目的和有意义的。基督教的历史观因此不同于那种把历史看作静止不变的希腊式的历史观,也不同于把历史看作时间循环的东方式的历史观。(参见 Reinhold Niebuhr, *Faith and History*, New York: Charles Scribner's Sons. 1949。)

[③] "在晚期现代性的大背景下,个人之无意义感——那种认为生活未能提供任何有价值的东西的感受——正逐渐成为根本性的心理问题。'有关人类存在的孤立状态'并非每个个体与其他人的分离,而是他们道德资源的分离,而这些道德资源是人们过一种圆满惬意的生活所不可或缺的。"(参见[英]安东尼·吉登斯:《现代性与自我认同》,导论。)

上,笛卡尔的学说标志着这一认识方式上的范式转换:

笛卡尔所谓的物质世界是一个科学的世界,而我们所通常关心的这个充满色彩、声音、意义和美的世界图像被放逐到边缘,被贬低为只是科学家的"真实的"世界的某种主观印象。不仅世界对于我的存在是非本质性的,而且它还呈现为对于我们是不可把握的。科学家也许可以把握这个"真实的"世界,但却是以某种精神分裂的方式来经验一个完全不同的世界。①

既然人并不担负什么使命,没有神圣的计划要去实现,他可以任意选择,想做什么就做什么,"既然没有永恒的上帝,就无所谓道德,也就根本不需要道德……一切都可以做"②。人因上帝的死而获得了绝对的自由,可以随自己的心思去做他想做的一切,包括不道德的事。因为道德的终极保证、赏善罚恶的万能神,以及承受赏罚的人的永恒灵魂,也消失了。道德的基础被瓦解了。

这就是存在主义所描述的现代人的生存处境。存在主义诞生于20世纪前30年,若以克尔凯郭尔、陀思妥耶夫斯基为其思想先声,也不过是19世纪中期左右的事。此时西方社会已然完成从前现代到现代的转型,现代性中所隐含的危机,已经昭然若揭,而现代社会的优势和问题,也赫然在目。存在主义哲学就是现代人对自己生存处境的反思。反思的主体是现代人,因此具有总结性;反思的对象是现代人的处境,因此具有当下性。在这个意义上可以说,存在主义所理解和把握到的人,离我们最近,甚至就是我们。

存在主义被形容为一种"生存哲学(a philosophy for living)",不仅仅因为

---

① [美]大卫·E.科珀:《存在主义》,孙小玲,郑剑文译,上海:复旦大学出版社,2012年,第30页。
② [俄罗斯]陀思妥耶夫斯基:《卡拉马佐夫兄弟》,耿济之译,北京:人民文学出版社,1981年,第956,112页。被认为同属存在主义传统的萨特,也有"我的未来是空白的,一切对我就都是许可的"言论。(参见[法]萨特:《存在与虚无》,陈宣良等译,北京:生活·读书·新知三联书店,2007年,第100页。)

它指向了人们所真正关心的问题,也因为通过描述人们"在世界中的存在",以及人们的自由,从而使他们得以从幻象或欺瞒中脱离出来。①

当然,每一种哲学、每一种人性理论都是这么自我期许和自诩的。哲学的人性论试图从整体上去把握人性,但是每一种理论能够把握到并描述出的,必定不是整体的知识,存在主义也一样。我们期望于存在主义的,不是它道出人性的全部事实,而是道出其他理论没有看到但是对我们却很重要的那部分事实。存在主义是一场现代思潮,是一个哲学派别,但是这个派别内部的关系其实十分松散,被冠以存在主义哲学家之名的,其思想差异很大,在有些观点上甚至正好相反。存在主义哲学的基础,是海德格尔(Martin Heidegger)奠定的。海德格尔的这部分思想,被称作基础存在论。基础存在论旨在扭转苏格拉底以降西方哲学对存在的遗忘,重新回到存在问题。海德格尔的基础存在论深刻影响了后来的存在主义者,萨特关于人的存在主义思考,就是在海德格尔哲学的启发下完成的。

自由是萨特(Jean-Paul Sartre)存在主义哲学中最重要的概念,萨特把自由提升到绝对自由的高度,他学说中的其他重要主张,都可以看作从自由引申出来的,而萨特存在主义的自由,又是从其对自我的理解中引申出来的。存在主义所理解的自我,不是像笛卡尔哲学中所设定的那个在世界之外思考世界的"我思",而是自我在世界之中以身体性的、活动着的方式存在。自我的存在离不开世界,也离不开他人。但是人群中的这个我,并非本真的自我,而是我的"常人"状态,"对于本真性概念而言最为核心的是这样一个观念,即一个人可以在完全不失去其可理解性和自我同一性的情况下,将自身从公共框架中,从他被卷入其中的'常人'的方式中解脱出来。在此过程中,他不但没有'丢失'自我,反而是获得了他'最本己的存在'"②。人的存在,是有时间性的存在,死亡是其存在的终点,人活着的每一天,同时也是走向死亡的每一天,这就是所谓向

---

① [美]大卫·E. 科珀:《存在主义》,第210页。
② 同上书,第205页。

死而在。死亡永远是自己的死亡,任何他人都无法替代。当面向死亡的时候,他意识到自己的独立性,意识到只有一次的生命。他从日常纷扰和对大众的服从、迁就、逢迎中抽身出来,直面自己的真实的渴望,也是直面本真的自我,因此真实的自我是与反思同在的。

反思只能给我一个未规定的将来。这意思是说在把某种行为构成可能时,正因为它是我的可能,我才认识到,没有任何东西能够迫使我采取这个行为……我将来的存在和我现在的存在之间已经有了某种联系。但是在这个连续中,虚无溜了进来:我现在不是我将来是的那个人。我不是将来的那个人的原因首先在于,时间把我同他分开了;其次在于我现在唆使的人不是我将来要是的那个人的基础;最后在于没有任何一个现实的存在物能够严格规定我即将是什么。①

躲在萨特存在主义哲学术语之后的这个"自我",到底是一种什么样的自我呢?换一种平易近人的表述方式,可以这么来理解,他——

不仅仅是经验所抛出的一连串目标、属性和追求的一个被动容器,并不简单地是环境之怪异的产物,而总是一个不可还原的、积极的、有意志的行为者,能从我的环境中分别出来,且具有选择能力。把任何品质认同为我的目标、志向、欲望等等,总是暗含着一个站立于其后的主体的"我",而且这个"我"的形象必须优先于我所具有的任何目的与属性。正如罗尔斯所说,"甚至一种支配性目的也是自我在大量的可能性中选择的"。在某一目的被选择之前,必然有一个具备选择能力的自我。②

而这正是萨特所说的,"自我性(Selbstheit)的特点事实上就是人总是与他

---

① [法]萨特:《存在与虚无》,第61页。
② [美]桑德尔:《自由主义与正义的局限》,第25页。

所是的东西分离"①,"拟定人们是其所是的永久清单,就是经常不断地自我否定,并逃遁于人们在其中除了是一个纯粹、自由的注视之外不再是什么的领域中"②。萨特从这里出发,继续往前推进。他认为,为保证自我的自由,自我不仅需要超越性别、阶级、种族等社会、文化的束缚,他甚至要超越他的本质,也就是说,自我不能有一个在先的本质,否则自我就是被这个本质所决定的,就不是自由的。自我在世界之中存在,没有任何东西先于这一基本事实,这一事实之后,才有其他,包括自我的本质:

人的自由先于人的本质并且使人的本质成为可能,人的存在的本质悬置在人的自由之中。我们称为自由的东西是不可能区别于"人的实在"之存在的,人并不是首先存在以便后来成为自由的,人的存在和他"是自由的"这两者之间没有区别。③

就此,萨特提出"存在先于本质"④,意思是说,人不像其他存在物那样具有预先设定的、不变的本质,人的本质是由人的存在过程决定的。一个人在他一生中的作为,决定了他是什么样的人;一切取决于他自己,取决于他的选择、努力。人的存在是一个自我显现的过程,他的本质就是这一过程的全部内容;只要这个过程还没结束,他就能够改变自己,重塑自己。

"本质,就是已经是的东西。"本质,就是能用"那是"这样的词在人的存在中所能指出的一切东西。因此,本质就是那些解释这种活动的诸特征的整体。但是活动总是超出这个本质,它只有超越对它的所有解释才成为人的活动。
本质,是人的实在在自身中作为已经是的东西来把握的一切。正是在这里

---

① [法]萨特:《存在与虚无》,第45页。
② 同上书,第100页。
③ 同上书,第53页。
④ "在自由中,存在先于并支配本质","自由才是所有本质的基础"。(同上书,第532、533页。)

焦虑显现为对自我的把握,因为自我以不断从存在的东西中脱离的方式存在。①

中国一句成语"盖棺论定",寓示的也是这一道理。一个人当然可以一成不变地度过一生,但这也是出于他自己的选择。概言之,人与一般存在物的区别在于,物"是其所是",而人"是其所不是","人的实在确立为一种是其所不是又不是其所是的存在"②,物的现在就是它的过去,就是它的未来,它一成不变地是它自己。它最初是什么,就一直是什么。而人不是这样的,人的今天可以不同于他的过去,未来又可以不同于今天,他能不断否定、超越过去的自己,他能够成为他从前所不是的那一个人,"我真正所是的是我的超越性"③,萨特的法国哲学前辈伏尔泰信奉"前后一贯,是狭小的心灵产生的可厌的怪物",而是他所不曾是,才是人之为人的根本特征,是他区别于物的本质。是其所不是,是自由的另一种表达。

可以见得,萨特这里宣称的人所享有的绝对自由,并非作为权利的那种自由,而是选择的自由。作为权利的自由指的是受国家法律保护或为自然法所认可的那种自由,即不因行使而被惩罚的那种自由,而选择的自由指的是这样做或那样做或拒绝做的自主性,即行为者根据自己意愿而不受阻碍地选择行动。

"是自由的"这种表述不意味着"获得人们所要求的东西",而是"由自己决定(按选择的广义)去要求"。换言之,对自由来讲,成功与否是无关紧要的……"自由"的经验的和通俗的概念是历史情况、政治情况和道德情况的产物,相当于"达到被选择的目的的能力"。它意味着:选择的自主。不过应当指出,同一于"作为"的选择设定了实现的开端以便区别于梦幻和愿望。我们不说一个俘虏有随时出狱的自由,这将是荒谬的,我们同样不说他有随时希望被释放的自

---

① [法]萨特:《存在与虚无》,第65页。
② 同上书,第91页。
③ 同上书,第90页。

由,尽人皆知这是没有意义的,但我们可以说他随时都有企图越狱的自由——也就是说,不管他的处境如何,他都能谋划他的越狱和通过一个活动的开始使他本人知道他的谋划的价值。①

选择的自由,这是发生在意识内部的事,没有人能进入我的意识之中阻止我的选择,在这个意义上,我当然是自由的。

从理论到现实,我们已经熟知并习惯了人的不自由、被决定、受限制。我们知道凡事必有因,有因必有果,而果就是被因决定了的。这是形而上学意义上的决定论的世界图景。这一图景中,自由根本就是个冗余概念。形而上学以外,在常识的世界中,我们享有的自由也仍然十分有限。这不仅是因为即便在一个崇尚自由的政体中我们的自由也受到其他人的同样的自由的限制而所剩有限,还因为我们据以行动的那些观念中的许多观念,何尝不是社会或他人出于自身的考虑、为了自己的目的而灌输给我们的。不论从哪一角度说,我们实际拥有的自由都很有限,而甚至这本就不多的自由,也不能充分行使。我们会因各种忧惧,而违背本愿,屈从于环境、形势、得失考量,等等。这是人性的一部分,和人性中其他基本构成一样,也是进化所赐予的"礼物"并服务于生存的目的。千百年甚至几万年来,绝大多数人正是这样选择的。但是这样一来,生存和利益就成了人的不二目标,我们被生存和利益所限制、所决定,意志中的那份自由被扼杀了。这里说的意志中的自由,指的是我的真实的愿望以及按照这个愿望去行动的决心。我本来有这个愿望,但是如果依此而行,或得罪别人,或损害自己,总之,终将使自己有损,而为了避免蒙受损失,我选择另外的路。真实的愿望就是我愿意不付代价实现的那个目标,但是世间没有不付代价的事,所以真实的愿望往往被压制、被扭曲、被曲折表达。而真实愿望被压制,就是主体的自由被压制。但是我们原本可以依愿望而行,这本是我们能力之内的事,是别人无法控制的。这是我的自由,如果不这么做,将有损于我的自由,"我命定

---

① [法]萨特:《存在与虚无》,第587页。

是为着永远超出我的本质超出我的动作的动力和动机而存在：我命定是自由的"①。这是历来被忽略乃至无视的一点，也是萨特哲学突出肯定的一点。通过强调这一自由，萨特拓展了我们对自由的认识——不是我们没有这一自由，是我们没有意识到真的可以使用这一自由。而意识到我们可以使用这一自由，在效果上就是拓展了我们的自由。

从来没有哪一种哲学像萨特哲学那样"赋予"我们如此多的自由。萨特把人从历史背景、社会关系、行为后果……中解放出来，让人成为真正独立的个体，一个思想和行动的主体。这一主体与其说是生存论上的，不如说是伦理学上的。萨特唤起这一沉睡的自由之后，我们再也无法装作不知它的存在了，无法以不知它的存在为借口逃避某一些选择了。萨特赋予人空前的自由，也就赋予他空前的责任。可以说，萨特提供了一个全新的行为主体：他把握着自己的本质，也掌握着自己道德上的命运。

由于命定是自由，把整个世界的重量担在肩上：他对作为存在方式的世界和他本身是有责任的。

企图抱怨是荒谬的，因为没有任何陌生的东西决定过我们感觉到的和体验到的东西，或者决定过我们所是的东西。这种绝对的责任不是从别处接受的：它仅仅是我们的自由的结果的逻辑要求。我所遇到的事情只有通过我才能遇到，我既不能因此感到痛苦，也不能反抗或者屈服于它。此外，所有我遭遇到的东西都是我的。②

有一个著名的故事反映了这一思想。二战期间，一个法国年轻人请教萨特，是履行对国家的义务参加抵抗组织，还是履行对亲人的义务留下来陪伴寡母。出人意料的是，萨特这个爱国者，没有劝年轻人参加抵抗组织，也没劝他留

---

① ［法］萨特：《存在与虚无》，第535页。
② 同上书，第671、672页。

下来陪母亲——萨特拒绝帮年轻人做决定,而是让他自己选择。不了解萨特哲学的人,一定认为萨特此举有负年轻人的信任,没有尽到一个长者和教师的责任。但我们了解了萨特哲学知道,让年轻人自己选择而不是替他选择,正是出于对其自由以及人之为人的尊重——他的选择造就他的本质;出于他自己的选择,他才真正负有道德责任。而如果替他做出选择,则是扼杀了他的自由,因而也破坏了他之为人的本质,这才是对他最大的伤害。

既然认为自由是人之为人最重要的事,萨特因此非常警惕人被物化的种种危险,因为物化就是被当作物,就失去了人的本质,或不被视为人。他用一种惊悚醒目的方式向人们提示这种危险,"他人即地狱"①。萨特当然不是鼓动人与人之间的仇视、仇恨,他是用这种方式勾画生存论意义上人与人之间的关系,以及每个人面临的威胁。他人即地狱,是因为在他人的内在世界中,在他人的注视下,我不再是一个活生生的自由的主体,而可能被当成物。存在主义阵营内,宗教存在主义的代表人物马丁·布伯在《我与你》②中,建议用"我-你"关系,而不是"我-它"关系,去解决这个问题。我-它关系,是主体与客体之间的关系;而我-你关系,是主体与主体之间的关系。布伯的意思是,在人与人的关系中,要肯定和尊重对方的主体性,懂得对方是一个和自己一样的人。

7 你的需求是什么,你就是什么

——人本主义心理学视角下的人

需求(need)③与美好生活紧密相关。通常我们把美好生活理解为应有尽有,是所有的需求都得到满足而无所匮乏。当然,关于需求与美好生活的关系,

---

① 这一格言式的表述来自萨特的戏剧《禁闭》,原话是"……地狱,就是他人"!
② [德]马丁·布伯:《我与你》,陈维纲译,北京:生活·读书·新知三联书店,1986年。
③ 本节中"需求"和"需要"同义,根据行文语气而变换。

也有另外一种说法,"有些东西你想要而没有,这是幸福不可缺少的一部分"①。这一说法不无道理,但是和"美好生活就是应有尽有"未必冲突。罗素口中"你想要而没有"的"有些东西",可能并不属于"应有",因此可以不"尽有",或必须不"尽有"。在经验中,我们见识、听闻过许多因为欲望总能轻易得到满足而毁掉的人生②。但是罗素显然不会否定需求的满足对美好生活的意义。

需求决定着我们的美好生活,也定义我们是谁,影响我们下一步的行为选择,"人是一种不断需求的动物,除短暂的时间外,极少达到完全满足的状态。一个欲望满足后,另一个迅速出现并取代它的位置;当这个被满足了,又会有一个站到突出位置上来。人几乎总是在希望着什么,这是贯穿他整个一生的特点"③。我们是谁,处于何种状态,很大程度上取决于我们需要什么。伦理学从一开始,就把我们如何对待自己的欲望作为一个重要的议题④,就是因为看到欲望-需求对德性的影响,而一个人的德性,是他之为他的重要方面。儒家的人格典范颜回"一箪食,一瓢饮,在陋巷。人不堪其忧,回也不改其乐"⑤,对某些需求——物质条件、社会地位的无视,和对某种需求——"孔颜乐处"的偏好,是颜回之为颜回并被尊为圣贤的重要因素。其他宗教传统、伦理传统中的楷模,也是这样的。

哲学一直在思考需求,并且一直试图为人类、至少是精英人群选定需求,或

---

① 罗素:《幸福之路》,第19页。以贫穷为例,贫穷是需求不得满足,但是"宗教赞扬贫穷的好处和道德价值,不是没有道理的。实际上,贫穷是人们学习自我克制的最好课堂。贫穷在迫使我们经常约束自己的同时,还使我们做好准备去驯服地接受集体的约束,而财富在使个人兴奋的同时,往往有可能唤醒这种作为不道德行为根源的造反精神"。([法]埃米尔·迪尔凯姆:《自杀论》,第271页。)
② 积极心理学研究认为,"幸福感来自于自己的优势与美德,通过自己努力获得的幸福才会有真正的幸福感受。"(参见[美]马丁·塞利格曼:《真实的幸福》,洪兰译,沈阳:万卷出版公司,2010年,第9页。)另一位积极心理学家泰勒·本-沙哈尔也提到,"没有目的和挑战,生活变得毫无意义……享乐主义者的生活完全没有挑战,因此不可能获得幸福。(参见[以]泰勒·本-沙哈尔:《幸福的方法》,汪冰、刘骏杰译,北京:中信出版社,2013年,第21页。)
③ [美]马斯洛:《动机与人格》,许金声、程朝翔译,北京:华夏出版社,1987年,第29页。
④ [古希腊]柏拉图:《理想国》,第3页。
⑤ 《论语·雍也》。

排定需求的次序。比如从柏拉图到密尔,就一致认为精神的快乐高于身体的快乐,即精神需求的满足高于身体需求的满足;伊壁鸠鲁主义和斯多亚主义认为心灵宁静才是最高需求……马克思把人的自由地全面发展看作生活最高价值,尼采则认为权力才最重要。在需求一事上,哲学的思辨式研究所得出的结论,或者只是在重述常识性的观念,或是只被接受自己一派体系的人所认可,未能提供内容充实且跨越哲学派别的普遍性的理论。对需求的系统研究,始于亚伯拉罕·马斯洛(Abraham Maslow)的人本主义心理学。马斯洛用经验归纳的方式,描述了人的需求实际上是怎样的,而不是伦理学性质的它们应该是怎样的。由于心理学的研究指向人的心理机制,而心理机制具有跨文化的普遍性,马斯洛的研究因此可以被看作具有一定普遍性的准科学的研究[1]。

早在上个世纪40年代,马斯洛即展开对需求的研究。到60年代,他正式提出人类需求理论。这一理论的影响超出心理学,在各学科乃至日常生活中,已经到了家喻户晓的程度,成为我们认识自身、正视自己的必要视角。

马斯洛把人的需要按由低到高的顺序,依次分为五类:1. 生理需要(physiological needs),2. 安全需要(safety needs),3. 爱和归属需要(love and belonging),4. 尊重需要(esteem),和 5. 自我实现的需要(self-actualization)。在自我实现需要之后,还有自我超越需要(self-transcendence needs),但通常不作为需要层次理论中必要的层次,多数情况下会合并至自我实现需要中去。

首先来看生理需要。生理需要是最基本的需要,指维持生命所必须的物质条件,包括衣、食、睡眠、休息和性,等等,即汉语中"食色"所包含的内容。这些需要(除性以外)任何一项得不到满足,一个人的生理机能就无法正常运转。换言之,他的生命就会因此受到威胁。当生理需要未获满足时,也会表现为最强烈的需要。比如,如果一个人同时缺乏食物、安全、爱和尊重,通常对食物的需

---

[1] 人本主义心理学时代的研究,与严格的科学范式下的研究尚有差距,虽然是基于经验的研究,但不免受到文化观念的影响。阅读马斯洛对那些"自我实现的人"的研究可以看到,他选取的样本,都是西方成功标准之下西方文化中的人,这无疑会影响他的理论的说服力。(参见[美]亚伯拉罕·马斯洛:《自我实现的人》,许金声、刘锋等译,北京:生活·读书·新知三联书店,1987年,第7页。)

要是最强烈的,其他需要则显得不那么重要。此时人的注意力几乎全被饥饿感所占据,所有心思和能量都被用来获取食物。在这种极端情况下,人生的全部意义、全部追求就是吃,"对于一个长期极度饥饿的人来说,乌托邦就是一个食物充足的地方"①。只有这些最基本的需要满足到维持生存所必需的程度后,其他的需要才能成为新的激励因素,而到了此时,这些已相对满足的需要也就不再成为激励因素。"'只靠面包活着'并不是谬论——但这只有在没有面包时才是事实。"②

对于一个饱食的人来说,食物的吸引力已经不足以让他去田里劳作,而他之所以去劳作,是出于安全的需要。安全需要包括最基本的人身安全、身心健康,以及谋生手段、财产和家庭安全,等等③。马斯洛认为,人的整个机体都是一个追求安全的机制,他的感受器官、效应器官、思维器官等等,主要是寻求安全的工具,甚至科学和人生观都可以看作是满足安全需要的一部分④。换言之,人类文明中的大部分内容,都是为了满足安全需要而发展出来的。这么说不奇怪,想想人类以外其他动物的生存就知道了。安全需要和生理需要一样强烈,但是比生理需要隐蔽,毕竟生理需要的对象,都直接而明确,看得见摸得着。不具备安全感的人,往往表现出种种奇怪的举动,尤其是攻击性。当我们知道安全需要是一种基本需要之后,这些奇怪的举动也就容易理解了——自我感觉不安全的人,急于离开或打破那种令他不安的状态,于是或逃避或攻击,就成了常见选项。与生理需要一样,安全需求一旦获得相对满足,就不再成为激励

---

① [美]亚伯拉罕·马斯洛,《动机与人格》,第42页。
② 同上书,第43页。
③ "如果生理需要相对充分地得到了满足,接着就会出现一整套新的需要,我们可以把它们大致归纳为安全类型的需要(安全、稳定、依赖、保护、免受恐吓、焦躁和混乱的折磨、对体制的需要、对秩序的需要、对法律的需要、对界限的需要以及对保护者实力的要求等)。"(同上书,第44页。)
④ "在世界上寻求安全和稳定的努力还有一些范围更广的方面,这些方面见于一种极为常见的偏爱:偏爱熟悉的事物,而不是不熟悉的事物;或者偏爱已知的事物,而不是未知的事物。那种想用某一宗教或者世界观把宇宙和宇宙中的人组成某种令人满意的、和谐的、有意义的整体的倾向,多少也是出于对安全的寻求。"(同上书,第47页。)

因素。

爱和归属需要包括友情、爱情以及家庭和社区提供给人的依赖感,"如果这不能得到满足,个人会空前地感到缺乏朋友、心爱的人、配偶或孩子。这样的一个人会渴望同人们建立一种关系,渴望在他的团体和家庭中有一个位置,他将为达到这个目标而做出努力"①。有一种说法认为,爱情是文化的构造物,只存在于某些特殊文化类型中,因此爱和归属需要中可以没有爱情需要。进一步的研究表明,爱情普遍存在于各种文化中。那些开始不被认为有爱情的文化,其实只是缺少表达爱情的相应词汇②。可见爱情也是一种普遍的需要。情感需要常常与生理需要和安全需要——爱情需要与性渴望、友情需要与安全——混杂纠结在一起表现出来,但是它们只是以低一级的需要为基础,而不能还原为低一级的需要③。归属需要一般不会像情感需要这般强烈,但可以相当持久,而且更具社会性。人毕竟是"城邦的动物",他需要社会的接纳、肯定、保护和支持,在物质上和情感上都是如此。在此意义上,归属感可以说是一种更深层的安全需要,或曰安身立命的需要。

尊重需要包括内部尊重和外部尊重。内部尊重就是自尊,是自己对自己的认可、肯定,指一个人希望在不同情境中表现得有实力、能胜任、能自主。外部尊重是指一个人希望在社会中有地位、有威信,受到别人的尊重、信赖和高度评价④。马斯洛认为,尊重需要得到满足,能使人对自己充满信心,对社会满腔热情,体验到自己活着的价值,"自尊需要的满足导致一种自信的感情,使人觉得自己在这个世界上有价值、有力量、有能力、有位置,有用处和必不可少"⑤。这很容易理解,单独我们自己,体验到自身价值的机会并不很多。我们必须从对

---

① [美]亚伯拉罕·马斯洛:《动机与人格》,第49页。
② "根据一项目前为止对于爱情最相近的跨文化研究,89%的社会具有爱情观念,而研究人员还认为,其余的社会里很有可能也有爱情,只是人们不怎么谈论爱情,所以并未引起人类学家的注意。"([新西兰]理查德·乔伊斯:《道德的演化》,第66页。)
③ 参看[保加利亚]瓦西列夫:《情爱论》,赵永穆、范国恩等译,北京:生活·读书·新知三联书店,1984年。
④ [美]亚伯拉罕·马斯洛:《动机与人格》,第51页。
⑤ 同上书,第52页。

象那里确认自己,这个对象可以是耕作的一亩田,捕获的一只猎物,也可以是我们所属的社群。社群对我们的肯定和尊重,让我们感到自己是有分量的,自己的生命是有价值的。亚里士多德幸福论中所谓成功的公民的生活,就处在这一层面。这一层次的成就和满足,主要还是来自社会的评价,只有到了自我实现的层次,才达到超然于他人目光,独立自足,无待于外,因此,"最稳定和最健康的自尊是建立在当之无愧的来自他人的尊敬之上,而不是建立在外在的名声、声望以及无根据的奉承之上"①。

自我实现需要是最高层次的需要。自我实现就是实现自我,指的是充分发挥潜能,实现自己为自己设定的抱负,把个人能力发挥到极致,"自我实现也许可以被描述为充分利用和开发天资、能力、潜能等等。这样的人几乎竭尽所能,使自己趋于完美,这使我们想到尼采的告诫:'成为你自己!'他们是一些已经走到,或者正在走向自己力所能及高度的人"②。在日常语言中,我们用"有所作为"来描述那些追求自我实现需要的活动。自我实现是生命最好的状态,马斯洛归纳出自我实现者的一系列特征,比如,达到自我实现境界的人,接受自己也接受他人,因此处在良好的心理状态和人际关系之中;自我实现的人解决问题能力增强,自觉性提高,善于独立处事,要求不受打扰地独处,完成与自己的能力相称的事情,等等③。包括亚里士多德在内的希腊哲人所推崇的沉思的生活,就是一种自我实现的人生。

需要注意的是,作为最高需要层次的自我实现,与哲学-伦理学中的自我实现在意义上有所不同,后者将主要关注点放在德性的自我完善或自身功能的发挥,"希腊自我实现论者把理性的训练、知识的发展看作至善……现代自我实现论者一般都在更大的范围内看待至善,没有把它限制为理智机能的训练,而是看作整个生命的保存和发展"④。而心理学上的自我实现活动,"都强烈地把注

---

① [美]亚伯拉罕·马斯洛:《动机与人格》,第52页。
② [美]亚伯拉罕·马斯洛:《自我实现的人》,第4页。
③ 同上书,第8、13、22页。在这一点上,人本主义心理学、积极心理学和哲学达成一致并互相支持,互相补充。
④ [美]梯利:《伦理学导论》,何意译,北京:北京师范大学出版社,2015年,第169页。

意力集中在他们自身以外的问题上……他们是以问题为中心,而不是以自我为中心。他们自身一般不存在什么问题,他们一般也不太关心他们自己,这正与在不安定的人们中发现的那种内省形成对照。自我实现者通常有一些人生的使命,一些有待完成的任务,一些需要付出大量精力的他们身外的问题"①。自我实现者实现了自我设定的目标,他的生命从这一目标中获得意义,他因此是充实的;而在自我实现过程中,他的生命功能得到充分发挥,与生命活动无障碍行使相伴随的是快乐,他因此也是快乐的。自我实现难得,但是自我实现并不专属于知识精英。马斯洛总结说,自我实现采取的途径可以因人而异。

在五种需要以外,马斯洛还提到过自我超越的需要,描述的是类似于信仰追求的一种精神需要,对应于宗教情感、宗教体验,通常被合并在自我实现需求中。此外,马斯洛还讨论求知需要和审美需要,这是两种重要的精神活动,依其活动的性质和目标,应该属于或高于自我实现。

这五种需要由低到高,逐级递升,"人类只能以相对或者递进的方式得到满足;需求似乎按某种优势等级、层次自动排列"②。这五种需要可以分为两类,其中生理需要、安全需要和情感需要属于低一级的需要,这些需要的满足依赖于外部条件和环境因素。而尊重需要和自我实现需要是高一级需要,他们通过精神的内部因素才能满足,低一级的需要满足之后即告消退,而高一级的需要可以持续存在并发挥作用。同一时期,一个人可能有几种需要,但每一时期总有一种需要占支配地位,对行为起决定作用。任何一种需要都不会因为更高层次需要的发展而消失。各层次的需要相互依赖和重叠,高层次的需要发展后,低层次的需要仍然存在,只是对行为影响的程度大大减小。

我们的理论性讨论可能造成一种印象,这五个层次的需要似乎是按下面的关系排列的:如果一个需要得到满足,另一个需要相继产生。这个说法可能会造成这样的虚假印象:一个需要必须百分之百地得到满足,下面的需要才会出

---

① [美]亚伯拉罕·马斯洛:《自我实现的人》,第21页。
② [美]亚伯拉罕·马斯洛:《动机与人格》,第9页。

现。事实上,对于我们社会中的大多数正常人来说其全部基本需要都部分地得到了满足,同时又都在某种程度上未得到满足。要想更加真实地描述这个层次序列,就应该在这个优势层次序列中逐级减小满足的百分比。例如,为了说明情况,我可以任意假定一些数字,或许一般公民大概满足了85%的生理需要,70%的安全需要,50%的爱的需要,40%的自尊需要,10%的自我实现需要。

至于说到一个新的需要在优势需要满足后出现这一观念,这种出现并不是一种突然的、跳跃的现象,而是缓慢地从无逐渐到有。①

马斯洛和其他的行为心理学家都认为,一个国家多数人的需要层次结构,是同这个国家的经济发展水平、科技发展水平、文化和人民受教育的程度直接相关的。在发展中国家,生理需要和安全需要占主导的人数比例较大,而高级需要占主导的人数比例较小;在发达国家,则刚好相反。但是需要层次的这种环境依赖性,并不表示需要层次具有文化或环境的相对性,而毋宁说,需要层次的排序具有超文化、超环境的性质。马斯洛认为,现实中人们关注点的不同,不是来自人们的需求层次的不同,而是来自人们实现自己需求的能力的不同:

我们有意识地渴望一切实际可能获得的东西……一个人的收入增加后,他发现自己的希望活跃起来,并且积极地为获得几年前连做梦都不敢想的东西而奋斗。

重视达到目的的可能性这个因素,对于理解我们文化中各个阶级等级之间的动机差别,理解我们的文化与其他较为贫穷的国家和文化在动机上的不同是至关重要的。②

如今人们常常自嘲,"贫穷限制了我的想象力"③,说的就是这个道理。我

---

① [美]亚伯拉罕·马斯洛:《动机与人格》,第62页。
② 同上书,第36—37页。
③ "野人献曝"和"皇帝的金锄头"的故事,都生动展示了贫穷如何限制人们的想象力。

的想象力——即愿望或需求,受制于我的处境和实现愿望的能力。处境和实现愿望的能力是外在的条件,它们发生变化,也会引起我的愿望的改变,就像《理想国》中获得隐身戒指的牧羊人,或《渔夫和金鱼》中的渔夫一样。这当然不是说,每个外在条件具足的人,都会达到自我实现的需要层次,以自我实现为人生的主导目标。自足于"吃了又吃"①诚然是天方夜谭,因而是笑话,耽溺于声色犬马、耳目之乐者却并不少见。从人类的经验来说,需要的5层次中,前4种是自然需要,是条件满足自然而然会产生的需要,而自我实现就不那么明显。毕竟,自我实现之为一种需要,高度依赖于人们对"自我"的理解,而对自我的理解,又依赖于文化——不是每一种文化都鼓励个人的自我发展。为解释自我实现需要的这种隐身,这种"发育中止",马斯洛发明出"约拿情结"这一说法:

> 我们所有的人都有一种改进自己的冲动,一种更多地实现我们的潜力、一种朝向自我实现或人性充分发展的冲动……然而,如果承认了这一点,又是什么使我们停止发展,是什么阻碍了我们的成长呢?②

马斯洛认为,约拿情结的存在,是因为"我们还不够强健,不能够承受更多的东西","它是一种合理的惧怕,怕失去控制,怕被分裂、瓦解"③,也就是说,是出于安全的需要,而逃避了自我成长。对身处现代西方文化的个体的如此表现,马斯洛的解释或许是对的,但从跨文化的视角看,这种解释显然不充分。实际上,马斯洛在基本需要和具有文化依赖性的非基本需要之间做过区分,而这一区分,或者正可以用来说明自我实现需要和其他4中需要的不同。

认为本能需要在本质上是类本能的另一个原因是,对本能需要的挫折会导致心理疾患,这是所有的临床医生都认同的。而对于神经质、习惯、上瘾或性格

---

① 参见"道德意识的起源"一节中"措大言志"注释。
② [美]亚伯拉罕·马斯洛:《自我实现的人》,第142页。
③ 同上书,第147、148页。

偏好来说，则不是这么回事。

假如社会创造出所有的价值观念，并使人们接受它们，那么，为什么只有某些价值观念在受到挫折时会导致精神疾病？

很明显，基本需要占有一个特殊的心理学和生物学的重要地位。它们有与众不同的地方。基本需要必须得到满足，否则我们就要得病。①

我们试着把马斯洛的这一区分方法用在五种需要上，可以合理地认为自我实现需要的受挫会导致心理疾患吗？应该不会，至少不会普遍如此。而自我实现需要之前的4种需要受挫，则会导致心理疾患，这种事例在生活中屡见不鲜。这似乎足以表明，自我实现需要并非基本需要。我们验之以进化心理学的理论解释，似乎也支持这一区分。生理需要和安全需要，是所有动物的需要，而归属需要，也几乎是社会性动物的共有需要。这些与其他动物共有的需要，不因文化而不同，是人的自然需要，用马斯洛的术语称为"本能需要"。但是我们看不到动物身上表现出尊重需要和自我实现需要，可以断定，这两种需要为人类所独有，在此基础上，可以继续考察它们是为人类所共有，还是为某种文化中的人所拥有。

在讨论精神快乐和身体快乐时，西季威克质疑前者优于后者、前者比后者更快乐的普遍性，认为比如对一个饥饿的年轻人，面包比音乐更能带给他快乐、满足②。应该说，西季威克的观点，不是质疑而是肯定了马斯洛的理论。如果把他和密尔的分歧，理解为短期需求和长期需求的分歧，则两个人的分歧其实也不存在。也就是说，密尔认为，功利主义的目标是一种长远来看更优质的生活。

马斯洛认为最完善的人生，是自我实现的人生。可以说，一个自我实现的人，获得了生活所能提供给他的一切善，并且达到了"人性所能达到的光辉顶点"（亚当·斯密对休谟的评论），成功解决了道德的外在要求和美好生活的内

---

① ［美］亚伯拉罕·马斯洛：《动机与人格》，第108页。
② 参见［英］西季威克：《伦理学方法》，第74页。

在要求之间的冲突①。对于本书的主题,这些人具有一种榜样的意义,因此值得特别关注。

按照一种价值理论,需求与价值对应,价值就是对需求的满足。马斯洛的需求理论,为我们理解生活的价值,提供了有益参照。

---

① "处于高峰体验中的人……自尊、自爱与尊重他人、敬爱他人两方面互相支持、相得益彰。"参见[美]亚伯拉罕·马斯洛:《自我实现的人》,第263页,以及第63页对"超越者"的描述。

第 4 单元
追寻幸福

1 幸福在哪里

幸福曾经是西方伦理学关注的核心问题。从苏格拉底到柏拉图、亚里士多德，一直到伊壁鸠鲁，西方伦理学在其最初阶段都是围绕幸福而展开的。尽管不是所有的伦理学家都明确使用幸福这一概念，但他们探寻的确实是为苏格拉底所最先表述的同一个问题——人应该如何生活（how should one live？）[1]。B. 威廉斯（Bernard Williams）认为苏格拉底以此问题规定了希腊伦理学的基本走向，苏格拉底之后的整个希腊伦理学都可看作对苏格拉底这一问题的回答[2]。就此，我们甚至可以说，希腊伦理学家们的学说都可称作幸福论，所不同的只是他们对幸福的具体内容和通向幸福的途径理解不同，比如，苏格拉底和斯多亚学派倾向于认为德性和幸福是等同的，而柏拉图和伊壁鸠鲁则认为德性只是获得幸福的手段。

幸福成为伦理学的核心话题应该是很自然的事。当人类的自我意识觉醒，开始懂得把自己从自然、传统和社会习俗中独立出来，他们首先面对的问题就

---

[1] 追问"人应该如何生活"即是追问"如何使生活进行得好"，这正是幸福所关注的问题。从这一意义而论，可以说，为苏格拉底的问题规定了方向的希腊伦理学就是围绕幸福问题而展开的。

[2] 参见 B. Williams, *Ethics and the limits of philosophy*, Cambridge: Harvard University Press, 1985, chap. 1, *Socrates' question*, p. 1, 以及陈嘉映中文译本第 5 页。

是应该如何安排自己的生活。苏格拉底的问题标志着人类自我意识发展的这一阶段,正是在这一意义上,苏格拉底被许多人视为西方伦理学的起点。

　　幸福是一个使用十分广泛的语词,既见于哲学,也见于日常语言。在日常语言中,幸福既可以用来表述短时间的心理状态(happiness),也可以用来描述长时段的生活际遇(well-being)。在哲学中,幸福更多指的是后者。从词源上来看,哲学中的幸福(*eudaimonia*),其本意是拥有好的守护神,引申为拥有天赐的力量或享有良好的命运的意思①。希腊哲学家关注幸福,追寻的是什么构成好的生活、什么使生命进行得好,或什么样的人生(长时段的)是令人(而不仅仅是某个特殊的人)满意的人生,而不是如何获得当下的心理满足。可以看出,对幸福的追问就是对"值得过的生活"的追问,是对应该如何生活的追问。苏格拉底之后的哲学家尝试以更为具体的内容解说值得过的人生,并分别以身体的快乐(昔兰尼派)、德性的圆满(斯多亚派)、心灵的宁静(犬儒学派和伊壁鸠鲁派)等作为幸福进一步的定义,不过他们对人生的目的或至高的善是幸福这一

---

① 巧合而意味深长的是,幸福在汉语中的词源意义,与在希腊语中的词源意义,颇多相合的地方,"汉语中'幸福'原为动词,指'祈福'。此种用法的隐涵意义乃是说,幸福原不在于人,而在于神圣他者,人仅能靠信仰祈求之,而不可遽得。也就是说,幸福乃是具有超越性的价值,与快乐满足颇不相同,绝非想要便有,也并非仅仅人的努力便可达到。此与古希腊、希伯来的用法颇有相通之处。即使今义的幸福,如果稍加推求,也可以知道其深邃涵义乃是生命的圆满,也就是生命的自由创造……这便是在人与自然,人与社会,国与国,人与人,特别是与亲近的人之间的关系中,进行生命的无穷自由创造,达到动态的和谐圆满。"(唐逸:《荣木谭:思想随笔与文化解读》,北京:商务印书馆,2000年,第79页。)

形式上的表述并无疑义①。

但在希腊哲学之后,幸福却逐渐淡出伦理学,到今天差不多只成为经济学、心理学和社会学等学科关注的对象,幸福这一概念也由福利(well-being 或 welfare)、效用(utility)、生活质量(quality of life)或表示主观感受的幸福(happiness)所代替。幸福问题在伦理学中的衰落,首先归因于哲学史上基督教伦理的介入。基督教伦理因其对来世的强烈关怀而漠视现世幸福,把理论注意力放在如何顺从上帝的意志从而使灵魂得救。对基督教伦理来说,现世的幸福不仅不是最高的善,反而有可能成为削弱信仰、迷惑灵魂的障碍,是需要克服的对象。幸福衰落的另一个原因是伦理学中道德价值与自然价值的分离。启蒙运动以来,道德的独立性和自足性日益增强,在功利主义以外的伦理学说中,道德价值获得了与自然价值并立甚至超过自然价值的地位,于是道德本身成为道德要求的充足理由,"为什么要有道德"因此也就无法通过求助于幸福之类的自然价值获得答案②。道德与幸福的联系被割断了,伦理学也就无需去关注只具自然价值而不具道德价值的幸福了③。幸福问题衰落的第三个原因是现代社会在价值观念上的多元化处境。与古代和中世纪时期情况不同,现代社会在价值观念上不再是同质的社会。不可通约的多元价值观念并存是现代社会的基本状况,自由主义原则即可看作对这种多元状况的应对。为避免社会冲突,

---

① 亚里士多德:《尼各马可伦理学》,第 9 页。
② "普里查德认为,道德并没有外在于它本身的公正合理性;假如我们不做那由于它本身的缘故而是正当的事情,不论它是对我们有利还是不利,那就是没有做正当的事。我们的利益所在的东西的概念,对我们有益的东西的概念,在逻辑上与我们所做的事本身是正当和公正的概念无关,假如对我们有利的也是公正的,就伦理学范围而言,这仅仅是一个巧合,一种幸运的偶然。干我们想干的和得到我们想要的东西是一回事,做我们所应当做的是另一回事……履行职责成了一个独自的领域,与人类生活中的任何其他事情都不相关。"([英]麦金太尔:《伦理学简史》,第 127 页。)
③ 自然价值与道德价值的分离始于克拉克,在康德那里得到一种极端的表述。在康德的实践哲学中,道德不能以幸福为目的,否则必定沦为经验主义的道德,而经验主义的道德实际上不配道德之名。康德的伦理学也谈幸福,但更多是出于体系建筑术的需要和引入上帝的考虑,而非出于道德的需要。现代伦理学中"正当"与"终极善"的分离,可参见[英]西季威克:《伦理学方法》,第 27 页。

保证个人生活选择的权利,自由主义对价值问题存而不论,而探求人生最高的善或善的总和的幸福问题自然也被排除在外。

尽管受到伦理学的冷遇,幸福问题并未因此而从人们的视野中消失,相反却受到以社会行为和人类心理为研究对象的实证学科的关注。毕竟幸福是每一个人的人生目标所系,关涉到对生活的基本理解和安排。离开幸福这一目的,我们几乎无法设想所有活动的意义。即使把幸福问题限定在个人价值选择的领域,把幸福仅仅当作涉及个人生活选择的审慎(prudence)的问题,由于这一问题所具有的普遍意义以及对所有人的重要性,我们依然有必要以反思的方式切入它,以澄清掺杂在其中的混乱和错觉,确定幸福的内涵、幸福产生的机制和获得幸福的条件。这当然是哲学尤其是伦理学应该关注的话题,因为它涉及人的心理和行为动机、生活的基本价值等伦理学探讨的基础问题。不仅如此,事实上,按照柏林和格雷的观点,任何伦理和政治理论都离不开先在的价值认定[①]。以罗尔斯的正义理论为例,格雷论证认为,罗尔斯以第一原则确定了基本权利(或基本自由)的优先地位,但基本权利显然必须参照基本价值而确定:把追求和拥有你视为最重要的善确定为基本权利,因此基本权利的确定来自基本价值的认定。如果这种说法是正确的,那么幸福就成为伦理学和政治哲学必须面对的问题[②]。

在诸家学说中,亚里士多德的幸福理论最为引人注目。亚里士多德把幸福作为贯穿伦理思考的基本问题,分析比较了当时的各派学说,深入详尽地阐释了幸福的性质、组成要素和实现手段。他的幸福学说标志着希腊哲学认识幸福的最高水平,他的伦理理论也因为这些原因而被称为幸福论。亚里士多德在幸福问题上的卓越成就使他的学说成为追寻幸福的恰当起点。

在亚里士多德以前,幸福已经广为人们所关注,哲学内外流传有关于幸福

[①] 参见[英]伯林:《两种自由的概念》;[英]约翰·格雷:《自由主义的两张面孔》,顾爱彬、李瑞华译,南京:江苏人民出版社,2002,第71页。

[②] 那些主张通过回归亚里士多德的伦理传统来解决当今伦理困境的哲学家,比如麦金太尔、威廉斯,当然会强调幸福在伦理学中的地位,但他们未能提供为其他伦理派别同样认可的普遍、充足的理由。

的种种界定和见解。当亚里士多德来表述他的幸福观的时候,他需要从以前人们对幸福的共同理解处开始,否则不能保证他们谈论的是同一话题,也不能保证他能超过前人。关于幸福,亚氏的前人们达成的共识是幸福是最高善,是"完善的和自足的,是所有活动的目的"。所谓完善指的是"始终因其自身而从不因它物而值得欲求的东西",即目的善或终极善;而自足指的是"自身便使得生活值得欲求且无所缺乏",即应有尽有的意思,乃一切善的总和①。这是幸福作为最高善的涵义,也是衡量一种生活是否达到了幸福的标准,是对幸福的静态描述。今天我们之所以确信我们分别使用汉语("幸福")、英语("well-being")、德语("Glücklichkeit")或是其他什么语言讨论的都是关于 eudaimonia 的问题,就是因为这些词汇在各自的语言中表述的都是生活的最高善这一意义。但是如果仅仅从善是活动的目的②这一角度解释作为最高善的幸福,那么对幸福的了解也只限于它作为最高善与其他善的区别,而更清晰的认识,比如如何实现幸福、幸福的生成机制等仍不可得。亚里士多德于是又借助人们对幸福的另一共识"幸福是生活得好或做得好",转而从实现活动自身的善的角度来解说幸福。他得出的结论是,只有生活得好或做得好才能达到上述的幸福标准,即幸福是"完善的和自足的"最高善这一标准。

在亚里士多德的哲学中,活动的善与活动的事物的功能是分不开的,"对任何一个有某种活动或实践的人来说,他们的善或出色就在于那种活动的完善"③。我们说一只笛子或一个吹笛手是好的(善的),意思是笛子或吹笛手的功能行使得好。同样,我们说一个人的生命是善的,意思是指他的生命活动进行得好。这样一来,幸福不仅是所有生命活动的终极目的,而且也可以是对生命活动自身的评价。

从作为生命活动的目的的善到对生命活动的评价的善,这一转换不能看作一种推论,而应该是分别对幸福的两个方面的独立阐述:幸福是一切活动的目

---

① [古希腊]亚里士多德:《尼各马可伦理学》,第18、19页。
② 同上书,第1、17页。
③ 同上书,第19页。

的和幸福在于生命活动的完善。表面看来,两种判断似乎可以通过"善"这一概念连接起来,但"善"在两种判断中的意义不同,因此只能是独立的关系。亚里士多德在行文中没有对此做出必要的区分,他给我们的印象是他似乎混淆了这两种善。不过只要我们把两种判断分开来看,这一失误并不影响他的总体论述,因为他的后一种判断本不需要一定从前一种判断中引申出来。后一判断的依据可以从共识"幸福是生活得好"中引申出来,而且亚里士多德甚至还为这种共识提供了论证。

共识"幸福是生活得好"的特别之处在于不把幸福理解为一种主观状态,也不把它树立为生活(生命活动)之外的目标,而是认为幸福内在于生命的实现活动之中。亚里士多德为此提供的理据是:生命在于实现活动,我们说我们在活着,其实就是说我们在思考着和感觉着①,我们说我们活得好,其实就是说我们思考的活动和感觉的活动(实现活动)进行得好。所以幸福在于实现活动,而非在外在于生命的某种目的,生命在自身以外没有目的。既然"幸福是生活得好",是生命活动完成得好,则接下来谈,如何使生命活动完成得好(合德性的活动),而且可以证明,完成得好的活动必定有快乐。

生命的善在于生命活动进行得好,生命活动的完善就是幸福,而生命活动的完善就是充分行使属于生命的功能。那么什么是生命活动完成得好,如何使生活活动完成得好呢?亚里士多德认为,生命活动有生长和营养、感觉以及实践三种,专属于人的是实践,因为实践是灵魂中有逻各斯部分的实践,而逻各斯为人所独有。这样理解下的幸福与德性(aretē)关系紧密,因为德性是"完善"(goodness)、"卓越"(excellence)的意思,"每种德性都既使得它是其德性的那事物的状态好,又使得那事物的活动完成得好"②。这样,人的善就是"灵魂的合德性的实现活动",合乎德性能够既使灵魂的状态好,又使灵魂的活动完成得好。这两个方面是德性这一概念的应有之义,只有活动完成得好才能称为具有德性,而只有状态好活动才能完成得好。"一种活动在以合乎它特有的德性的

---

① [古希腊]亚里士多德:《尼各马可伦理学》,第 273、280 页。
② 同上书,第 45 页。

方式完成时就是完成得良好的"①,这里所说的实现活动(reality),强调的是与潜能相对的现实,因为生命完成(或进行)得好必定是表现出来的活动,而不只是具有某种状态。

在上述推理中,亚里士多德从生命活动的完善一下子跳跃到专属于人的生命活动的完善,但没有说明何以必须从专属于人的活动来定义人的最高善,似乎这是顺理成章的推论。但经过分析就会发现,这一推理过程存在可疑之处。对于亚里士多德推理的前提——有某种活动或实践的人的善在于他们从事的那种活动的完善,人们一般不会有疑义,因为出现于前提中的人已经不再是一般意义上的人,而是被确定为"有某种活动或实践的人"。既然他应该承担的活动已经是确定的了,则我们对他的完善性的判断,自然针对他的已被确定的活动。但当我们判断人的最高善时,这时的人不同于上述活动已经确定的人,我们不能就某一活动判断他的善,因为他承担的活动是不确定的。我们只能就其整个生命活动做出善或不善的判断,因为根据前面的共识,幸福是生命进行得好。亚里士多德以专属于人的理性活动替代人的活动,以专属于人的活动的完善定义人的最高善,显然是一个范畴错误。为什么人的最高善不能与植物或动物的最高善相同,为什么生长和营养以及感觉一定是从属于、服务于理性而不是相反,亚里士多德没有给予充分说明。这与他的完善主义的伦理观和目的论的形而上学有关。如果不接受他的伦理思想的这些背景性观念,则他上述论述的缺陷显而易见。

不过亚里士多德肯定会补充修正这一看法②,他需要把这一看法参之于"完善的、自足的"幸福标准,证之于普遍的意见和事实,以阐明理性活动是获得最高善的不二法门。亚里士多德把善的事物分为外在的善、灵魂的善和身体的

---

① [古希腊]亚里士多德:《尼各马可伦理学》,第20页。按照亚里士多德,(道德)德性是灵魂的一种状态,指的是灵魂的选择的品质,而品质"指的是我们同这些感情的好的或坏的关系"。道德德性使我们与感情保持好的关系,选取适度的行为。
② 在行文中,亚里士多德不断强调幸福与一般目的的不同,比如:"我们选择每种事物都是为着某种别的东西,只有幸福除外,因为它就是那个目的。"(同上书,第304页。)

善三类①。灵魂的合德性的实现活动是灵魂的善,但它需要外在的善和身体的善以为手段或补充。这样定义的幸福,是以灵魂的善为主导的三种善的总和。三种善的拥有者,也不会缺乏生长和营养以及感觉活动的完善,这样的幸福符合完善自足的标准,因为我们已经不能为这样的生活再添加什么,以使其更加完善;换言之,它已经应有尽有,无所或缺。

依照普遍的看法,快乐即使不等同于幸福,至少也是幸福所不可缺少的要素。把缺乏快乐的生活称作幸福违背了多数人对幸福的理解,而且也不符合"完善自足"的要求②。这样看来,三种善的拥有者的这种主观感觉显然也是判断他幸福与否的重要方面。亚里士多德非常看重快乐这一具有内在价值的主观感觉③,但与后世的功利主义者不同,他没有把快乐设定为行为的目的,而是把快乐看作合乎德性的行为的自然结果。如果西季威克等人对古典功利主义的快乐思想的批评是正确的④,那么在快乐问题上,亚里士多德显然比边沁和穆勒高明许多。在亚里士多德伦理学的语境中,快乐是一种心理的满足,满足的原因可以来自身体,也可以来自精神,但不管来自哪里,它一定表现为灵魂的状态。正因为如此,通过灵魂,快乐才与德性相关联,因为德性也是灵魂的某种状态,"如果德性同实践与感情有关,而每种感情和实践又都伴随着快乐与痛苦,那么德性也由于这个原因而与快乐与痛苦相关"⑤。

亚里士多德把灵魂的状态分为感情(feeling)、能力(ability)和品质(character)三种⑥。感情包括欲望和情绪,伴随有快乐或痛苦(因其本身即伴

---

① [古希腊]亚里士多德:《尼各马可伦理学》,第21页。
② 泰勒·本-沙哈尔认为幸福是"快乐与意义的结合,真正快乐的人,能够在自己觉得有意义的生活方式里享受它的点点滴滴。这种解释绝不仅限于生活里的某些时刻,而是人生的全过程。"(参见[以]泰勒·本-沙哈尔:《幸福的方法》,第32页。)应该说,本-沙哈尔对幸福的描述,和亚里士多德的幸福论并不冲突,本-沙哈尔是就外在表现而勾画幸福,而亚氏则是从内在的机制揭示幸福的产生。二者是表与里、外在表现与内在机制之间的关系。
③ "我们认为幸福中必定包含快乐"。([古希腊]亚里士多德:《尼各马可伦理学》,第306页。)
④ 参见[英]西季威克:《伦理学方法》,第1编第4章。
⑤ [古希腊]亚里士多德:《尼各马可伦理学》,第39页。
⑥ 同上书,第43、44页。

随有快乐或痛苦,故亦与快乐有关,故德性与快乐的关系需要进一步的理由);能力是感情的基础,是"使我们获得感情的东西";而品质"是我们同这些感情的好的或坏的关系",是指我们如何观照、对待感情。我们今天对灵魂状态(即精神状态或心理状态)的分类可能和亚里士多德有所不同,比如,一般来说,我们不会把能力看作灵魂的状态,但这些差异不会使我们对灵魂状态的理解严格区别于亚里士多德,我们没有为灵魂的状态增加新的内容,因此也就没有超出亚里士多德所阐述的领域。

灵魂的德性使灵魂的活动进行得好,德性是灵魂的状态。但德性不会是感情,因为感情是灵魂的自然反应,是被动的、无选择的,人们不会因具有某种感情而被称赞或谴责,但会因为具有或不具有德性而被称赞或谴责。与感情相比,德性具有一定的主动性,在主体的控制之内。同理,德性也不会是能力,因为能力是自然赋予的,而德性不是①。所以德性只能是品质,是灵魂对感情的观照、处理。这样,德性使灵魂活动得好,意思是灵魂以恰当的方式(适度)对待感情,从而使灵魂活动得好。

和现在我们对快乐的认识一样,亚里士多德也认为,快乐来自实现活动或感情。我们可以有各种快乐,比如身体的、审美的、游戏的、劳动的和沉思的等,所有这些快乐都产生于我们对自己的正常功能的运用,那些本性或总体上善的快乐如此,那些只在偶性上善的快乐也如此。偶性上善的快乐,比如治疗过程这种恢复性的快乐,其所以快乐正在于依然保持正常品质的功能在发挥作用。由此可见,快乐在于我们的正常品质的未受到阻碍的实现活动②。根据亚里士多德的快乐定义,所有的活动和感情都可以伴随有快乐——这与我们的生活经验相符,但惟有与合乎德性的活动相伴随的快乐是最完善的快乐。不同的快乐之间会相互冲突,而德性能保证选择正确,使我们避免选择本身即恶的行

---

① [古希腊]亚里士多德:《尼各马可伦理学》,第44页。
② 同上书,第220页。这里提到的品质,与作为灵魂三种状态的品质虽为同一个词,但意义不同,指的是自然性质、本来状态的意思。

为①和相互冲突的快乐。

德性不仅能使我们选择正确的快乐,保证快乐与快乐之间的和谐,而且合乎德性的活动本身带给我们最大的快乐。在《尼各马可伦理学》最后两卷,亚里士多德以清晰明快的语言论述了德性与快乐和幸福的紧密关联。"对每种感觉来说,最好的实现活动是处于最好状态的感觉者指向最好的感觉对象时的活动。这种实现活动最完善,又最愉悦。""所以,只要一方面思考或感觉的对象,另一方面在思考或沉思着的人,都处于适合的状态,其实现活动就将是快乐的。"②我们已经知道,不论是思考或感觉的对象的最好,还是思考或感觉的状态的最好,都离不开德性之作用,因此,二者配合所产生的最完善的快乐自然也离不开德性的保证。亚里士多德认为这种快乐如此完善,以至于享有这种快乐的人的生命中不需要另外附加快乐③。

至此,我们看到,这样一个"在一生中都合乎完满的德性地活动着,并且充分地享有外在善的人"④,是一个内外诸善无所或缺的幸福的人。我们无法找到和想象比这样的生活更好的生活,这样的生活是充分地完善和自足的、最值得过的生活。亚里士多德特别说明,财富等外在善虽然具有重要价值,但也不需要多多益善,只要它们能够为合德性的生活提供外在保证就够了,因为说到底,外在善是灵魂之善的手段,它们服务于灵魂之善,而不是相反。

亚里士多德建议我们过合德性的生活,但德性有两种,在这两种德性之中,是过合乎道德德性的生活并因此成为城邦的好公民,还是过合乎理智德性的生

---

① 我们知道,恶有自然价值上的恶和道德价值上的恶,两者可以有重合,但绝不等同。德性避免选择本身即恶的行为,对于这里的本身即恶是何种意义上的恶,我认为,亚里士多德的阐述有些模糊。按照亚里士多德,一方面,伦理德性依城邦的习俗(ethos)由习惯而养成,这说明伦理德性与外在的伦理是一致的,它所避免的恶自然就是道德意义上的恶;但另一方面,单就亚氏这里的行文中对德性、灵魂的叙述来看,伦理德性只照管到灵魂自身的状态,是灵魂的有逻各斯的部分对无逻各斯的部分(欲望和情绪)的管理,与外部世界的伦理规则并无直接的联系,换言之,从灵魂具有伦理德性得不出这样的灵魂一定合乎外在的道德这一结论。可以说,亚氏伦理中涵盖论和理智论之间的分歧在这里已经初现端倪。
② [古希腊]亚里士多德:《尼各马可伦理学》,第 298 页。
③ 同上书,第 23 页。
④ 同上书,第 29 页。

活即沉思的生活呢？这是《尼各马可伦理学》留给阅读者的一大问题。亚里士多德本人在这个问题上似乎也有些游移，不过出于哲学家的偏好，他更倾向于后者，但他为此提供的 6 个理由却并不完全令人信服，后世的诠释者们也因此有持续不断的争论，即所谓涵盖论（inclusive notion）和理智论（intellectualist notion）之争。不过不论是涵盖论还是理智论，它们都是从前述的亚里士多德关于幸福的基本理论中推导出来的，它们之所以为幸福的生成机制是相同的。可见，涵盖论和理智论之间的争论是对两种实现活动的具体性质的争论，而不是对幸福的生成机制的质疑。我们想要知道的是，一个人依亚里士多德的教导而行，并且具备亚氏所要求的所有外在条件，他是否一定能够获得幸福，易言之，亚氏所提供的方式对于获得幸福是否充分？除亚氏提供的方式以外，我们是否可以通过其他方式同样获得幸福？

首先来考察亚氏幸福之路的充分性。人类经验中有许多现成的事例可用来验证亚氏的观点，甚至哲学史上也不乏这样的例子。以斯多亚派哲学家马可·奥勒留为例。我们知道，奥勒留是罗马帝国的皇帝，他本人才具出众，德性完备，在哲学和政治生涯中都有良好表现。按照亚氏的幸福理论，这样一个内外善具足的哲学家统治者最应享有幸福的生活，但奥勒留始终沉浸在阴郁灰黯的心情中，难得有喜悦轻松的时候。这种缺少快乐的生活，自然够不上幸福。或许我们可以替亚里士多德辩解说，奥勒留生不逢时，帝国皇帝的责任压迫着他，使他忙于思考和政事而无暇回味、享受活动带来的快乐，仅有实现活动的完善而缺乏闲暇是亚氏所不取的。这样的辩解有一定的道理，亚氏非常强调闲暇对于幸福的重要性，而奥勒留一生政务繁冗，戎马倥偬，确实少了必要的闲暇时光。但问题在于，以奥勒留的忧郁性情，即使命运赋予他以闲暇，他能否因此而变得幸福，也很值得怀疑。奥勒留所信奉的"逆境中的人生哲学"——斯多亚学说，以激情为耻，以平静淡漠为人生追求，这种刻意与生活保持距离以避免被生活伤害的疏离的态度很大程度上妨碍着其信徒享受完善活动所带来的快乐。幸福受制于主体的信念和心理状态，这一事实还可以从另一位哲学家 J. S. 密尔的经历得到进一步的确证。与奥勒留一样，密尔兼有超凡的智力和近乎完美的德性①,并且也具备(或至少可通过自己的努力而具备)实现自己理想的外在条件。但这位少年得志的才俊在刚刚步入青年时代即遭遇重大的、几乎是毁灭性的心理危机,如果不是幸运地通过阅读华兹华斯的诗歌获得情感的新生,他可能从此就一蹶不振而浪费了自己的才华,同时也远离了幸福。

快乐这一幸福的要素来自不受阻碍的实现活动,但正如我们上面已经说明的,并非所有不受阻碍的实现活动都必然带来快乐。主体的信念和心理因素对快乐的产生有相当大的影响,因为不论什么样的实现活动和何种成就,都必须通过主体自身的认知呈现给主体的意识,并由主体自己进行评判,从而得出满意与否的结论。我们是否获得满足与我们的欲望和要求相关,而我们的欲望和要求都要参照别人的生活状态而确定,"在每个人所显示的(幸福)指数背后是一个认知性过程,就是他或她在与其他人、过去经验和对将来的期待进行比较后而对幸福(这里指主观幸福即快乐)所作的评判"②。在《人性论·论情感》卷中,休谟对此有细致的分析。除认知因素以外,其他的心理因素也对快乐的产生具有重要影响。人的心理是十分复杂的系统,不是简单的刺激-反应或活动-感受模式。亚里士多德重视快乐的价值,但显然忽略了心理活动的复杂性。

强调主体的心理因素对于幸福的重要性并由此走向极端的是主观幸福论。这是一种在现代社会十分流行的幸福观。普遍来看,这种观点的持有者并没有因此而仅仅满足于当下,而是同样热切、投入地追求自我完善和外在善。对他们来说,这种幸福观似乎更多在充当精神放松和心灵慰藉的作用。主观幸福论注意到了人类心理的一个基本事实,就是处境不同、外在条件不同的人可以享有同等的平静和满足。如果仅就外在的处境和条件进行比较,我们甚至很难发现那些处于幸福的感觉之中的人们有什么共同之处。也许正是由于看到了外在条件的千差万别,主观幸福论才放弃了对幸福生成的共同机制的分析归纳而

---

① 据测算,密尔的智商在 190 以上,这一数值即使在哲学家中也是佼佼者。根据相关材料而非现场进行的智商测算的准确性甚至智商测算本身都有可怀疑之处,但密尔的智力能力之高确实是毋庸置疑的。
② [瑞士]布伦诺·弗雷、[瑞士]阿洛伊斯·斯塔特勒:《幸福与经济学:经济和制度对人类福祉的影响》,静也译,北京:北京大学出版社,2006 年,第 4 页。

完全转向主体的内在感觉。主观幸福论与亚里士多德的幸福论并非完全不相容,实际上,它们都可以把对方纳入自身的体系。正是由于这一原因,两种幸福论者的生活选择相去并不遥远。但作为一种观念,主观幸福论的缺陷是显见的:它过分强调造成幸福的主观因素,甚至把主观因素当作唯一具有决定意义的因素,这样很容易使我们忽略生活中另外一些非常有价值的东西,忽略外在的善,忽略实现活动与幸福之间的紧密关联,而把人们引向自我满足、自我封闭的心理绝境。隐士式的内心自足的快乐并不少见,但即使这样的生活也需要箪食瓢饮的外在善的保证,而且更重要的,需要理智的实现活动为其不断提供快乐和满足,否则这样的心理状态也必将成为无源之水而日渐枯竭,因为正如亚氏所说,快乐需要实现活动的不断激发①。而且,这样的生活也不符合完善自足的标准,因为我们可以为它添加外在的善从而使其更完善,因此可见它不是充分完善自足的。比如如果颜回身体健康,衣食无忧,他的生活无疑会更好。仅仅以心理状态来定义幸福,其结果是使幸福这一生活的最高价值成为不可测度、难以把握的纯粹主观感觉。正因如此,适应性偏好②就成了衡量幸福时一个难以回避的棘手问题。

  通过上述分析,我们看到,亚氏的幸福论对心理活动的复杂性关注不够,但这一欠缺得到弥补以后,他提供给我们的幸福之路应该是十分有效的,而且或许还是唯一的,因为正如亚里士多德所说,生命在于活动,生命之善在于生命活动进行得好。除此之外,幸福还能是什么呢?可供选择的方案似乎也只有主观幸福论了,而这条路也已被我们排除。21世纪,积极心理学兴起,这时我们惊异地发现,积极心理学家通过经验观察和归纳得出的幸福"定律"——"什么是幸福的生活?我的回答是找出你的优势并发挥它。""在不同的场合尽量展现你

---

① [古希腊]亚里士多德:《尼各马可伦理学》,第225、299页。
② 适应性偏好说的是人们根据外在条件修正自己的愿望(偏好),久而久之,这种因应环境而生的愿望就会成为人们自发、稳定的愿望。比如做奴隶久了对被奴役会安之若素,泰然处之。适应性偏好来自人的心理调节能力,是人对待不易改变的外在环境的一种策略。从主观幸福的社会学调查结果来看,适应性偏好在人群中普遍存在且力量强大。

的突出的优势,以得到最多的满足与真正的幸福"①,与亚里士多德通过哲学思辨所揭示的幸福的机制,竟是不谋而合。

我们知道,亚里士多德的伦理属于完善主义。作为伦理理论,完善主义受到种种质疑和诘问,但作为一种幸福理论,经过修正的亚氏的完善主义的幸福观(生活之善不只在于所谓专属于人的理性的运用,也可以在于其他或专属于人或不专属于人的某种功能的未受阻碍的实现活动,比如类似于沉思活动的艺术创造)却能成功避开这些问题②。亚氏的完善主义启发了心理学上的自我实现理论,自我实现理论从 5 个方面(5 种需要)评判人的幸福,这进一步启发了今天社会学、经济学等实证学科对幸福的研究。

某种类型的完善主义因其倡导一种单一的、排他的善生活,而在政治上有陷入专制主义之虞③。当亚里士多德肯定政治生活或沉思是最好的生活方式并支持以政治的力量推行这样的生活方式时,他的确难逃专制主义之讥。不过当我们不是把目光集中在他所推崇的具体的生活方式,而是集中在他所厘定的幸福概念的内涵和所揭示的幸福产生的机制时,这样的危险并不存在,因为这两者是所有幸福生活的共有部分,因而与所有值得过的生活方式相容。

亚里士多德揭示了幸福的内在心理机制,但我们同时也知道,对于人类,幸福从来就是个奢侈品,即便我们沿着亚氏理论的指引亦步亦趋,分毫不差,也未必就能获得幸福。幸福需要内外兼备,因缘具足,而通常被称作命运的人生际遇不在个人的把控之中,因此获得幸福要仰赖运气。"这是古希腊世界的智慧,

---

① [美]马丁·塞利格曼:《真实的幸福》,洪兰译,沈阳:万卷出版公司,2010 年,第 127、166 页。
② 在幸福理论中,亚里士多德告诉我们的是如何做一个幸福的人,而不是如何做一个合乎道德的人。如前所述,亚氏所说的德性指的是卓越性,而非我们今天意义上的道德、美德。亚里士多德当然不会推荐我们做一个不道德的、反社会的人,但根据他的幸福理论,一个不关注道德甚至违反道德的人完全可以同时是一个幸福的人,比如不问世事耽溺于沉思的哲学家,或者一个天赋有作恶才能并终其一生都不受阻碍地发挥这一才能的人,就是这样的例子。当然,这是就亚氏关于幸福的基本理论来说的,如果在基本理论的基础上进而选择涵盖论,选择过政治的生活,这种幸福与非道德或不道德自然就成为不相容的了。
③ 不是所有的完善主义都会倒向政治上的专制主义,比如马克思、T. H. 格林的理论就不会如此;但另外类型的完善主义,比如柏拉图、尼采的确有专制主义的倾向。参见 Edward Craig, *Routledge Encyclopedia of Philosophy* (New York: Routledge, 1998)中 perfectionism 辞条。

在这个世界里,人类的目标总是经常受到各种不可预知的神秘力量的威胁,整个世界都是由命运或者诸神支配的,苦难无处不在,不确定性更是伴随着日常的生活经验。"①在这样的世界里,获得幸福,是极为侥幸的事,那些幸福的人儿,或是因为有出众的德行,或者获得上天特别的眷顾。"启蒙运动从根本上改变了这个由来已久的概念,把幸福表述为所有人都可以在今生去追求的某种东西……由此以后,幸福不再是上帝的恩赐,不再是命运的安排,也不再是杰出表现的奖赏,而是人天生的禀赋……从理论上说,幸福是所有男女老少都能够达到的目标。"②但是,"我们能够靠自己的力量找到幸福——这大概是现代人最大的一个假设了"③。幸福在于合乎德性地生活,而德性保证生命活动进行得好,但是生命活动,不论是沉思活动,还是实践活动,都是有目的的活动,而非盲目的;所谓活动进行得好,是参照其目的而言的,否则便无所谓好与不好。这个目的,对亚里士多德而言,是不言而喻的。在生活观念上,亚氏接受了雅典城邦当时流行的价值④;而在思维范式上,亚里士多德的哲学是典型的目的论。目的,在亚氏伦理学中从来都是现成的和明确的。这也正是在他揭示幸福的内在机制时,对目的这一要素视而不见的原因⑤。这样一来,当我们不在亚里士多德目的论哲学的背景下谈论幸福,一定不要忘记活动的目的或曰生命的意义这一要素,"如果想要有充实而幸福的生活,就必须去追求快乐和意义两种价值,

---

① [美]达林·麦马翁:《幸福的历史》,施忠连、徐志跃译,上海:上海三联书店,2011年,第14页。
② 同上书,第22页。
③ 同上书,第21页。
④ 亚里士多德的伦理学因此被屡屡讥讽为散发着庸俗的市民气息。
⑤ "大部分古希腊思想家都将关于'好生活'的问题与世界的总体秩序、宇宙整体相提并论……柏拉图、亚里士多德乃至斯多葛派哲学家都理所当然地认为美满生活以意识到自己从属于一个'外在于'并'高于'我们每个人的现实秩序为必需条件。在他们看来,人类非但不是这个宇宙的创造者和建立者,反倒是大家不约而同地感觉到自己不过是宇宙的一个极其渺小的组成部分;大家都从属于某一个整体,人类决非其'主人和占有者',反而是这个整体包围着我们、完全凌驾于我们之上。他们的使命不是在宇宙中'创造'自己生命的意义,相反,准确地说是要'发现'其意义。"([法]吕克·费希:《什么是好生活》,麦迪娜、吴晓斐译,长春:吉林出版集团,2010年,第19页。)

缺一不可"①。

2 价值类型与生活的意义

进化赋予人类以理性。当目标确定,理性能帮助我们选择实现目标的手段,设计实现目标的方式。在理想状态下,至少在思想中,理性可以规划我们的生活,使其获得一种统一性。这正如亚里士多德所说,我们为获得快乐而选择健康,而为了健康我们选择医术②。生活中的每一步骤,我们的每一努力,都以实现期望中的未来的生活状态为目标。我们现在的生活,需要下一时刻的生活来定向。但个体的生命并不是一个无限的序列,死亡会终止它,而且,在真实的死亡到来之前,理性就会告诉人们,人必有死,我们的生活并不总是有下一时刻。当我们把有限的个体生命当作一个对象来思考的时候,生命的意义问题就出现了。

可见,生命的意义问题是随人的理性能力以及人的必死的命运而来的问题。由于理性是人的基本规定性,而死亡是各种文明、各种生活状态中的人们普遍意识到的基本事实③,生命意义的问题因此是极具普遍性的问题。它出现在自我意识觉醒的个体思想中,出现在各类宗教和文学作品中,当然也出现在哲学思考中。实际上,哲学中相当一部分内容,都或直接或间接地以如何获得生命意义为其思考主题。这问题关涉着我们对生活的理解、我们的价值观念的基础、我们为自己选定的生活方向和行为原则等。在某种程度上甚至可以说,我们所理解的生命意义是什么,我们就是什么。

---

① [以]泰勒·本-沙哈尔:《幸福的方法》,第41页。
② [古希腊]亚里士多德:《尼各马可伦理学》,第4页。
③ 对是否有来世以及如果有,其形态为何等的问题可以有多种解释,但所有这些解释都以承认现世生命有终结为前提。

当我们追问生命意义的时候,想要知道的究竟是什么呢?这取决于我们对"意义"一词的理解,即需要确定"意义"的意义。这工作不复杂,可以通过考察我们平时如何使用"意义"这个词来进行,还可以通过考察什么是对这一问题的恰当回答(而不必是正确回答)来验证。考察发现,所谓意义不过是指价值、功用。而所谓价值或是指用处、作用,或者只是表示一般性的肯定[①]。如果是前者,则"价值"和"功用"的意义相同,对生命意义的追问就变成了对生命的功用的探究,这时问题可细分为生命对于谁的意义,是对生命拥有者本人的意义,即对"自我"的意义,还是对拥有者之外的他人或他事的意义。德沃金把生命对自我的价值称为生命的主观价值,依照惯常的说法,我们可以把生命对他人或他事的价值称为生命的外在价值。如果只把价值理解为一般性的肯定,那么"意义"就没有前面这样的指向性,这时所谓生命的意义就不是它对于什么的意义,而是其自身的意义,是因自身具有的某种性质而被肯定、被接受,这就是被称为内在价值的那种东西。

这样,当追问生命意义的时候,我们可能是在问生命的作用是什么,它达成了什么,通向什么,也可能是在问生命自身是否应该肯定,因什么而肯定。比如,如果认为"生命的意义在于奉献,或荣耀神,或传播基因",诸如此类,那么这很可能是在陈述生命的外在价值。而如果做类似如下的表述,"生命的意义在于幸福或快乐",这多半是在谈论生命的主观价值。如果坚持"生命的意义就是生命活动自身或生命的和谐圆满",这应该是在谈生命的内在价值。当然,这只是泛泛而论,只有在具体语境之中才能确定所谈论的究竟是哪种价值。

对意义的区分(三种价值)可以帮我们澄清许多问题。从三种价值的界定可知,它们三者首先是相对独立的关系,否定其中的一种并没有同时否定另外两种,肯定其中的一种也如此,当然,世上多是同时兼有其中两种或三种价值的生命。

---

① [美]诺齐克:《经过省察的人生:哲学沉思录》,严忠志等译,北京:商务印书馆,2007年,第146页。

对生命意义的各种说法中,可归为对生命的外在价值讨论的部分最简单明确,因为这类讨论其实就是对生命和其指向的对象的因果关系的考察,如果它们之间存在原因-结果或手段-目的的关系,就可以肯定生命对于其指向的对象有意义,即具有外在价值①。

如前所述,死亡与生命意义问题紧紧联系在一起。我们从小就学着规划自己的生活,通过与未来某个目标相联,使生活的每一天每一时刻都有"意义",以此获得一种确定感和充实感。忽然有一天,我们意识到原来个体生命是有终结的。到了终结之日,生命本身戛然而止,而如果生命不在,我们就无法从之前的努力中获得报偿,生命的意义便随着生命的消亡而丧失,一种巨大的荒诞感于是油然而生②。

死亡所带来的虚无感和荒诞感历来被看作对人生意义的最大威胁。死亡实在太可怕了,可怕到想到死亡,觉得"不如未曾出生过"③。如果死亡之可怕只是因为它是生命的终结,而不是与死亡过程相伴的肉体痛苦,怕死怕到希望从来没有活过,这就等于因为事物有终结而放弃事物本身,而否定事物的价值,这显然有悖常理④;而且,如果为了免除对死亡的恐惧而成功地从来没有活过,又因为从没有活过而成功地免除了对死亡的恐惧(因为没有了生命就没有了死亡,就既没有了感受的主体也没有了可感受的对象),那么现在正思考死亡的这一个就不可能是宁愿从未活过的那一个,所以所有活过的人都不应该恐惧死亡到宁愿从来没有活过。伊壁鸠鲁用哲学思辨安慰我们:死亡并不可怕,因为当活着的时候,我们无从经验死亡;而如果死了,我们也就经验不到死亡了。面对

---

① 像"生命的意义在于奉献"这类说法,如果从外在价值的角度来理解,算得上同语反复了,是"正确的废话":某人的生命对于社会/他人的价值取决于他为他们创造了多少价值。所以如果想让这句话真正有意义,需要从主观价值或内在价值的角度去理解才行。
② Thomas Nagel, *Mortal Questions*, p. 11, London: Cambridge University Press, 1979.
③ 转引自唐逸:《荣木谭》,第 30 页。
④ "这类悲观论调有一个无法克服的逻辑难题:既然生命的毁灭如此可怖,可见生命本身本有价值,值得活,否则又何必如此惧怕失去它?"(同上书,第 74 页。)

如此精巧的论证,我们的恐惧因此而消除或有所减轻吗？当然没有①。不可否认,对绝大多数人,在大部分时候,死亡都令人恐惧,这应该也是进化深植在人类头脑中的本能,否则人类求生的愿望以及愿意为生存付出的努力就会大打折扣。不那么怕死的人或许曾有过,但他们显然更容易灭绝。因此,对未灭绝的人们的后代来说,否认死亡的可怕是徒劳的,宗教也正是因为许给我们永生而具有持久的吸引力。但是,生命的终结真的会破坏生命的意义吗？随死亡而去的是哪种意义呢？永生会使生命的意义有所不同吗？

我们逐一来看生命的三种价值与生命的终结的关系。外在价值：死亡意味着生命活动的停止,死者不能创造新的价值,但他以前所创造的价值会因创造者的逝去而消失吗？亚里士多德的书我们还在读,他的哲学还在启发着我们。上一代工匠留下的建筑我们还在用,即使这些建筑没了,他的影响依然在,会与各种因素合在一起,对未来的人们继续发挥影响,只是我们越来越不容易辨认出哪些影响来自他,但无可否认,他的影响汇入了社会和历史之中,会一直传递下去。当然,文明会消失,人类会灭绝,甚至宇宙也会热寂,但生命的外在价值总是它对于某事物的价值,人类的遥远未来和世界的终极命运虽然不免令我们沮丧,但实际上很少有人以它们来确定生命意义,它们难以成为我们念兹在兹、持久关注的对象,虚无感和荒诞感也很少是因它们而起。我们设定的价值目标,多数都与这些终极结局无关,不受它们的影响。比如,演员的外在价值是娱乐观众,只要观众从其表演中得到快乐,演员的价值就得以实现。观众的快乐是客观存在的事实,世界灭亡会使这一事实不成其为事实吗？会使快乐不再是快乐吗？世界灭亡生命不在,但我们不会因此否认生命确实存在过,也不会因此否认生命的价值确实存在过。更关键的,如果以世界、宇宙为生命意义的尺度,那很难看出个体的生与死对它们而言有多大的差别。如果死意味着意

---

① 伊壁鸠鲁的论证漏洞明显,如果我们因为死亡过程的痛苦而惧怕死亡,那么我们在活着的时候当然可以切身地经验死亡的痛苦；如果我们是因为死亡的结局而惧怕死亡,那么我们在思想里会预现死亡。总之,像伊壁鸠鲁建议的这样在意识中避开死亡,注定不会成功,除非一个人坚定地相信他会一直活下去,但理智正常的人很难确立这样的信念。

义的丧失,那么生也同样;合理的推论就是无论生死都无意义可言,但人们既然不认为生无意义,那么就不能认为死使生命丧失了意义。

主观价值和外在价值的不同只在于前者是生命对于自我的价值,后者是对于他人他事的价值。当我活着的时候,我如何看待和如何使用我的生命,两者共同决定了生命对于我的价值。一个厌弃生命、视生命为负担的人,生命可能对他没有多少价值;一个热爱生命、把生命当作稀有礼物的人,生命对他则重要得多。对生命持同等强度的淡漠或温和肯定态度和持否定态度的两个人,一个闲散度日无所事事,一个充分利用生命将以有为,对后者生命的主观价值要大得多。这是因为,一般来说,某事物对于我的价值,取决于它满足我的欲望或需要的程度。生命对拥有者是否有价值,是否值得活,最终决定于拥有者本人如何看待生命。在这里,虽然我对我的生命本身态度淡漠,但它可以帮助我实现将以有为的需要,主观价值因此而增加①。

自我是主观价值的创造者和确定者,当自我不在了,生命对自我的价值似乎也就无从谈起。苏格拉底不在了,没有了他的生命,也没有了他的自我,我们没法谈论无物对于无人的价值。但是,苏格拉底不在了,他的生命对他没有价值了吗?这听起来相当怪异,不能被我们接受。他的生命对他当然是有价值的,但这个表示判断的"是"一定是过去时态:仅当苏格拉底在世时才能"是"。这就是死亡对苏格拉底的生命的主观价值带来的影响。

三种价值中,内在价值最容易让人迷惑。价值总应该是对于什么的价值,而内在价值并不相对于什么,它指的是事物自身所具有的价值,生命的内在价值自然就是生命自身具有的价值。生命自身的价值是什么?在哪里?如何确定?以什么来衡量?

诺齐克认为,内在价值就是复杂系统的各部分各因素的"多样化中的统一

---

① 但在对生命强烈厌弃或热爱的人们身上,这样的差别可能并不存在。比如,极度厌世的人,作为越大,痛苦越多,生命对于他的主观价值就越低,甚至成为负数。那些热烈地爱着生命,完全满足于日常生活里的种种的人,更高远的追求、对生命的更充分的运用或许并不能使他们的生命的主观价值增加,因为他们已经达到了亚里士多德说的完满自足的状态,不需要也不能添加任何东西了。

性",越复杂的系统内在统一性就越高,内在价值自然也就越高,生命高于无生命,高等生命高于低等生命①。德沃金认为,内在价值其实源于自然或人的投入,比如被普遍认为具有内在价值的物种和艺术品,前者来自自然的长期演化,即自然的投入,后者来自艺术家的劳动,即艺术家在智力和体力上的投入②。德沃金的解释我们听来似曾相识,简直就是马克思价值理论中社会必要劳动时间决定商品价值说的翻版或推广。诺齐克、德沃金两人的解释使本有些玄虚莫测的内在价值一下子明晰了起来。表面看来,两个人的解释切入的角度不同,寻找到的衡量标准也不同,但稍加分析就会发现,两人的思想有一致之处,自然或人为的投入和"多样化中的统一性"高度正相关,可以说,诺齐克找到了内在价值的表征,而德沃金则提供了内在价值之源。

但无论是诺齐克还是德沃金,他们对内在价值的解释都有难以克服的困难。首先,我们不得不承认,世界上所有存在物都是自然长期演化的产物,其中都包含自然的投入,体现着多样化的统一,但我们极少会关注那些和人类不相关的东西,也不大会认为它们蕴含着什么内在价值。其次,在和人类直接相关的事物中,我们几乎都不会认为苍蝇、蚊子、艾滋病毒等危害人类利益的东西之中有内在价值存在,除非有一天它们能为人类所用,造福于人。从这种态度及态度的转变可以明显看出,我们不可能离开人类的需要或福利谈论内在价值,内在价值没有一开始人们赋予它们的那种超然,它们之所以被认定为有价值,同样是相对于人类的需要而言的。

然而人们的需要各有不同,对价值的认定也不尽一致。以绘画为例,出于名家之手的绘画被公认为有内在价值,但是我们知道,在不懂绘画的人的眼里,毕加索的画作可能和儿童的涂鸦等值,齐白石的画可能还不如一张白纸,因为白纸的用途更多。以众人各自的需要或意见来确定它们的价值,会出现十分荒谬的后果。这样就需要设定一个类似休谟的"客观的全能观察者"的角色,避开个人或一群人的种种局限,给对象一个客观公允、经得起时间考验的估价,这就

---

① [美]诺齐克:《经过省察的人生:哲学沉思录》,第148页。
② R. Dworkin, *Life's Dominion*, New York: Knopf, 1993, "what is sacred?".

是内在价值。由此我们知道,内在价值之所以被认为是内在的,不过是因为作为价值它们不是相对于某个或某些人,而是相对于没有时空之分,也没有种族、阶级、性别、文化之别的这个抽象的全能的人。所谓"内在"与其说是强调价值的固有性(不相对于他物,本身即有),不如说是强调价值的独立性和稳定性。

如果上面的分析无误,那么人的生命的内在价值指的就是生命对于人类的价值,表达的是人类对自己生命的肯定和珍视。我们看到,主观价值、外在价值都有价值的提供方和受益方,与此不同,内在价值并不存在一个生命价值的具体受益方,因为内在价值是相对于一个抽象的全能观察者而言的,这个观察者不是生活的参与者,更不是利益相关者,他和具有内在价值的任何人都不处在一种真实的关系里。因此,生命的终结,只是生命拥有者自身和与他有关系的人的损失,除此之外,我们就不能有意义地谈论价值或意义的丧失。

强烈的情感会影响我们的判断,放大我们的得失。对死亡的恐惧是情感中最强烈的那一种,在其阴影笼罩下,我们的整个人生仿佛都失去了光彩。但这无疑过分夸大了死亡的力量,通过分析我们看到,死亡并没有夺去生命的全部意义或价值,它只是使人们不能继续创造新的价值,使他们无法从某些前期投入中获得回报(那些他为了自己未曾等到的未来而付出的努力),如此而已。死后的虚无诚然可怖,但当下的快乐和痛苦却也是真实存在,可感可知的,正如罗素所说,"我深信,在我死后,我将朽坏,自我将无所存留……然而……幸福并不因其必有终结便不是真幸福,思和爱也绝不因其不长久便失去价值"[1]。同样豁达而睿智的休谟显然持有同一种信念,在论令我们自己愉快的品质时,他特别提到法国作家圣埃弗雷蒙的话,"我爱不惧其终结的人生",以表达自己对死亡与生命价值的态度[2]。

---

[1] B. Russell, "*what I believe*", Routledge, 2004, p.7. 译文来自唐逸:《荣木谭》,第19—20页。
[2] [英]休谟:《道德原则研究》,第103页。

3   值得过的生活

我们的规划和努力，一定程度上决定了我们的生命的外在价值和主观价值。世事复杂多变，而我们的智慧、能力相形之下极其有限，不期然而然和期然而不然，都是我们不得不面对的生活常态。尽管如此，要成为什么样的人、发挥何种作用，还是最直接地影响着我们会成为什么样的人（主观价值）、能发挥何种作用（外在价值）。

外在价值是我们之为工具或手段的价值。虽然利益和成就的是他人他事，但外在价值并不因此与我无关，因为我对他人的价值确定了我对他人的重要性的同时，也确定了我在社会中的地位，与我得到的回报和我的自我评价直接相关。我们要使自己成为重要的人，不就是通过提升自己的外在价值来实现吗？当外在价值成为我们主动追求的价值时，外在价值、主观价值之分就不那么明显了。以做父母为例。所谓好的父母是相对子女的成长需要而言的，是为父母者的外在价值，但成为好父母是普天之下的父母的心愿，是他们为自己设定的人生目标，于是做好父母也就成为他们的主观价值。

对外在价值的主动追求，是我们人生规划的一部分，而所有的人生规划，都是在确定我如何使用我的生命，是在确定生命对于我自己的意义。思考生命意义的人，只要他还可以有选择，总会尽其所能，比较筹划，选出他认为最佳的生活安排以为实际生活的向导；很少有人会真的相信所有的人生之路都是等值的，因此怎么都行，不必选择或可任意选择。虽然未经思考的人生未必就是不值得过的人生，但人类的生活经验告诉我们，基于思考的选择比随机选择获得成功的概率更大。这样我们就回到了哲学里那个古老的问题，"一个人应该如何生活"，他应该以什么为目标，如何度过他的一生。这里所谓的"应该"，不是道德要求意义上的，而是更广义的"应该"，如 B. 威廉斯所说的，道德生活只是这问题的一个选项。

生活中每个人的追求目标千差万别,没有安全的追求安全,不受人待见的追求尊重,等等。追求什么,以什么为目标,如何使用自己的生命,如何理解生命对于自我的价值,完全是自己的设定,取决于自我的决定。但现实中人们的具体追求受其处境制约,是对处境的回应,而非他们要求于生活的全部。亚里士多德论证说,在理想状态下,即在不受处境约束的情况下,我们要求于生活的全部就是最高的善,可名之幸福,幸福不以其他目标为目标,相反是其他目标的目标,是人生的终极目标,一旦获得,就无需其他善的补充,因为幸福是人生的圆满自足。幸福是每个人都应该追求而且假以条件也都会追求的目标,之所以说是应该追求的目标,是因为幸福是最大的善(非道德意义上的善),它指向人生的圆满。既然幸福是人生所能获得的最大的善,那么生命对于我的最大的意义(主观价值)就是获得幸福。在生命的各种实现活动中,亚里士多德本人对沉思情有独钟,认为沉思的生活满足了幸福的种种要求,不过按照他关于幸福的基本理论,其他许多种生活,比如城邦的公民生活,同样可以满足幸福的要求,称得上幸福生活。

幸福是一个人能从他自己的生命获得的最大的善,是生命是否值得过的判别标准。容易推出,我们行为的终极目标只能是全体人类或其中一部分人的幸福。当我们对他人的关注超过对自己的关注时,我们诚然可以放弃追求自己的利益以成就他人,但我们牺牲自己为的是什么呢?为的是我们关注之人的德性吗?即为的是他也放弃自己的幸福去成就别人的德性吗?这样一来德性就成了我们所有行为的目的,但德性为的是什么呢?为了德性而德性是不可思议的。所以我们只能是为了别人的幸福而牺牲自己的利益,幸福(尽管是别人的)才是行为的终极目标。当我们放弃自我利益去成就他人的幸福时,我们实际上是以道德追求取代了幸福追求,将人生用于道德完善,在这里对我而言,道德的要求就成了首先需要完成的要求。但不能从这里推出道德生活高于幸福,道德的善高于幸福,因为牺牲自己以成就他人是不得已的选择,这样的生活包含的善当然低于既有道德完善又其他诸善具足,对亚里士多德来说,自我牺牲、道德完善的事有时本身就是自我实现，是幸福，比如为城邦战死；有时是幸福生活中的一个要素：为了荣誉，荣誉是幸福的一个部分。对此，康德一定会说，这是把生命当成了获得幸福的手段，违反了"人是目的，而不仅仅是手段"的道德律令，但这显然是康德的混乱或诡辩，因为幸福并不是生命之外的某种东西，而不过是生命自身的一种状态或处境。

幸福之为人生最大的善，不会因人是否永生、是否有来世而改变。如果有永生或来世，我们对此生的安排或有不同，因为如有永生或来世则此世不过为全部生命的一个阶段，我们若以此世作为谋得未来更大福祉的手段，一点也不违反理性。但尽管此世的安排不同，我们对生命的理解和追求却没有什么改变，设想我们获得了永恒的生命，设想我们生活于天堂，然后如何呢？当然仍然是要过幸福的生活①。由此亦可见，生命没有因为有终结而失去其对于我们的价值，因为即使获得永生，我们的追求和对有价值的生活的理解也没有什么不同，在这一点上，永生没有为我们增加什么。

永生和来世多出自宗教的承诺。一种观点认为，只有信仰宗教，生命才能获得意义。信仰宗教会使我们的生活有所不同，而且宗教也的确为我们提供了生命意义的解释系统，通过使生命以及生命里的每一天每一事与永恒者神圣者相连，赋予生命以意义（外在价值）。在信仰者的信念里，他所获得的意义有来自神圣永恒者的保证，因此也可以是永恒的。对于一个虔信者，宗教不仅满足了他对永生的渴望，而且使他的所有努力不至因生命终结而有所浪费，从而避免了人生的荒诞感，也不会因为从生命终结的角度看世界和众生而滑向价值虚无主义。我们知道，19世纪以来西方的虚无主义思潮，与基督教信仰的衰落直接相关。按照帕斯卡尔的信仰打赌说，如果有上帝，你就获得了永恒的生命；如果没有上帝，你也没有任何损失。所以，选择信而非不信似乎有利无弊，非常合

---

① "不管亚里士多德本人是怎么看待所谓永恒的可能性的，他在其伦理学中并没有应用过这种主张，因为在那里他试图描述的幸福生活只是人世间的生活。和苏格拉底以及柏拉图不同，亚里士多德没有教授过任何有关来世的奖励或惩罚的观点。"（[美]布尔克：《西方伦理学史》，第22页。）

乎理性。尽管如此，不信的人却很难被这些理由说服，这是因为，如果信仰为真，上帝存在，你固然有所得；如果信仰为假，上帝不存在，你却并非无所失：你依据前提为假的信仰安排自己的一生，为虚假的信念付出许多努力，你的主观价值和外在价值不能不受此影响。更重要的是，那些未被说服的人直觉（并且正确）地相信，即使有宗教信仰，也未必有永生；即使没有永生和来世，生命也同样可以有意义。

4　幸福生活是可能的吗

　　我们常把无怨、无愧、无悔作为判断过去生活的意义的标准。无怨是说对生活处境的顺从，接受境遇和人的不完善和有限；无愧是说忠实于自己的道德良知，没有亏负；无悔是说价值立场、行为选择正确。三者俱备，也只能说明在过去的既定情势下，在有限的选择中，行为者尽其所能做出了最佳选择。这只是从道德上对过去生活的定性，不能认为这样的生活就是幸福的、值得过的生活。就像许多被迫然而正确的选择一样，如果可能，我们绝对不愿意置身其中，面对这样的选择，尽管面对它时我们的确做出了正确之选。道理很简单，做这类选择时，我们是在几种不得已的有害选择之中选出害处最小的那个而已，而不是在有益的选择中选出益处最大的那一个。真正值得过的生活，是如果可以重新选择，我们愿意它再来一次的生活，只有这样的生活，才不仅是道德正确、无所亏欠，而且带给我们快乐或幸福的生活。但是这样的生活真的存在吗？幸福的生活是可能的吗？生命真的值得珍惜吗？

　　这种怀疑与是否尊重生命权利无关。生命属于其拥有者，其他任何人都没有权利去使用和决定去留。这里我们只是对人类生存处境的考察，不是对某个体或某些个体的生命权利的评判。这工作的进行，也不能通过对现实中的人的分析寻找答案，因为当我们身在现实，生存的本能和惯性，对他人的爱、同情和责任，都会妨碍我们的客观判断，所以我们必须抽身离开，去判断那些尚未出现在伦理关系中的人，那些还未出生的人。只当这种时候，我们才摆脱了局内当事人的身份，获得一种相对的客观性。南非哲学家贝纳塔尔（David Benatar）做的就是这样的工作。

贝纳塔尔有一个有趣的逻辑论证，认为生不如不生、活不如不活：与不活相比，活着的诸般苦是实实在在的损失，但与不活相比，活着的诸般好却并不是实实在在的收益，因为在后面这种情况下，如果不活，并没有人被剥夺了这诸般好（因此没有损失可言）。如果不活并不比体验活着的诸般好差，那么，由于活着总是带来损害，相比于不活，活着就是净损失①。贝纳塔尔的论证里面有基本概念前后不一致的问题，伊丽莎白·哈曼（Elizabeth Harman）对此作过十分细致的梳理②，指出了其论证的缺陷。在我看来，贝纳塔尔的论证中不仅存在基本概念"好"（good）和"不好"（bad）的用法混乱，而且还有比较对象的偷换③。简言之，如果贝纳塔尔承认活着的诸般苦是实实在在的损失，那么他就必须承认活着的诸般好也一定是实实在在的收益；或者如果他认为活着的诸般好不是真实的收益，那么他就必须承认活着的诸般苦也不是真实的损失，否则肯定是偷换了相比较的对象。

除逻辑证明以外，贝纳塔尔还诉诸人类的生活经验和生命过程，力图证明活着痛苦大于满足，因此不值得活，其观点和佛教所受皆苦、亚里士多德哲学中身体的快乐以痛苦为前提的说法异曲同工。经验的论述需要以经验来评判。生命中存在各种痛苦，世界上充满了苦难，它们降低了生活品质，使幸

---

① David Benatar, *Better Never to Have Been*: *The Harm of Coming into Existence*, New York: Oxford University Press, 2006, p18 - 59. 转引自: http://plato.stanford.edu/entries/life-meaning/。
② Elizabeth Harman, *Critical Study*: David Benatar. *Better Never To Have Been*, NOUS, 43: 4(2009)776 - 785.
③ 贝纳塔尔承认，活着，如果受苦，是实实在在的损失。那么是谁损失？和什么相比的损失？活着，如果幸福，那么我们也一定要用同样的比较对象和比较标准，贝纳塔尔并没有做到这一点。换言之，如果活着的诸般好不是收益，因为没有人被剥夺，那么用同样的比较对象和比较标准，活着的诸般苦也不应该是损失。

福遥不可及。对身处不幸的人,我们会满怀同情、援之以手,而不会袖手旁观、幸灾乐祸,更不会因其生活欢寡愁殷而得出他们本不该活的结论。但是,当我们思考是不是应该把孩子降生在这一处境中,或换一个说法,在这种处境下应不应该生孩子,这时我们会比较一致地认为,把孩子生在这种处境中是个错误,至少也是个非常不明智的选择,可见,我们其实会认为,这样处境中的生活是不值得过的。

但是显然不是所有的生活都如此悲惨。如今世界上不乏那种基本善齐备,并能追求自我实现的生活,按亚里士多德的标准,这就是幸福的生活。所以,幸福是否可得,生活是否值得活,像贝纳塔尔这样一概而论当然失之鲁莽,应该分别做出判断。人类的生活经验告诉我们,不是所有的生活都值得过,所以我们才谨慎地选择我们的生活方式,努力改善我们的生存处境,所以伦理学里才有堕胎和安乐死的争论;但生活经验同样也告诉我们,生命过程中不乏快乐和满足,如果有足够的运气和努力,圆满的人生也并非不可得。

5 生活的意义体系

"人类对生命意义的追求是其主要的动机"[1],这是奥地利精神分析学家弗兰克尔(Viktor Emil Frankl)在奥斯维辛集中营的极端环境中通过亲身经历而验证的心理发现。靠着"活出意义来"的信念[2],弗兰克尔挺过了两年半集中营的非人"生活"。弗兰克尔的经历虽然是特殊的,但其发现无疑具有普遍意义。无数的人通过自己的生活,证明了这一发现的真确性。我们都特别惧怕无意义的生活,无意义,是空虚,是虚无。虚无是无所有、无所藉,应该轻如鸿毛,却像磐石一样压迫着精神。早在《圣经·传道书》中,作者就不断悲叹"虚空的虚空,

---

[1] [美]维克多·弗兰克尔:《活出生命的意义》,吕娜译,北京:华夏出版社,2018年,第118页。
[2] 同上书,第91—100页。

凡事都是虚空……我见日光之下所做的一切事,都是虚空",而越是到了现代,随着信仰的淡出,人们越是为虚无所苦。

精神要寻求的所谓意义,其意义很简单,指的是"依据某种更为宏大的参照系对人生际遇和事件所作的解释"[1]。这种解释多采用目的论思维方式,而且多或明或暗地设定灵魂不朽。比如我们很难认为,对生命的生物学解释或对事件的物理学解释,是我们要寻求的那种意义体系。因为生物学解释或物理学解释,是机械论范式的解释,解释的是原因-后果,不是目的,而意义是相对于目的而言的。一般而言,意义体系需要向我们提供"幸福与受苦、善与恶"[2]、生与死等问题的解释,而不能只是对生活中具体事件的解释。就整个人类而言,试图将自己的生活世界理解成一种富有意义的体系,试图确立值得追求的生活目标,是人性中的基本趋向。如积极心理学所观察到的,"想要有充实而幸福的生活,就必须去追求快乐和意义两种价值,缺一不可"[3]。尼布尔对"神的形象"的神学人类学分析和涂尔干通过利己型自杀而得出的结论,对是对精神的这种需要的肯定。

但是目的论的解释范式和现代科学所采用的机械论的解释范式是不相容的,而现代科学又是我们不能不接受的,所以传统的意义体系也需要现代化,即调整、改造成与现代科学观念相容的系统,否则现代人将不得不生活在世界观的分裂之中——当他理解自然世界的时候,他是机械论者,而当他试图理解生活的时候,又变回目的论者。好在大多数意义体系,在不放弃其核心观念的前提下,都可以容纳这种调整。因为意义体系也具有宗教体系的特点——实际上两者往往是重合的,具有不可证伪性,因此有足够的弹性可以做出调整。

宗教性的意义体系之外,也有不设定超自然的存在(神灵)的其他类型的意义体系。比如民族、国家、人类、甚至宇宙,都可以发展成意义体系中的终极目

---

[1] 孙尚扬:《宗教社会学》,北京:北京大学出版社,2001年,第83页。
[2] 同上书,第82页。
[3] [以]泰勒·本-沙哈尔:《幸福的方法》,第41页。

的，而分别成为民族主义①、国家主义②、人类主义、世界主义③，等等。将个人的自我完善、自我实现树立为人生目标，也可以看作一种意义体系，但这是内在的意义体系，是以自身的某种状态为目标的意义体系，区别于以自我之外的某种对象为终极目的的意义体系。佛教的觉悟、尼采的超人，都属于这类意义体系。

意义是什么时候进入精神世界，并成为我们的生活需求的呢？能想象我们的原始人祖先生存搏斗之余也在追寻意义吗？如果没有，那意义对我们真是不可或缺的吗？意义对于我们到底有什么意义？弗兰克尔、沙哈尔（Tal Ben-Shahar）的发现，毕竟都来自有限的观察，而从有限的观察得出的结论，在哲学上的说服力也是有限的。所以有必要进行一点哲学的讨论。

意义的意义，即意义的价值，来自目标或目的。人需要各种参照，来确定、

---

① A. D. 史密斯深入分析了民族认同何以成为人们的信仰，他认为，民族"是全部共享价值、象征符号和传统的集合。象征符号能够唤起民族成员对共同的历史遗产和文化血缘的情感；对某个共同身份的认同和归属感会使他们感觉变得强大和高尚。民族因此成为一个'获取信仰'的群体，能够克服障碍和困苦"。"通过集体人格及其独特的文化，民族认同感为个人在这个世界中的自我定义和自我定位提供了一种有力的方式。在当今世界，正是透过一种共享的、独特的文化，我们才能够知道'我们是谁'。通过重新发现文化，我们也'重新发现'了自我——那个'本真的自我'。"

"民族认同能够持续地提供哪些其他类型的认同没有涉及或难以满足的功能？在它的诸多功能中，最重要的可能就是为个体湮没（personal oblivion）的问题提供了一个令人满意的答案。在这个世俗的时代中，认同与'民族'是战胜死亡结局和实现个体不朽的最可靠方式……民族认同最主要的功能，就是提供一个强大的'历史与命运共同体'，从而将人们从个体湮没的深渊中拯救出来，并重塑集体信仰。"（[英]安东尼·D·史密斯：《民族认同》，王娟译，南京：译林出版社，2018年，第24—25、195页。）

② "现代（甲午战争、日俄战争时代）的日本人没有宗教上的烦闷，绝大多数人都是坚定不移的国家教的信徒。对他们来说，国家就是人生的目的。为国家而生、为国家而死是他们的理想……国家主义已经成了日本人的宗教。"河上肇："日本独特的国家主义"。（转引自高桥哲哉：《靖国问题》，黄东兰译，北京：生活·读书·新知三联书店，2007年，第18页。）

③ 比如古典时期的斯多亚哲学可以看作世界主义或宇宙主义中的一种。"马可·奥勒留发出这样的呐喊：我对宇宙说：'我与你同爱。'这是一种深刻的参与感，认同感，属于一种超越个体局限的大一统感情，一种与宇宙的亲昵感。"（[法]阿多：《别忘记生活》，孙圣英译，上海：华东师范大学出版社，2015年，第41页。）现代科学家如爱因斯坦、哲学家如罗素同样可以有这种深沉的情感，参见唐逸：《荣木谭》，第176页。

定位和定义自己。当我们纵观人生,即从整体上看自我的人生,生命的意义问题就出现了,因为我们需要一个目的、一个体系,去定位我们自己。这个体系能帮助我们确定行为和生活的方向。所谓使生活有意义,就是使行为有目标、有方向。"人类最大的动力,来自于对生活意义的追求"①,意义对生活意义重大,它能使我们集中心神和能量,也帮助我们抵抗外界的干扰和压力。意义使我们在想象的或精神的空间中,扩展了自我,获得一个更大的自我。

意义的意义从其反面——无意义,可以更清晰地显现出来。无意义,就是目标的丧失,而丧失目标,就失去了更高的追求的动力,把一个人的生活降低到动物生存——生理需求和安全需求的层面。为生存而进行的生命活动是生物本能,上升不到意义层面。这样,生命活动进行得好,就缩减为生存活动进行得好。"一个人追求的目标越高,他的才能就发展得越快"②,而才能发展越快,收获往往也就越多。特里·伊格尔顿(Terny Eagleton)认为,人生的意义并不外在于人生,"人生的意义不是对某个问题的解答,而是关乎以某种方式生活。它不是形而上的,而是伦理性的。它并不脱离生活,相反,它使生命值得度过——也就是说,它使人生具有一种品质、深度、丰富性和强度。在这个意义上,从某种角度看人生的意义便是人生本身"③。我们的原始人祖先,大部分时间的奔忙,所求不过是这两个层面的满足,而无暇抬头仰望星空,低头思考人生,因此意义不大可能进入他们的世界中。意义应该是随神话而进入人类社会的,因为神话提供了一个世界和生命的解释体系。

各种信仰体系都可看作是对人性的这一基本需要的回应,其区别主要在于终极目标的选择。"历史上大多数的宗教都是综合性的意义体系,它们将个体与社会群体的所有经验都置于一个单一的、普遍的解释性的设置中"④,个人经

---

① [以]泰勒·本-沙哈尔:《幸福的方法》,第41页。
② [苏]高尔基:《论文学·续集》,戈宝权等译,北京:人民文学出版社,1978年,第14页。
③ [英]特里·伊格尔顿:《人生的意义》,朱新伟译,南京:译林出版社,2011年,第93页。
④ 孙尚扬:《宗教社会学》,第84页。

验和社会事件因此与终极者直接相连,从而获得其意义①。

传统宗教,尤其世界性宗教,是向我们提供意义体系的资源,也是现代人选择意义体系时的重要备选。比如基督教、佛教,历史久,社会影响大,教义严密,体系宏大,在民众中富有权威性和感召力。其中基督教与西方现代化的进程相始终,在此过程中能不断调整对教义的解释,因此很大程度上可以做到与现代科学和现代价值观念相容。而佛教也因其出世性特征和圆融的教义,其价值观念与现代观念的冲突并不剧烈。现代人,当发现自己需要一个意义体系以安顿心灵,会很自然地将目光投向这些既有资源。那些影响了他们的祖先、家庭和社群的信仰,更易于被他们所接受。人们对从小习惯的东西往往更加信任,因此在接受过程中也更少自主性——生在基督教家庭和社群的,往往就成了基督徒;生在佛教社会的,成了佛教徒;而如果生在传统中国社会,就成了儒家信徒。对许多人来说,即便是对现代人来说,他们偶然生在什么传统中,就成为那种传统的继承人和捍卫者。

但这不应该是现代人的作为。前现代的人面向他们各自社群的传统,他们祖辈的信仰成为他们本人的信仰,也继续成为他们子孙的信仰,每一代人似乎都成了信仰延续自身的工具。而现代人应该面向全人类的传统,视全人类的精神创造为可利用的资源。对现代人,这种开放的心态和批判的眼光,是责任,也是优势。之所以是责任,是因为理性和反思性是现代性的基本特征②,是对现代社会每一个成员的期待,也是他作为现代人的资格要求。文明的冲突是现代社会的一大危机,越多的人能以反思、批判的态度对待自己的文明,了解、吸取异种文明,消解冲突的可能性就越大;传统之间共存,共同演进,发展出一种全新文明的愿景就越真切。选择意义体系时,身为现代人,应该表现出更多自主

---

① 个人行为、社会事件的意义来自主体的赋予,在此意义上,可以说意义是主观的;但是意义可以有外在化、客观化的方面,如果人通过自己的活动,用自己的观念创造、改变外在的世界,使世界成为主体的观念的外化,则这一部分的世界就作为一种外在于其创造者并与之不同的事实而与人相对立。当一种意义体系取得社会法权或话语霸权时,便会要求向所有个体的生活的各个方面渗透,这时它所起的就是一种制度、规范的功能。
② [英]安东尼·吉登斯:《现代性与自我认同:晚期现代中的自我与社会》,第19页。

性,更体现为一个独立的个体,而非单纯某社群、某传统的中的一员。更多反思性、批判性就是更多自主性,更多自主就是更多自由。选择或设定生命的意义体系,是对"人应该如何生活"的思考中最根本的那一部分。

不论是19世纪的人类学之父爱德华.B.泰勒(Edward Burnett Tyla),还是当代政治学者萨缪尔·亨廷顿(Samuel Huntington),都认为宗教是一种文明的价值核心,宗教提供了文明的价值体系,定义了文明的特质。宗教性的意义体系固然有其优势,但其固有的弱点也不应无视或美化[1]。传统宗教从过去时代走来,有显著的保守性,它不仅赋予既有的社会秩序以意义,而且还强化甚至神化这种秩序的合法性。宗教性的意义体系中总是不免含有伦理的成分,一个人在接受这个意义体系对人生的解释和定位时,往往不那么容易抵消意义体系的其他部分对他的思想的渗透、影响,往往一不留神,就成了守旧派、顽固派。

宗教中的制度性宗教,比如佛教、基督教,其要素之一是有一个"由专门神职人员组成的组织,帮助阐释神学观念,并主持仪式。借助于独立的概念、仪式和结构,宗教具有了一种独立的社会制度的属性"[2]。以神职人员的组织为核心,信仰者形成一个相对稳定的共同体,在其中信仰个体能够获得归属感,并因此更加认同信仰群体。这大大增加了个体判断为群体判断所左右的危险,一不留神,个体就容易消失在群体之中,群体的判断和意志,就成了个体的判断和意志。现代社会中不时掀起的宗教狂热,成因复杂,但不能不说,这是其中一项重要因素。

生活的意义,来自生活着的主体的赋予[3]。而赋予生活以意义的前提,是我们思维中有一个我们所认同的意义体系。因为我们认同它,所以它已经成为

---

[1] 吕大吉:《人道与神道》,上海:上海人民出版社,1991年,第88—102、128—129页;或孙尚扬在《宗教社会学》第5章中,对宗教与伦理和社会秩序的复杂关系的归纳。
[2] 杨庆堃:《中国社会中的宗教》,范丽珠译,成都:四川人民出版社,2016年,第228页。
[3] 意义的自我赋予,对于主体,有两个优势,其一,"人生没有既定的意义,这就为每个个体提供了自主创造意义的可能。如果我们的人生有意义,这个意义也是我们努力倾注进去的,而不是与生俱来的。从这个理论讲,我们是书写自我的动物,无须由'人生'这个抽象概念来叙(转下页)

我们的观念。意义体系不同于知识体系,本身并无真假之分,因此不接受经验事实的检验。诚如维特根斯坦所言,"即使一切可能的科学问题都已得到解答,人生问题也还完全未被触及"①;或如休谟所说,"当一个情感既不建立在虚妄的假设上、也没有选择达不到目的的手段时,知性就不能加以辩护和谴责"②。但我们选择意义体系,也并不完全是任意的。基于事实判断的意义体系,其中的事实判断部分,难免成为我们决定它是否可接受的判决因素。如果一个意义体系中包含"地球是平的"的判断,而我恰好相信地球是"两极略扁赤道略鼓"的球形,那么要我接受这个意义体系,就只能或是我放弃原有的关于地球形状的认知,或是修改这个意义体系。而如果"地球是平的"在意义体系中是核心命题而非边缘命题,即那种修改之后原体系将发生根本改变的命题,那么我就不大可能选择这样的意义体系,除非我放弃我之前关于地球的地理知识。事实判断的相容或冲突以外,某一种意义体系之被我选择,取决于做出选择前我的目的、精神气质、审美倾向,以及我和意义体系相遇时的一些"偶然"因素,比如相遇的早晚,意义体系表达自己的方式,意义体系的传达者,等等。

找到适合自己的意义体系③,对许多人而言,不是一件容易的事。好在人类发展至今,积累下来的意义体系十分可观,不仅宗教中有,哲学中更数量不菲,从古典时期到现代,林林总总,从中总能找到令自己信服的那一种。主体更可以根据自己的理解和期望,多方采撷拼接出属于自己的意义体系,"人所具有的我都具有"。当他不满足于对既有体系拼接改造,而去构造全新的意义体系,这时他做的就是或类似于哲学家的工作。如沙夫茨伯里公爵三世所说:"如果

(接上页)述自己的一生。我们所有人(只要有勇气)都能够成为以自己为作品的伟大艺术家。"([英]特里·伊格尔顿:《人生的意义》,第29页。)其二,"要过真正有意义的生活,目标必须是自发的,它是为了实现自我存在的意义,而不是为了满足社会标准,或是迎合他人的期望而设立的。"([以]泰勒·本-沙哈尔:《幸福的方法》,第37页。)

① [英]路德维希·维特根斯坦:《逻辑哲学论·6.25》。
② [英]休谟:《人性论》,第454页。
③ 所谓"适合",应该满足多方面要求。比如既让自己满意,又有助于自我发展,等等。具体要满足哪些要求,以及为什么要满足这些要求,此处不做讨论。

哲学像我们所理解的那样,是研究幸福的学问,那么每一个人都必须像哲学家那样,以这种或那种、熟练或不熟练的方式来思考幸福问题。"但这不是要求他成为康德、密尔、尼采、萨特……他只要找到令他自己满意的体系即可。"凡祈求的,就得着;寻找的,就寻见;扣门的,就给他开门。"①每个人对体系的深度和融贯性的要求,取决于他的知识和思维水平。能够让他感到满意的体系的高度,不会超过他的知识和思维水平的高度。康德、尼采对体系的要求甚高,是因为他们站在当时时代的最高处或曰哲学发展的终结处在思考。

6 月亮和六便士
——超越美好生活的追求

诸善具足的生活,是每个人的向往和追求。但是天地不仁,具足诸善何其难。对于人类历史中绝大多数人而言,生存已经耗尽其全部力量,遑论更高需求的满足。人类发展至今,借着科技的力量和工业化的普及深化,相当比例的人口可以摆脱温饱问题的困扰,追求更好的生活。美好生活离我们更近了吗?应该是的,社会和生活的进步是不争的事实,个体的自主性的提升清晰可辨,每个人手中可支配的空闲时间大大增加。这些都是致力于更高追求的基础。但是所谓美好生活更近了,对多数人而言,只是和美好生活的距离缩短了,而缩短之后,那个理念所描画的美好生活依然遥不可及。如果我们以马克思的人的自由而全面的发展为美好生活的衡量标准,试问现代社会中有多少人幸运地过上了这样的生活②?现代社会中的我们,一方面固然有存在主义声称的选择的自

---

① 《路加福音》11:10。
② 从统计数据看,在主观幸福方面,相较于40、50年前,情况并不更好,相反可能有所恶化。比如本世纪初,"在美国,抑郁症的患病率比20世纪60年代高了10倍,发病年龄也从60(转下页)

由、绝对的自由;另一方面就其现实性而言也依然是当下的社会关系的总和,当下的社会关系中最基本的生产关系并没有随科技进步和工业化程度的加深而有根本改变,异化劳动是多数人挥之不去的梦魇。这正是今天我们多数人的处境。

这一处境中的人们可支配的资源有限,如果按需求满足的层次拾级而上,则终其一生,"全部努力,不过完成了普通的生活"①,自我实现于他始终只是"远处高楼上渺茫的歌声"②。如果他不甘于这"普通的生活",如果他设立的自我实现的目标对他特别重要,那么甘愿舍弃安稳的生活,牺牲低层次的满足,去追求更高目标,也并没有什么不理性之处。圣安东尼为默想神和纯洁自己的灵魂,在沙漠中隐修70年,仅以清水面包为生。斯宾诺莎为坚持自己的哲学信念,不惜被犹太社群驱逐,靠磨镜片清贫度日。中国人熟悉的弘一法师,放弃优裕生活,重兴南山律宗,克勤克俭,刻苦修持。儒家也有"饭疏食饮水,曲肱而枕之,乐亦在其中矣"的说法③。这一类故事中的人的选择和经历,如今惯常被当作传奇,而不会用来励志,因为故事中的人所收获的,不曾获得世俗意义上的成功,却过着让人望而生畏的苦行生活。但是我们能说他们有什么不对吗?他们未尝不知道诸善具足的生活才是最好的生活,未尝不知道财富、社会地位、名望的价值,但是他们显然也知道自己的终极关怀之所在,知道以有限的生命,得此必然失彼。而他们出于自愿的选择已经告诉世人,在他们的价值天平上重要的是什么。对于他们自己,这已经是最精彩的生活。维特根斯坦临终所言,"告诉他们,我度过了美好的一生",这句发自肺腑的话,是对自己一生的总结,也是对选择如此度过自己一生的所有人的生命的总结。考虑到维特根斯坦是一个生

(接上页)年代的29.5岁下降到今天的14.5岁。最近在全美范围内的一项调查表明,将近45%的美国大学生因抑郁而影响到正常的社会生活。1957年英国有52%的人表示自己感到非常幸福,但到2005年只有36%的人感到幸福。"([以]泰勒·本-沙哈尔:《幸福的方法》,前言,第xiii页。)

① 穆旦,"冥想"。
② 朱自清:"荷塘月色",《朱自清散文》,杭州:浙江文艺出版社,2019年,第10页。
③ 《论语·述而篇》。

性忧郁的人①,一生徘徊在精神崩溃的边缘,他待人苛刻,对待自己更苛刻,"无情驱使自己的心智投入一个又一个思考",临终前的这句话就不仅"感人至深"②,而且发人深省了。其奥秘或许就在于,他有一个强烈而持久的关注贯穿一生,而在这一生中,他能够全心投入这一关注,为这一关注而活着,而忘我工作。他的天赋就在于哲学思考,而他极其充分地发挥了这一天赋——不是专注于天赋的发展,而是专注于问题,发挥了天赋。对于维特根斯坦,生命是一场苦战——当其进行时,同时也是一场"美好的仗"——当回顾时。他把生命当成通向更高层次比如美、神性、超人的跳板,他的生命本身也因此被成就为艺术。而他为此做出的牺牲和经受的痛苦,又使他的生活多了受难和崇高的意味,所以赖特才有"感人至深"的感慨。我们很难想象比这更纯粹、更极致的人生,当维特根斯坦说度过了美好的一生时,可以判定,他是诚实的。从圣安东尼到维特根斯坦,他们其实生来有得天独厚的优势,可以过上一般意义上的美好生活,却选择了"光荣的荆棘路",成就了某种纯粹的人生。他们的共同之处在于对超越性的渴望和对世俗生活的淡漠。但是世俗生活自有其价值和乐趣,世俗生活并不是格调低下的代名词。马斯洛的需要层次论,是对需要的心理学描述,而不是道德或审美评判。维特根斯坦等人的选择于我们的启示在于,人并不一定要按照需要层次描画的生活模式——其实也是常识理解中的生活模式去安排自己的一生,也并不一定要去追求诸善具足,而应该根据自己的终极关怀和意义体系,去安排自己的一生。需要层次理论揭示的只是一般心理倾向,个体的差异在这里被抵消、抹平了,然而对个人来说,重要的恰恰是这个被抹平和不被计入的差异。对个体来说,需要层次因此只具参照性,而非规范性。

---

① "我收集了很多有关维特根斯坦的东西,我从来没有看到过一张他微笑的照片。"([美]塞利格曼:《真实的幸福》,第8页。)
② 赖特:"传略",载于[美]诺尔曼·马尔康姆:《回忆维特根斯坦》,李步楼等译,北京:商务印书馆,2012年,第18页。

7 美好生活诸要素

美好生活依赖运气。生逢战乱或饥荒,过上幸福生活的几率屈指可数。经济衰退和大萧条之下,对生活的期望会降低到不挨饿,对职业的期待也降低到不失业,生活品质和职业发展是想都不敢想的事。这对古典时代的人恐怕是更容易明了的事实,所以亚里士多德在伦理学之后,继而去讨论政治学,讨论何种政府最有利于培养公民德性,使他们过上美好生活。在联合国发布的世界幸福指数报告中,排在前面并且全球移民趋之若鹜的必定是那些长治久安、经济发达的福利国家,战乱中和不时闹饥荒的国家没有国民幸福可言[①]。

但是普通人对影响美好生活的外部因素无能为力。我们能制止战争、叫停污染、选择分配制度、决定房价吗?联合起来假以时日或许能,但是联合起来本身就是一道无法逾越的大山,在我们的能力以外。大时代面前个体的无力感,斯多亚派的哲人们肯定深有体会,所以才"不求改变命运,只求改变自己"。时代所限,斯多亚学派中人未免过于消极,而且他们的理论也未能始终一致:他们认为主动的行为使心情愉悦,所以虽然命运不可违,但主动顺应命运比被命运拖着走要来得愉快。因为如果主动顺应命运,则行为的轨迹虽然没变,行为的性质却发生了转变:行为不再是被迫的,而是一变成为由主体所主动发出的,主体因此获得了主动,成了自由的主体。斯多亚发现并肯定了人的精神的巨大力量,却将其限制在从被动到主动的内部转换上,没有看到人与境遇的互动,人对境遇的改变。关于境遇,相比于斯多亚,存在主义强调人的参与,其认

[①] 参见[美]贝尔德、[美]纳尔德:《幸福基因》中"世界幸福地图"一节对幸福测量的说明,邢科、柴利君译,北京:商务印书馆,2012年,第68页;或[意]布鲁尼:《经济学与幸福》,[意]波尔塔主编,傅春红等译,上海:上海人民出版社,2007年;[瑞士]弗雷、[瑞士]斯塔特勒:《幸福与经济学:经济和制度对人类福祉的影响》,静也译,北京:北京大学出版社,2006年。

识更深刻:

> 境遇也不是赤裸裸的、事实性的给予。毋宁说,它们是通过我们赋予事物意义的那些筹划和价值而被"意向性地"构成的。同一个牢房中的两个囚犯可以处于不同的境遇中,如果他们的"基本筹划"是不同的话。一个将世界视为可供享受之物的世界的人,与一个将世界视为监狱并退守其内在之我的人,所处的境遇是不同的。一个境遇可以由其呈示的"逆境参数"所定义,因此它是一个人的筹划的函项,而不是其原因……我们面对的因此并非施加在我们身上的外在力量,而是那些仅仅是因为我们的"初始选择"及其诸变式而涌现的因素。[①]

在存在主义的理解中,境遇是主体和环境互动形成的,而且我的目的也构成我的境遇的一部分。在境遇面前,我不是束手就擒,而是可以有所作为的。影响幸福的要素中,像职业、财富、亲密关系等,就是典型的境遇。而这些因素对幸福感的影响,也可以通过统计学的方式被我们所知。比如,我们知道,收入与幸福感正相关,收入越高幸福感越强,但是在超过某个数值(人均 8 000 美元)之后,这种相关性就消失了[②]。我们同样也能知道,生活伴侣和社交活动对幸福感影响显著,"最幸福的前 10% 的人几乎都有亲密的生活伴侣……非常幸福的人和一般人、不幸福的人之间最大的差别在于他们有着非常充实丰富的社交生活"[③]。这些统计数据很好地解释了我们对幸福的常识性认识,并使其更精确,对于我们认识幸福和创造幸福有指导性的作用。

幸福是稀缺的,幸福也是脆弱的。不仅外部因素可以轻而易举地拿走幸福,主体自身的德性、精神状态和心理特质中的任何一个因素的缺位或异常,都足以摧毁幸福生活。正是基于这一事实,梭伦拒绝将幸福这一评价授予任何还

---

① [美]大卫·E·科珀:《存在主义》,第 193 页。
② [美]马丁·塞利格曼:《真实的幸福》,第 59 页。
③ 同上书,第 63 页。

在世的人①——只有已经完成生命的,才不用担心遭遇厄运,而活着的人,随时处在这种威胁之中。就主体而言,精神敏感,心灵幽微,美好生活要求好灵魂,好灵魂要求好德性。诸善具足要求德性具足。简言之,幸福生活需要心理的平衡,而心理平衡需要高度技巧。

　　心理学认为,性格特征的形成有先天的因素,性格特质中一半以上来自遗传。基因的影响不可谓不大,不过毕竟还有近一半的影响来自后天的环境和教育,个人努力和自我培养犹有可为,尤其当我们知道我们的德性、性格,部分把握在我们自己手里,我们需要对我们的德性和性格负责时,就更是这样了。在这个意义上可以说,我们自己参与造就了自己。没有人比我们自己更关注自己的幸福,而德性和性格对幸福有深刻影响,这样,关注、培养和完善德性,尤其那些"对自己有用"和"本身就令自己愉快"的品德②,就成了一种内在需要。

　　倘若某个人喜欢草莓,而另一个则不喜欢,那么后者优越在什么地方呢?这里不存在草莓是否好坏的抽象和非个人的证明,爱吃的人说它们味道好极了,不爱吃的人则说它们味如嚼蜡。然而,爱吃草莓的人比另一人多了一种快乐,就这点而言,前者的生活充满了更多的乐趣,他更完美地适应了这另一个人亦得生活于其中的世界……一个人的兴趣越广,他拥有的快乐机会就越多,而受命运摆布的可能性也就越小,因为如果他失去了某一种兴趣,他便可转而依赖另一种……我们都容易染上内省者的弊病,世界向他呈现出千姿百态的景象,但他却别转脑袋,专注于内心的空虚。我们可不要以为内省者的犹豫有什么了不起之处……心灵是一架奇特的机器,它能以最令人惊讶的方

---

① 吕底亚国王克洛伊索斯问梭伦谁是天下第一幸福的人。梭伦认为是雅典的泰洛斯,在世时城邦繁荣,子孙优秀,安乐一生,最后为城邦战死沙场,备极哀荣。第二幸福的人是阿尔哥斯的克烈欧毕斯和比顿兄弟,他们财富充裕,身体强健,在奥林匹克运动会上获得过荣誉,为让母亲参加祭典,代牛拉车赶到神殿,赢得在场人们的称赞。后因劳累过度,在睡梦中死去。阿尔哥斯人嘉其德性,为他们立像,放在神殿中。
② 这里采用的是休谟在《道德原则研究》中对价值的分类方法。

式将给予它的材料结合起来,但是没有了来自外部世界的材料,它便是软弱无力的。①

德性培养是长期的事,而德性一旦确立,便成为稳定的品质。心理状态与此不同。心理需要时时照拂,需要在各种情绪之间保持微妙的平衡。传统宗教非常在意心理状态,基督教的灵修、佛教的修行,其中一大部分内容,就是心理调试和情绪控制。盖因心理情绪虽然是一时的状态,但牵涉甚多,影响甚大。比如基督教、佛教极其强调感恩。"要常常喜乐,不住地祷告,凡事谢恩,因为这是神在基督耶稣里向你们所定的旨意"②《圣经》中充满这类要求感恩的词句,而佛教也有"生感恩心,作难遭想"的劝诫。两教不约而同高唱感恩,是因为感恩能唤起种种正面情绪:生起温情,激发友善,化解对立,同时产生幸运和被眷顾的满足感、幸福感。通常,我们不会因自己身陷囹圄而对人感恩,别人也不会因使我们身陷囹圄而觉得我们应该感恩。感恩所预设的前提是,对你的所得、某种处境或整体处境感到满意,这意味着对你的生活的肯定和接受。因此感恩其实已经预设了你的生活或处境是好的,值得珍惜的。当你觉得应该感恩的时候,实际上,你已经完成了上述的心理认证、态度转变,以一种新的眼光看待这一切了。而负面情绪本身就是对美好生活的破坏;负面情绪的积累,年深日久,更会改变心理结构和行为方式,造成心理障碍,甚至发展为认知障碍,是美好生活所不愿见到的。

在美好生活这件事上,前现代社会更偏重机遇,而现代社会更偏重个人的努力。当然,这不是说现代社会中机遇的因素占比不高,只是说相比前现代社会降低了。降低的原因在于,人对外部因素的控制、应对能力增强了,而社会内部,等级不再,阶层壁垒也不像以前那么森严,平等原则之下,努力的人获得了比之前更多的机会。现代社会,个人对自己生活的自主性的增加,同时也意味着他需要面对的东西更多——甚至连生命的意义体系,都需要他自己选定。不

---

① [英]罗素:《走向幸福》,第127—128页。
② 《帖撒罗尼迦前书》5:16—18。

能不说,这是对主体的一大挑战。

现代生活本身就是一个巨大的挑战。比起传统社会,现代社会太庞大,现代生活也太复杂。人类在过去的几十万年间,都是以"小规模社会"的形式生存繁衍。小规模社会,人口在150人①上下浮动。人类大脑的硬件设置以及演化形成的交往模式,都与此相适应,超出这一规模,就显得左支右绌,无能为力。人类走出原始社会进入文明社会以来的种种问题,莫不与此相关②。现代社会使这些问题以更激烈的方式呈现出来,因为现代社会的规模、结构的复杂性,都是空前的。而这些都是现代社会中的个人要面对的,是他的自主性清单中的一部分。现代人总是梦想着回到过去的简单生活中,这种精神上的怀旧,并不全是矫情。这其实是现代人无力应对现代生活的一种曲折反映。生活在别处,那个别处,本来才是家园。

但是你不得不背井离乡,不得不和途中的陌生人结伴而行。这时你发现,连社交技巧、沟通能力,都具有决定你的事业进而影响你的生活的重要性。单独某一项技能也许不会,但是它们加在一起必定会。于是当谈论幸福时往往被认为不相干的这些"小节",竟然跻身影响美好生活的诸要素了。

幸福的关键从好运气("有一个好的守护神")转向主体的努力,这意味着,一个人要幸福,就要承担以前神明所承担的责任,具备神明所具备的力量。这好像康德的绝对命令一样,成了今世不可能完成的任务,这样一来,要获得幸福,还需要设定永恒的灵魂,此世得不到,来世继续努力。但其实不是这样的,应许的来世的幸福,就称不上是幸福。幸福并不要求生命的每一环节、每一细节都完美无瑕,幸福看重的是整体的生命,是整个一生。而对整个一生的判断,不同于对一生中每个环节的评判。换言之,好的一生,不必是组成一生的每一

---

① 此即所谓"邓巴数字",是英国人类学家罗宾·邓巴提出的。意思是人类脑容量是有限的,其智力允许的稳定社交人数不超过150人。其他人类学家对这一具体数字或有异议,但即便按照他们的观察、测算,人类保持稳定社交的人数,也不超过300人。
② 亚里士多德最早在理论上敏锐地把握到了亲密关系与政治关系的不同,在《政治学》一开始即来辨析城邦与家庭的区别,认为不能用管理家庭的方式管理城邦。

个环节都完美。即便如此,幸福仍然是一个难以达到的标准。但是我们为什么一定期待幸福像童话的结尾那样那么容易获得,那么顺理成章呢?进化只是设定了人类追求幸福,但是没有设定人类获得幸福,认为幸福是人生的题中应有的结果,这观念本身就降低了幸福的价值,使幸福成了超市里的廉价商品。幸福是人生的最优,并不只有最优的生活才是值得过的生活。次优的生活,依然值得过。不那么优的生活,也可以有温情和闪耀。甚至西西弗的人生①,也可以从悲剧英雄的角度去审视,从而产生审美价值:

> 我看到这个人以沉重而均匀的脚步走向那无尽的苦难……在每一个这样的时刻中,他离开山顶并且逐渐地深入到诸神的巢穴中去,他超出了他自己的命运。他比他搬动的巨石还要坚硬……我们总是看到他身上的重负。而西西弗告诉我们,最高的虔诚是否认诸神并且搬掉石头。他也认为自己是幸福的。这个从此没有主宰的世界对他来讲既不是荒漠,也不是沃士……他爬上山顶所要进行的斗争本身就足以使一个人心里感到充实。应该认为,西西弗是幸福的。②

只要西西弗本人愿意这么来观照自己,他的确是的。

对人生的另一种观照,来自托尔斯泰讲述的东方故事。一个流浪者被猛兽追赶,遁入一眼枯井,未料井底有恶龙正张着巨嘴等他。他抓住一根藤悬在井壁,却有两只老鼠在啃噬藤条,眼看就要啃断。正在这时,他发现藤叶上有几滴蜂蜜,便伸出舌头去舔舐,享受人间最后的甜美。在西西弗的旅程中,可以容纳无数个这样的片刻。当他"回身走向巨石",就有余裕去倾听"大地升起千万个美妙细小的声音"。这一个遭受着被诸神认为是最严厉的惩罚的人生,在加缪

---

① 西西弗,希腊神话人物,因得罪诸神,被罚不停地把一块巨石推上山顶,登顶后石头又滚下山。西西弗下到山脚继续推石头,如此周而复始。"诸神认为再也没有比进行这种无效无望的劳动更为严厉的惩罚了。"([法]阿尔贝·加缪:《西西弗神话》,杜小真译,北京:商务印书馆,2018年,第119页。)
② 同上书,第123页。

看来，也能过得充实而幸福。

但是加缪意义上的幸福和亚里士多德意义上的幸福已经有所不同。西西弗拥有的，更多是审美上的满足，而亚氏意义上的幸福是至善完善。按理，至善完善应该包含审美满足，但是在亚里士多德乃至整个希腊哲学中，都没有所谓美感的问题。审美满足和审美价值，是近代才重点提出的问题。在亚里士多德的诗学中，艺术活动也被置于理性审视的标准之下。对亚里士多德来说，理性活动才是更重要的，是通向至善之路。理性的沉思的幸福是在基本需要满足之后的事，而西西弗在审美满足以外，几乎每一种需求都未得到满足。加缪通过对西西弗神话的解读表达的意思是，这种只具备审美满足的人生，已经有充分的理由认为是值得过的人生了。审美体验和审美满足，是主体内部的活动和状态，依赖于主体审美意识和审美能力。西西弗式的人生苦旅的审美意义，当事人自己未必意识得到；这个神话之后的两千多年里，也不曾有人意识到，直到加缪发现或曰创造出来。在这个意义上，甚至可以说，审美能力赋予生活意义，审美能力就是幸福能力。

一代过去，一代又来，一代一代的人，就是一代一代的西西弗。加缪自己也说，"今天的工人终生都在劳动，终日完成的是同样的工作，这样的命运并非不比西西弗的命运荒谬"[①]。在他们没有意识到命运的悲剧性的时候，是什么支撑着他们周而复始地辛苦劳作？实际上，回到人生的过程中，我们会发现，人的需求和目标都是具体而切近的。不舒服的时候，他要调整到舒服状态；饿的时候，他要想法填饱肚子……完成这一件事，总有下一件事等着他。生命每时每刻都在产生需求，也因此安排了一连串的事作为他行为的目的——劳作者是无暇空虚的。托尔斯泰在《战争与和平》中描写的一个即将被行刑的囚犯，在临死前还要"整了整脑后勒得太紧的结子"，调整一下站立的姿势，为的是让自己舒服一点[②]。托尔斯泰捕捉到的，正是人性的常态。人不需要意义体系也能活，

---

① [法]阿尔贝·加缪：《西西弗神话》，第121页。
② [俄]列夫·托尔斯泰：《战争与和平》第4卷，草婴译，上海：上海文艺出版社，2007年，第987页。参见新浪微博博主"春风斩"对这一细节的解读。

有史以来大部分的人也正是这么活着的。但意义体系使我们活得更好,更丰富,更深刻,更细腻,就像西西弗一旦意识到命运的悲剧性,他的生活发生的改变一样。

结 语
道德与美好生活之间

1　统一于何处
——道德与美好生活的对话

一般来说,生活中的常识道德对行为者的要求并不很难达到。道德有其自然功能,这个功能就是共同体成员之间的合作以及共同体内部的和谐。超出功能需要或不能服务于功能的,或者不会生成或者即便生成也不能存续。但是人为的道德理论的要求就不一样了,人为理论往往提出过高的要求,这或是因为理论的创建者对道德多了另外的期望,比如基督教伦理;或是道德理论在追求逻辑一致性的过程中不期然而然的后果,比如功利主义中那些远远超出人性限度的要求。常识道德层面的某些道德要求,虽然是外在的期待和规范,但在人类的进化和个体的社会化-教化的过程中已经被内化,成为主体的自我要求,与主体的情感和自我评价相交融。它们的满足与受挫直接影响主体的情感和自我评价,因此与美好生活的要求是重合的,尽管往往与自我利益的要求相冲突①。这就是说,这一部分的道德要求是统一在美好生活之中的。比如诚实、

---

① 对自我利益的一种常见的理解是将其理解为自我的一切要求:"我总是做我愿意做的事,即便在我为他人做事的时候。产生的满足是我的满足。所以我是全部问题的中心,利己主义始终是真实的。"这是一种词义的混淆,因为"如果这就是心理利己主义的全部主张的话,(转下页)

仁慈待人。对于具备这种德性的人,它们是道德规范,同时也是自我要求,是情感的自然表达,是行为习惯。让诚实的人说谎,让仁慈的人暴虐,让宽厚的人恶毒,对他们都是一种残酷的折磨。而随后在主体内部生起的内疚、歉意,就是这些道德规则已经内化为主体的自我要求的明证。这样,诚实、仁慈等,对他既是自我的要求,是来自美好生活的要求,同时也是道德要求。

这种情况下,道德与美好生活的内在冲突不在了吗?或者说,它们的统一,是牢不可破的吗?理想中的美好生活,就是主体的一切合理需求都得到满足。而既然诚实、仁慈已经成为主体的内在要求,自然也在被满足之列。但是现实境遇中,需求之间一定存在冲突,必须有所取舍,诚实、仁慈也不例外。在与其他需求的冲突中,诚实、仁慈既然既是主体的内在要求又是道德的外在规范,力度比单纯来自美好生活的要求似乎大得多,在竞争中应该势如破竹才是。诚实虽然是为人的基本要求,守住诚实其实并不总是想象中这么容易,诚实有时需要以生命为代价,更不要说以生命中其他的善比如荣誉、地位、自我发展为代价了。在这里作为道德要求的诚实和美好生活分道扬镳,完全对立了。

道德要求和美好生活的要求在审慎中也可以重合。他人的评价即口碑或

(接上页)那么,它与利他主义之间就不存在什么冲突了。因为当利他主义者说人性中存在着利他主义的时候,他的意思仅仅是说,我们有时想为他人做些事,我们的本性就是需要在这些行为中得到满足。只要利己主义者承认这一点,利他主义者就已经得到了他所要求的全部东西了"。([美]弗兰克纳:《伦理学》,第45页。)文中自我利益显然指的是我的财富、地位、健康、事业发展等可见可衡量的价值,而不是自我要求、自我实现这类精神性的需求的满足。

名声,与一个人的利益密切相关。而社会的认可即荣誉,一直被认为是一种重要的善,是美好生活的要素。广负虚伪之名,于个人生活必然有损,是智者所不为的。出于德性,我要诚实;出于利益,同样要诚实。道德要求与利益考虑在此重合了。两者重合的深度广度,取决于制度-规则设计。制度-规则设计得越精细越完美,重合度越高。但是无论重合度有多高,道德和审慎终究不是一家人,分庭抗礼时有发生,这时候是听良知的,还是听美好生活的[①]?

从组合上论,解决之道,不外乎听道德的,听美好生活的,以及听第三者的,即统一了道德和美好生活的那个第三者。古往今来,哲学家们在这三种选择中选边儿站队,并分别给出自己这么选的充足理由。这些理由的体系,同时也是生活的意义体系。每一个理由体系,都指向一种生活方式。

伦理学史上,道德与幸福彻底分离从而具备独立价值,是由康德完成的。康德以前的哲学和神学,以各种方式论证德性是美好生活的保证,没有德性就没有美好生活。对他们来说,美好生活是至上的,德性的必要性来自美好生活。当道德要求与美好生活的要求相冲突,服从美好生活的要求是唯一的选择。

需要说明的是,古典时代的德性(virtue)与如今的美德并不等同,如今的美德指的是主体具有的与道德要求对应的品质,美德的要求与道德要求是一致的——美德的要求就是道德的要求。而在古典时代的德性中,除与道德要求对应的那部分比如正义以外,还有今天不被认为属于道德的品质。看看《尼各马可伦理学》中亚里士多德对各种德性的讨论就会发现,德目是因幸福的需要而非道德的需要而设置的。这样一来,原则上,德性的要求与幸福的要求是不会冲突的;如果有冲突,需要修改的是德性。这样一个主体在城邦中游刃有余,他根据城邦的规范调整自己的行为,不离中道,过犹不及,城邦对他是沙场,是表演的舞台,喝彩的观众。这不是说社会的要求和他追求美好生活之间没有冲突——当然有冲突,而是说,当冲突发生时,他明明白白地知道自己该听信于哪一方。

古典时代,斯多亚学派因为强调对必然法则的服从而显得独树一帜,"在希

[①] 西季威克将此称作"实践理性的二重性",参见[英]西季威克:《伦理学方法》,第 225、381、419、514—516 页。

腊伦理学的教导中,它第一次提出一个统领一切的'法则'概念"。规则如果具备了至上性,规则与幸福的对峙就无可避免。但是斯多亚要行为者服从的那个规则,是统摄整个宇宙的法则,是"一个神圣的统治者根据宇宙普遍的法则统管着包括人类活动在内的所有的事件……克莱安赛斯说,所有的事情都是被一种理性计划'逻各斯'(logos)有序地安排好的,而这种理性计划既是根植在物质世界里的,同时也隐含在神的理性中"①。因此,这个法则既是外在的自然的规则,也是内在的本性的要求,美好生活与规则之间,原是二而一的关系。幸福和德性和规则,在斯多亚的学说中,是高度统一的,冲突并不存在。

　　安斯康姆认为,使道德规则具备一种独立的异己的力量,是从基督教开始的。犹太-基督教中的行为规则——律令或诫命,都来自上帝,因而是神圣的,需要无条件遵守。但就此认为基督教设置了规则和美好生活的对立,却失之轻率了。实际上,历史中的基督教依然未摆脱个人主义-利己主义的古典时代的思维模式。在《新约》中,耶稣各种绝对主义的训诫,与之相伴的利己主义的论证,"你们若单爱那爱你们的人,有什么赏赐呢","你们饶恕人的过犯,你们的天父也必饶恕你们的过犯","为我失丧生命的,将要得着生命"。随后到来的神学继承了福音书的利己主义基调,以灵魂得救和来世永福来论证信仰的意义。"奥古斯丁的伦理学,是以神为中心的幸福主义:人的最终完善在于获得上帝的接受。许多人认为这是基督教伦理学的最典型的例子。"②

　　古典时代,将道德要求置于幸福考虑之上的,是孔孟一系的儒家学说。在义利之间,孔子明确主张,"君子义以为上"③,"不义而富且贵,于我为浮云"④。为义不仅可以舍弃富贵,甚至可以舍弃生命,"志士仁人,无求生以害仁,有杀身以成仁"⑤。孔子道德至上的思想,被孟子所继承并发扬光大,"富贵不能淫,贫

---

① [美]布尔克:《西方伦理学史》,第35页。
② 同上书,第65页。
③ 《论语·阳货篇》。
④ 《论语·述而篇》。
⑤ 《论语·卫灵公篇》。

贱不能移,威武不能屈"①,"生,亦我所欲也,义,亦我所欲也。二者不可得兼,舍生而取义者也"②。孟子的理由是,仁义-道德,是人之为人的规定性,"人之所以异于禽兽者几希,庶民去之,君子存之"③,如果丧失这一规定性,自然就丧失了为人的资格,降低为禽兽了,"无父无君,是禽兽也"④。对孔孟而言,人之需要道德,首先是因为道德成就了人,其次才是道德的社会功能。

儒家理论在道德与美好生活之间的选择,同时也是一种生活哲学,是一套足以让信仰者安身立命的生活的意义体系。基本上,道德要求与美好生活之间的关系,是任何生命哲学-生活的意义体系都无法回避的问题。这类学说的优劣高下,并不取决于它是将至上性授予道德还是授予美好生活,而是看它为其选择提供的理由是否足够充分、严密、富有想象力,其体系的历史作用和理论影响力,等等。一种把道德推向至上地位的学说在历史中的作用可能恰恰是促成道德滑坡,引向道德危机;一种鼓动人们放弃道德追求的学说却可能带来生命的丰盛和社会进步。这当然不是退回到相对主义立场,只是说,理论和社会历史之间的关系是复杂的,不能简单地认为推崇道德的理论就一定能够提升道德;甚至也不能简单地认为,信仰某种道德至上学说的人,精神一定丰富、品德一定高尚,因为即便他笃信笃行,但是他所信的学说体系本身却可能只是代表了某种落伍的观念、陈腐的价值。

西方伦理思想中康德的学说,被认为是斯多亚学说在现代的回响。这个说法有一定道理,二者在精神气质和伦理规范方面,具有高度相似性,都对理性推崇备至,自始至终贯彻着一种理性精神,并把责任置于伦理核心的位置。康德自己显然也觉察到了和斯多亚派的心心相印,在《实践理性批判》中,康德批遍西方道德理论,唯独对斯多亚派伦理网开一面。但是其实二者理论中的理性并不完全同义,如前文所说,古典语境中的理性,是贯穿包括人类心灵在内的整个

---

① 《孟子·滕文公下》。
② 《孟子·告子上》。
③ 《孟子·离娄下》。
④ 《孟子·滕文公下》。

宇宙的精神、法则，而到了现代思想中，理性已经退缩为人类的思维能力和原则，而非贯穿宇宙的法则。心灵与外界的连续性被割断了。而这样一来，斯多亚学派遵循理性法则的结果是与心灵和宇宙同步，并收获幸福，而康德伦理遵循理性法则，只为突显理性存在者的自由。因为在康德伦理学中，理性是人之为人的规定性，理性的法则就是道德的法则，人通过服从道德律令表明自己是理性存在物。至于幸福不幸福，并不在道德的考虑之内。人能做到的，是完善自己的德性，使自己配得幸福。

在康德看来，我们有义务为他人的幸福做出助益或贡献，但在追求自己的幸福或福利方面则没有类似的义务。我们有义务去发展自己的自然天赋，有义务不去伤害自己，有一种从其他义务衍生出来的义务去自我保存，但除非对完成其他义务有必要，否则我们没有道德理由去让自己幸福或过得好①。

幸福当然重要，但能否获得幸福有赖于运气，不全是自己的事，而是上帝的事，这也就是康德在实践哲学中设立上帝的目的——只有上帝才能保证一个尽善尽美的结果，让有德之人同时也有福。

康德不是最先意识到德性与幸福的对立的人，却无疑是最早洞察到这种对立的严重性的人——正是基于对这种严重性的认识，他放弃了在自己的体系中沟通两者的努力（他提供的那个形式上的统一方案过于敷衍，其实就是默认了不统一），转而强调两者的区别。这种强调有时候是必要的——同一行为，动机不同，道德属性就不一样；有时候却让人生疑——我们看不出也理解不了出于人类之爱的行为为何不具备道德价值。不过，一直以来哲学总是急于统一差异，这种心态下获得的统一，有时不免肤浅廉价，掩盖了真正的问题。康德以这种方式，突出了统一之难。

统一是哲学派给自己的职责，是它观念中的理想世界。康德之前，功利主义者休谟通过两种路径，去统一道德和幸福。首先是诉诸同情，尝试用同情沟通自我与他人，使他人的幸福与我的快乐相连，而认识到人我祸福相通、苦乐与

---

① ［美］迈克尔·斯洛特：《从道德到美德》，第13页。

共,自我与他人的对立,即幸福与道德的冲突,就可以得到纾解。休谟从心理学入手,修正了我们对自我的理解,其实是通过重新确定道德行为主体来解决利己利他的冲突。这是早期休谟的思路,这一思路被当代哲学家托马斯·内格尔(Thomas Nagel)所继承和发展。在《道德原则研究》中,休谟尝试了另一路径。通过分析他发现,我们所有的德性之为德性,都与效用(或译功利 utility)相关,效用带来快乐,而不论是属于谁的效用。这样效用的最大化本身,就可以成为我们追求的目标。而效用最大化,无视或超越了自我与他人的区分[①]。在这里,功利主义其实是推出了一种教导人们把效用最大化树立为最高目标的人生哲学,是一种生活的意义体系。

康德之后,功利主义者边沁沿休谟的第一种路径继续往前。在边沁伦理学里,自我与他人的连接更为紧密,互通更为顺畅,几乎成为一种新的行为主体:自我-他人。这样等于从根源处消解了道德与美好生活之间的冲突。应该说,功利主义是有缺陷的道德理论,却是不错的人生哲学。它不仅顺利解决了道德与美好生活之间的冲突,也成功避免了涂尔干所指出的利己主义悖论,满足了尼布尔所揭示的人的精神对超越性的需求。作为人生哲学的功利主义,浸透着一种深沉的宗教情感,其背后是一种广博的人类情怀。这种情怀不只体现在功利主义理论中,实际上,自古至今,举凡那种能够提升精神境界和道德高度的主张,无不直接或间接地体现着这一精神。从中国到印度到西方世界,莫不如此。

通过改变自我观念,即改变我们对自己的理解,来解决道德与美好生活的问题,是一种常见的思路,在印度宗教传统中更是如此。相比而言,功利主义走得并不很远,因为它既不否认我们所感知到的这个世界的真实性,也不否认自我和他人的真实性[②],而只是说,在情感的感受性上,他人的苦乐能够影响到我。这一说法也并不违背心理事实,功利主义的错误在于将随后的伦理主张当

[①] 正是这一点,受到包括罗尔斯在内的哲学家的激烈批评。
[②] 功利主义者中,休谟算是一个例外,他怀疑包括灵魂在内的一切实体的存在,认为自我、他人,都不过是一束知觉之流。在这个意义上,休谟最接近以佛教为代表的东方思想。但是在谈论道德问题时,休谟回到常识层面,承认自我、他人以及他们的界限的存在。

作心理事实的推论,而实际上两者之间不存在这样的逻辑关系。

效用最大化(最大多数人的最大幸福)成为追求目标,来自伦理的设定,而非心理的自然反应。效用最大化,这不是具体可见的事态,不会像他人的苦乐那样,直接带来心理反应。但如果将其设置为关注目标,当其与主体的预期相符或不相符,则造成或愉悦或不快的心理变化。效用最大化因此成为行动的动力、生活的信念。

现代思想中,像功利主义这样,将道德与美好生活统一于某一观念物的,并不少见。功利主义是,国家主义、民族主义等,也是,区别在于用来统一的观念物不同,其行为方式和道德属性也因此而不同。哲学中的统一,往往意味着对差异程度不同的压制,甚至抹杀。统一了道德与美好生活的观念物,不论是效用最大化,还是族群,与道德的要求和美好生活的要求,都既有重合又有抵牾,而不可能全然一致、相容,除非根据这个最高价值重新确定道德和美好生活的内容。功利主义理论与常识道德和个人生活的冲突,充分说明了这一问题。

即便现代社会,坚持个人的美好生活至上,以美好生活统摄道德要求的,也代不乏人。但在道德获得独立价值以后,继续坚持这一主张,难免要冒被讥为利己主义的风险。持论者一般都是将幸福换作另外的概念,比如超人理想,自为的人,等等。这种新型的利己主义,尽管仍然坚持理想的个人超越于道德,但并不准备随时随地与道德冲突,而是主张彻底更新既有的道德,实现价值上的革命,因为"人是某种必须要被克服的东西"[①],因此需要"重估一切价值"。在这个意义上,同样可以说,他们塑造了一个全新的行为主体,来解决美好生活与道德的冲突。他们理想中的新世界,是由他们理想中的新人类构成的。和功利主义不同,他们是以个人为本位来构建新世界。他们并没有一个关于新世界的蓝图,因为他们的出发点不在于此,新世界是新人类的自然结果,是新人类的衍生。关于幸福,关于有价值的生活,他们的理解和基于现实的人性的理论比如

[①] [德]尼采:《查拉图斯特拉如是说》,第11页。

功利主义,是完全不同的,所以尼采才讥讽功利主义:"人类并不渴望快乐,只有英国人才如此。"

2　两种命令的持续对话

道德与美好生活,这两种要求之间的默契和角力,是几乎每天都在发生的事,于我们并不陌生,只要你的作为对他人有影响。当然,两相默契时,不如二者角力时更容易被觉察;而二者的日常摩擦,不如它们激烈冲突时更易被觉察。同样的冲突,当我们变换身份,从行为主体,到相关者,到局外人,立场往往会有很大改变。更富有意味的是,同一两难处境,我们替自己和替至亲做出的选择,往往也是不同的。这充分表明道德与美好生活对我们的困扰:在这一问题的逼迫下,我们甚至失去了作为理性基本要求的一致性。

因此,统一二者的种种努力是可敬的。我们确实需要一个统一的指令,否则不免无所适从,因为两者都是我们无法无视的;不论是道德还是美好生活,都是我们由衷的真实的关切。但是行为选择并不比其他,面对行为选择,我们无法折中,无法"既在又不在"、"既是又不是",既选择又不选择,而只能非此即彼,或这么做,或不这么做。这让我们无从回避、回旋,退无可退,因为"不选择也是一种选择",否定也是一种肯定。将不一致甚至对立统一起来,就能带我们走出困境,解除我们的尴尬。但是统一起来,谈何容易。如"为什么要有道德"一节中所述,对个人而言,道德只以道德为理由,道德拒绝以道德以外的目标为理由,这就意味着,道德是不可能统一于道德以外的目标的。行为如果不是出乎道德,即不是出于善良意志或道德情感,则行为即便符合道德规范也不具有道德属性。当我选择用美好生活来统一道德,这其实就是说,我放弃了道德,虽然我未必违反道德。而美好生活和道德要求重合多少,取决于制度设计的周全巧妙①。这仍不失为一种生活的选择,只是这种选择里没有道德的位置。

自然演化和社会化使我们具备了道德情感。这些情感在不同的情境中被激活,从而影响我们的行为选择。它们既不能被无视,不能被归并,也不能被还原。自然演化生成的道德,只保证小规模的共同体内部有限的合作。有限的同情心,只能有限地沟通自我与他人,它限制了道德的高度,也排除了用道德去统一美好生活的可能性。但是这种对他人的关切,无论如何有限,都是指向他人而非自己的;与自我关怀的倾向相比,始终是一种异己的力量,因此是以自我利益、自我发展为指归的美好生活无法收服和统一的。这就是说,利己和利他两种倾向,以及与此相关的道德和美好生活的两种考虑,冲突而又共存,分别是大脑中和现实中的事实,它们可以相安无事,也可以合作愉快,但原则上不存在统一的可能。也就是说,不论二者如何重叠,如何融洽,它们永远只是各怀心事的两方。仔细分析都会发现,历史和现实中我们所称颂的二者兼得的事例和理论,它们或者得益于严密周详的制度设计,或者干脆就是两方中某一方隐蔽地不在场,因此是假性统一。前者比如实验室工作的科学家,一般来说,他的个人的利益和人类的利益,因而也是和道德的要求,是高度一致的。但是这种一致不是从来就有,而是仰仗现代社会的制度设计;而这种制度设计,虽然精妙,却并不能保证处处有效,更何况这个制度本身的存在和运作严重依赖于社会的政治经济状况,并不十分牢靠。

对一个真诚的功利主义者而言,原则上,公共福利和他个人的精神满足是一致的,即公众越幸福他也越感到幸福,而在功利主义以及常识道德中,公众的幸福是道德的目标。这样,从某个角度看来,对功利主义者来说,他的美好生活和道德要求达成了一致。以天下人的幸福为幸福,这样的境界,也并没有高不可及,实际上,在古典时代,范仲淹这样的士大夫就有"先天下之忧而忧"的追

---

① 休谟提出好的制度的基本原则是:"找寻出这个方策来,好使人们借以克制他们的自然的弱点,使自己处于不得不遵守正义和公道法则的必然形式之下……我们所能做到的最大限度知识改变我们的外在条件和状况,使用遵守正义法则成为我们的最切近的利益,而破坏正义法则成为我们的最辽远的利益。"([英]休谟,《人性论》,第 573 页。)

求,为此而捐弃生命者,也不乏其人。但这种一致是以重新塑造了行为主体为代价实现的,而塑造所据的标准就是公共福利①。这就是罗尔斯所说的,功利主义在社会和个人之间未作区分,也就是说,功利主义要行为者在想象中把自己替换为"社会"这一主体,这样关注公众福利、公众福利至上,就成了心理的自然反应。但是这样改造个体,其可行性和合法性都屡受质疑。而质疑的出发点,就是过于背离了个体的美好生活。所以这种一致,是放弃美好生活而独尊道德的"一致"。那些与功利主义相近的主张,思路相近,失误也相近。

价值多源带来的价值多元,以及其激烈的表现形式——价值冲突,使现代伦理显现断裂、分裂的面貌。伦理学中一直有重回古典时期的伦理生活的主张,因为在他们眼里,唯有古典时期的伦理才是统一的,才能应对当下的困境。道德与美好生活的分离无疑更坚定了他们的信心。姑且不论古典时期的价值是不是统一的②,有一点是确定的,不论那时的价值多么统一,道德生活多么好,现代人都不可能回到那种伦理关系中,就像河流不可能回到源头一样。伦理是社会生活的一部分,与整个社会生活相配合、相始终。古典时代的社会结构不在了,伦理生活焉附?不可能为了过去时代的伦理生活,而让整个社会回到过去。这样做即便是可能的,也是我们所不愿的。我们如今拥有并珍视的许多价值观念,在过去时代都尚处在萌芽中,甚至未见端倪;而我们今天所厌恶的许多价值观念,在过去却大行其道,被认为天经地义。通过回到过去解决现在的问题,是一种不切实际的想法。道德价值一旦独立出来,就无法还原回去了,

---

① 心理换位最容易也最常见的,是家庭中父母对子女的关系。父母对子女的自然亲情,使他们很容易把子女的苦乐当成自己的苦乐,甚至重于自己的苦乐。在心理上,子女成了他们的延伸,或他们成了子女的延伸,这样他们对子女的爱和付出,就成了对自己的爱和付出。这很像是利他主义和功利主义所倡导的理想关系,在这种自然关系里,子女或全体当事人的福利,成了行为者的最高目标。
② 比如柏拉图的对话中,处处显露出当时人们在价值观念上的对立。在埃斯库罗斯的悲剧《安提戈涅》中,也能看到人们在价值观念上的激烈冲突。实际上,想象古典时期的伦理是统一的、铁板一块,这是缺乏根据的。原因很简单,历史的流变,不是现代社会才开始的,它一直就在变,古典时期也不例外。柏拉图时代,就是从荷马时代变来的,而在这种变化中,有些价值残留,有些汇入,有些萌生,它们之间必然发生冲突的关系。

正如大脑中控制道德情感的区域,不能被合并到其他区域一样。

喜欢也好,不喜欢也罢,道德与美好生活的对立共存,已经是现代生活的基本事实,是现代人无可逃避的宿命。活在矛盾之中,因而也就成了现代人的宿命。或许我们暗自希望我们及至亲之外的每个人,都是道德主义者,把道德要求视为不可抗拒的召唤,似乎这样我们的生活就会好一些①。但是显然,这里我们是出于自己的美好生活的考虑,而期待别人成为道德主义者。这就等于已经允许我们和他人可以是不同的人,这种不一致使它丧失了上升为理论的资格。但是这种不一致却也再一次揭示了每个人的两难处境:我们被别人期望是道德主义者,我们期待自己拥有好的生活。

我们没法不追求美好生活,也没理由不服从道德。当它们相安无事时,我们就可以在道德划定的空间里为美好生活筹划奔波;而当二者互不相让时,顺从道德,固然适人所愿。不顺从道德,也不一定就不可原谅,而要视当时情境中的各种因素而定。为一己小利而使人蒙受重大损失,这自然为人所不齿;为他人的蝇头小利而使自己蒙受极大损失,这样的自我牺牲,也未必值得赞许:

我们也不需要把无私当作一种美德。无私在很大程度上与我们直觉上视为涉己、惠益自己的那些美德不相容。而且即便无私在维多利亚时代广受推崇,如今(或许因为我们不再那么自命清高,不再抱有极高的道德观了,或许因为我们认为自己对人类心理了解得更多,不那么愿意对表面的说辞信以为真了),无私已经成为我们在实践上不假思索地加以怀疑的对象。一个不仅对其他人展示出极大的关心,而且在任何时候都愿意为了促进其他人的最琐碎的福利而放弃或忽略他自己的需求的人通常会被看作是不太对劲……从一个似乎是对人类心理现象的更深刻的理解来看,我们会自发地怀疑,一个完全牺牲自己、完全无私的人是不是以受虐为乐,是不是承受了过分的、错误的罪错感。

我们似乎都有理由去否认无私具有美德的地位,就像我们否认自私具有美

---

① 其实并不尽然。比如,如果这个道德主义者尊奉的是与现代人不一致的某种传统的价值体系,则身为现代人的我们,便不得不承受他施加于我们道德压力。

德的地位一样。因此,我们的基本态度是,既反对完全排他的惠益自己的倾向于活动,也反对完全排他的惠益他人的倾向于活动。在我们看来,自私与无私都不是值得赞赏的,而且这二者通常都是糟糕可鄙的、受批评、被认为是负面的。①

自己和他人利益悬殊时,人们的意见容易达成一致,毕竟平等是现代社会的基本观念,"我"不多于一个人,也不少于一个人,我的那份利益,在道德判断里,和他人的利益具有同等的分量。但是如果两方利益不再悬殊时,判断就不那么容易做出。我的根本利益和他人的根本利益只能取其一,有什么理由说服我放弃自己的利益?而道德既然不依赖于强制,如果连劝导的理由都没有,那又如何让我服从道德?在道德与美好生活的角力中,行为主体何去何从,全在他自己的"一念之间"。存在主义意义上的选择的绝对自由,在这里得到充分体现。

不需要为道德并不总能获胜而忧虑。美好生活本身是善的,如果按亚里士多德,还是最高善。追求美好生活,推动了社会进步,也促进了道德的发展。道德需要和美好生活的这种互动,否则道德将因停滞、僵化,而走向陈腐。道德的终极目标,正是每一个人的美好生活。我们对利己主义的部分肯定,也是因为利己主义与美好生活的要求的重叠。但利己主义使道德与美好生活之间的张力消失了,因此它不能替代道德。

3 回到社会,回到现实

在《理想国》里,苏格拉底遇到一个难题。那些灵魂里有黄金的天纵之才,

---

① [美]迈克尔·斯洛特:《从道德到美德》,第128—129页。

历经层层筛选,重重磨练,其中极少数幸运者终于有机会到达智慧的顶峰——成为哲学家。而哲学家终日以理念为伴,以沉思为乐,圆满自足,无求于人,亦无求于尘世,得享至福。那么我们有什么理由要求他们重回艰难世间,面对无穷纷扰呢?希腊人崇尚的是利己主义伦理,为成全他人而牺牲自我不是他们的选项,那么如何说服哲学家接受治理城邦这一沉重的使命呢?苏格拉底给出的理由是,哲学家不愿意被比自己低劣的人统治,因此选择出来承担治理城邦的重任。这当然没有超出利己主义的考虑,所以仍是自洽的。苏格拉底的论证中,有一个虽未说出但是其实很明确的前提:没有人能脱离人群而存在,没有人能自外于社会和政治。哲学家超凡脱俗,也只是在精神上,他的身体依然在尘世间,因此要时时从上面的理念世界回到下面身体所在的世界来。换言之,独善其身,自享永福,在苏格拉底看来是不可能的。有一个现实的世界不得不面对,这是人无可逃避的命运。你生活得好不好,与这个现实世界密切相关。

应该说,柏拉图通过其师苏格拉底之口说出的道理,与苏格拉底通过自己一生的行迹所彰显的原则是一致的。苏格拉底的确经常沉浸在理念世界,废寝忘食,乐此不疲,但是他的终极志向却是做一只牛虻,唤醒雅典城邦。

亚里士多德延续柏拉图的问题,他把幸福的生活直接分为沉思的生活和成功公民的生活这两种。前者对应于耽于沉思、不问世事的哲学家,后者对应于现实中的社会人、政治人。亚里士多德分析认为,相比于后者,前者有种种优势,因此前者过的似乎才是至善的生活。亚里士多德指出,沉思的生活是一种近于神的生活。近于神,不是因为其罕见稀有,而是因为它是我们灵魂中最具神性的部分努斯的活动。

亚里士多德论述沉思生活的种种优越性,其中不免受到哲学家的意识形态的影响,但是沉思生活作为幸福生活的一种典范是成立的,沉思也的确会带给人们那种"判天地之美,析万物之理"的超然的快乐,而这种快乐,是每一种人生都值得拥有和应该拥有的,虽然许多人不幸无法拥有。这样一种完美的幸福,与人的灵魂中的理论智慧相对应。与灵魂中的实践智慧对应的幸福,是成功的公民的生活。在两种幸福之间应该选择哪一种,亚里士多德显得有些犹豫,这给后人的解读带来困难，争论也由此而起。或许亚里士多德自己也意识到，虽然同一时间不能拥有两种生活，但正如理论智慧和实践智慧并非不相容一样，它们对应的两种生活也不是不相容的。在人一生的不同时间，为什么我们不可以分别拥有两种幸福？是一个成功的公民就意味着被剥夺了沉思的能力呢，还是一个沉思者就不能参与城邦生活？而且亚里士多德明确说过，人离不开城邦，离开城邦而生活的只有野兽和神。近于神的沉思，是不问城邦事务的活动，终其一生过这样的生活，于人几乎是不可能的。而幸福是以一生为单位的。亚里士多德在两种幸福之间的摇摆，可能正是出于这样的考虑。到了《政治学》中，亚里士多德告诉人们，城邦的善才是最大的善。他分明是看到了城邦对一个人的善的生活的重要，城邦的状况直接影响着城邦公民能过上怎样的生活。希腊人对此非常了解。

在社会之中并且通过社会，才能获得好的生活。因此，到社会中去，关注社会，关注现实，不仅出于道德义务，同时也是美好生活的需要。大到一个国家，小到一个社区，只要是你生活的地方、你活动的舞台，你是它的一员，它就是你的社会。社会是你的处境，如存在主义所说，你的处境是你的选择所造成的，你对你处境负有责任。你选择的是一种精神状态，一种关系方式。自然，在社会之中，你可以选择搭便车，选择对社会无动于衷，无所作为。这时，你便选择了一种消极的人生、处境面前的被动的角色，你放弃了对处境的主动性，这是你生命的损失。

而当你选择关注社会，关怀他人，心系人类命运和福祉，尽一己之能成就他人，推动社会进步，你便选择了另一种人生，一种与他人和世界在一起的博大强健、光辉而充实的人生，一种紧密的关系：

我们沿着由集中营向外延伸的路，在黑暗中深一脚浅一脚地走着，途径大石头，趟进泥坑，艰难前行……忽然间，我一生中第一次领悟到一个真理，它曾被诗人赞颂，被思想家视为绝顶智慧。这就是：爱是人类终身追求的最高目标。我理解了诗歌、思想和信仰所传达的伟大秘密的真正含义：拯救人类要通过爱与被爱。①

弗兰克尔在集中营中用生命所体验到的"绝顶智慧",可以用哲学做出解释:真正威胁生活、瓦解生命意志的,不是苦难,而是空虚,虚无,无意义感,对生命和生活的淡漠,无可无不可,怎样都行,没有什么好也没有什么不好,对自己和世界漠不关心,丧失行动的热情,放弃自己,或干脆放弃生活,使生的状态趋近死亡寂灭的状态,生活因此趋近于空白,生命因此是无内容的。而爱是一种强烈、持久而深沉的情感,而且爱总是对某一对象的爱,爱为我们树立了一个对象。爱它,就是希望它好,努力使它好,好上加好。这样,爱既使我们获得了激情和行为冲动——爱本身就是一种强烈的情感,也使我们获得了一个关注、关怀的对象;而关注、关怀的对象,又为我们的行为划定了方向,确立了目标,我们根据我们的行为是否增进爱的对象的福利和增进了多少,而确定行为的价值,从而使行为获得了意义。爱一个对象,诚然使我们为它担忧、焦虑,辗转反侧,寝食不安,但是这些强烈的情绪本身就是生命力的体现,"即使是颓唐和厌世,但却是活人的颓唐和厌世"②。当然这不是说焦虑、担忧是好的,而是说这些负面的情绪是强烈的关怀即爱所固有的,是与正面的情绪相伴随的,与正面情绪是一体两面的关系。正如有紧张,才有紧张的释放,即放松和欢笑。这就是爱使生命、生活获得意义的含义。爱当然是付出,但不是无所得的付出,爱给予爱者一份特别的礼物。

爱如此重要,培育、激发和保有爱,自然也重要;爱的对象的选择,也重要。我们当然可以选择爱自己,我们也应该爱自己,但是如涂尔干所说,仅仅爱自己,不能满足精神的超越性的需要。我们的爱,我们的精神追求,必须要有一个超越自我的目标。给我们生命带来最大满足的自我实现,实现的并不是自我的利益,而是自我的价值。这个区别在于,我充分发挥了自己的能力,实现了自己确立的目标,而这个目标本身是外向的,指向自我之外的对象,比如社会的进

---

① [美]弗兰克尔:《活出生命的意义》,第44—46页。
② 鲁迅:《华盖集》,北京:人民文学出版社,1973年,第7页。

步、科学的发展。

应该选择那使生命力更蓬勃,世界更广阔,自我更强大的爱的对象。车尔尼雪夫斯基"唯有那因为爱而变得思想明澈、双手矫健的人才算爱着",对爱的定义固然过分狭窄,但如果因为爱而思想明澈、双手矫健,那的确是爱的收获。而如果同样是爱,一种爱有此收获,另一种爱无此收获或收获反面,那显然前者更可取。爱的对象如果仅仅是自己,则这种爱并不使你超出自我通向更广阔的世界,与通过爱扩展了自我相比,显然不是明智的选择。爱是我们建立和他人、和世界的关联的契机,爱可以使我们建立起这种紧密关联。

后　记

　　南开校园中心位置，现在联大纪念碑附近，曾经是几排小平房，据说是唐山地震后建的，我们上学的时候，用作教研室，其中的一间，是我们读书娱乐的据点。95 年深秋，同学、好友 Z 已取得了出国签证，临走前几天，我们有过一次深谈。我记得他坐在书桌后面，背西朝东，桌上左手边，是高高的一堆书，有《存在与时间》和《哲学史讲演录》。Z 突然问我，当初你为什么选哲学？

　　当初为什么选哲学呢？原因其实很简单，也很常见，我急切地想知道生命的意义，以及如何去生活。当时的我觉得，只有知道了生命的意义，我才能知道如何去活，是以在填高考志愿的时候，选了这个专业。当然进了哲学系以后，如许多怀此初衷报考此专业的人一样，我很快就把这个问题置诸脑后，这时学哲学的目的，变得更简单。我指着桌上那堆书说，我想知道它们说了什么。那么你呢，为什么选哲学？

　　Z 讲了一件事。大学时，他在学校东门对面的高教书店看书，有个中年女性焦急地来问，心理学的书在哪里。Z 说，这人的气质神态，一看就知道不是那种心理学专业人士；一看就知道，她急着想从书里寻求帮助。这种焦虑和无助，令人恻然，"我学哲学，想帮到他们"。

　　我没有问 Z，为什么不去学心理学，因为当时我们的认知里，哲学更根本，更能胜任帮助迷茫中的人的工作。我们也都没有想过，这个中年人为什么不是生活给我们的提示，是未来的我们向现在的投影。我们好像都很自信，只要愿意，我们就能帮到别人。

　　但是哲学真的能帮到困厄中的人吗？有谁是因为哲学问题而陷入困境的

呢？不能说没有，但是太少了。人所共知，哲学不以直接解决生活问题为己任。哲学产生于闲暇，有闲暇的那些人，更多思考的是如何使生活更丰富，更美好，甚至更奇幻，而不是如何摆脱困顿。是故色彩纷呈的各派哲学在意的，往往是如何把理论进行到底，而不是如何应对现实。在现实面前，哲学学说似乎都在剑走偏锋，求新求变，追求极致。哲学之于生活的意义之一，是把各种可能性及其逻辑结论展现给我们，让精神世界繁复，细密，有纵深。

因此，一方面，哲学人还是不要去勇挑帮助别人的重担，不要自负到以为学了哲学就可以帮到别人——除非对方向你请教哲学；另一方面，即便不能提供实际的帮助，哲学的谈论也并不因此就没有意义。关于道德与幸福的哲学讨论，也是如此。